编委会

主　编　李兴贵
副主编　刘小强　蒲大勇　李　继
编　委　张云斌　廖全明　徐　猛　谢　丹　李清树

基础教育改革与创新（2023年）

李兴贵　主编

四川省基础教育研究中心　策划

四川大学出版社
SICHUAN UNIVERSITY PRESS

图书在版编目（CIP）数据

基础教育改革与创新. 2023年 / 李兴贵主编. -- 成都：四川大学出版社，2024.10
ISBN 978-7-5690-6871-9

Ⅰ. ①基… Ⅱ. ①李… Ⅲ. ①基础教育－教育研究－四川 Ⅳ. ①G632.0

中国国家版本馆CIP数据核字（2024）第086301号

书　　名：	基础教育改革与创新（2023年）
	Jichu Jiaoyu Gaige yu Chuangxin（2023 Nian）
主　　编：	李兴贵

选题策划：	徐丹红　张宇琛
责任编辑：	张宇琛
责任校对：	于　俊
装帧设计：	墨创文化
责任印制：	李金兰

出版发行：	四川大学出版社有限责任公司
	地址：成都市一环路南一段24号（610065）
	电话：（028）85408311（发行部）、85400276（总编室）
	电子邮箱：scupress@vip.163.com
	网址：https://press.scu.edu.cn
印前制作：	四川胜翔数码印务设计有限公司
印刷装订：	成都市火炬印务有限公司

成品尺寸：	185mm×260mm
印　　张：	17
插　　页：	3
字　　数：	409千字

版　　次：	2024年12月 第1版
印　　次：	2024年12月 第1次印刷
定　　价：	92.00元

本社图书如有印装质量问题，请联系发行部调换

版权所有　◆　侵权必究

目　录

教改成果

"优师计划"背景下民族地区高素质乡村教师的培养路径
　　………………………………………………… 钱小华　杜　伟　任立刚（3）
"1+N"链式共生：县域内幼儿园发展创新路径
　　——以四川省丹棱县为例 ………………………………………… 张　杰（11）
共教、共学、共长：中小学"五环践学"课堂教学策略 ………… 何少衡（20）
指向幼儿文化自信培养的幼儿园民俗课程 ……………………… 杨其勇（30）

决策参考

城乡基础教育均衡发展助推乡村教育振兴研究 ……… 唐　钰　李兴贵　于敏章（39）
四川省县域普通高中发展提升的基本经验 ………………………… 钟　林（47）
"双减"背景下农村县域义务教育课后服务育人体系的构建与实践 ……… 蒋　斌（52）
小学一年级新生入学适应性现状及对策研究 ……………………… 孟庆威（58）

热点关注

"发现教育"理念引领下的校园文化建设实践策略研究
　　——以四川师范大学附属临枫小学的实践探索为例
　　………………………………… 张云斌　黄　珊　刘　刚　樊成梅（65）
以研学旅行为载体的县域普通高中生命教育现状调查 …………… 林吉兰（79）
新高考背景下以县域研学旅行为载体的高中学生家国情怀培养探究
　　——以四川省新津中学宝墩遗址研学活动为例
　　……………………………………………………………………… 彭　婷（87）

基于深度学习的高中历史研学旅行活动设计与实施策略
　　——以小金县"四山、四桥、四遗址"红色革命资源开发为例 ………… 李林翰（93）

"双减"背景下初中数学作业设计的实践研究………… 刘　兵　贺　礼　李凌燕（104）

整全育人

基于重叠影响阈理论下的家校社协同育人实践探索
　　——以四川师范大学附属临枫小学为例 ………… 梁　静　陈亚玲（113）

中学德育有效衔接问题研究
　　——以四川新津中学为例 ……………………………………… 张艳霞（119）

感恩教育在小学德育教学中的实施策略 ………………………………… 赵　君（132）

"双减"背景下巴蜀文化资源育人体系的构建与实施 ………… 杜雪红　吕思文（136）

挖掘京剧德育资源，助力戏曲艺术传承
　　——以《龙里格龙》一课为例 ………………………………… 姚佳云（141）

以"情绪经验链"开展项目式学习促进幼儿社会情感能力发展的实践研究
　　…………………………………………………………………… 王　倩（147）

论中小学教师的教育实践智慧 …………………………………………… 李　继（154）

课程教学

"双新"背景下基于深度学习的高中历史PBL型单元教学实践研究
　　——以统编版《中外历史纲要》（上）第一单元为例
　　………………………… 李林翰　唐　婷　方小梅　赵颖月　李　燕（161）

从主题到议题
　　——群文阅读带来的理念转变 ………………………………… 代　中（170）

基于情感教育的小学诗歌课程教学设计研究 …………………………… 刘淑英（175）

基于学科整合的高中化学校本选修课教学实践与反思
　　——以微项目"探秘植脂末"为例 …………………………… 张佳妮（182）

初中数学跨学科主题活动的"5E"教学模式 ………………… 罗天琦　肖　莉（188）

"学习任务群"理念下的大单元教学策略
　　——以部编语文教材三年级下册第八单元为例 …… 陈　琪　杨　林　王曦叶（195）

深度学习与高中语文单元整体教学融合课堂研究 ……………………… 代　月（201）

POE策略在高中地理概念教学中的应用
　　——以"热力环流"概念教学为例 …………………… 李洪霞　王桂玉（207）

初中数学差异化教学内容设计的实践研究
　　——以"菱形的性质"为例 ……………………………………… 秦思涵（212）

大单元背景下的初中英语阅读课堂教学构建初探 …………………… 胡桂霞（220）

基于思维生长的初中数学专题复习课研究
　　——以"平面直角坐标系中的三角形面积问题"为例 ……… 李小容　于兰兰（225）

基于五育并举的外研版高中《英语》深度思维课堂实践研究 ………… 徐建敏（239）

双新背景下高中历史大概念教学策略
　　——以《中外历史纲要》（上）第三单元为例 ……………………… 李　燕（244）

支架式教学在高三历史复习课教学中的应用
　　——以"西方人文精神的发展"为例 ………………………………… 周何霞（252）

中国高考评价体系指导下的以学为中心的高中地理教学实践 … 彭　韬　曹容平（259）

信息技术支持下的小学数学高效课堂教学策略 ………………… 马宏韬　冯　莲（263）

教改成果

"优师计划"背景下民族地区高素质乡村教师的培养路径[①]

钱小华　杜　伟　任立刚[②]

摘　要：国家发布了《中西部欠发达地区优秀教师定向培养计划》（简称"优师计划"），作出大力培养民族地区高素质乡村教师的具体部署。但现有的教师职前培养、职后培训和组织保障等方面与实际需求不匹配，不利于教师综合素质的提升，民族地区乡村教师队伍建设陷入"优才难育"的困境。培养民族地区高素质乡村教师需要优化实践路径。一是培养目标定向民族地区乡村教育。针对民族地区乡村教育的特殊性，在目标定位、目标内涵和目标评价上坚定师范生爱教、乐教的理想信念，涵养师范生到民族地区乡村学校长期从教的职业情怀。二是课程体系服务民族地区乡村教育。构建"师德养成＋师知传承＋师能培养"的师范生课程体系，将"向农性"课程有机融入各个课程模块，强化乡村理解教育，助力师范生适应民族地区乡村教育工作。三是实践教学融入民族地区乡村教育。建立健全师范生实践教学体系、教学技能训练机制和"双导师"制度，深入实施乡村"田野"体验式研究，培养知行合一、扎根民族地区乡村教育的教师。四是协同育人促进民族地区乡村教育。构建师范院校、教育行政部门和乡村定向学校三方协同的教师教育共同体，给予师范生专业化、个性化和本土化支持，助力师范生成长为民族地区乡村教育的良师。

关键词：优师计划；民族地区；乡村教师；培养模式

到2035年完成高质量教育体系建设、建成教育强国，薄弱环节在民族贫困地区，短板在乡村教育。大力提高民族地区乡村教育质量，以优质教育助力乡村儿童学习成才，是防止贫困代际传递、助推乡村振兴的大事。强教必先强师，党和国家历来高度重视乡村教师队伍建设，通过教育脱贫攻坚，在数量补充、待遇提升、定向培养等方面加大力度，使民族地区乡村孩子"有学上"和"有老师"的目标基本实现，"上好学"和"好老师"的需求愈发强烈。但受城乡发展不平衡、交通地理条件不便、学校办学欠账多等因素影响，当前民族地区乡村教师"下不去、留不住与教不好"的问题仍然突出，制约了民族地区乡村教育持续健康发展。2021年7月，国家发布《中西部欠发达地区

[①] 本文为教育部首批新文科研究与改革实践项目"地方高师院校教师教育领域新文科建设实践"（2021150028）、四川省2021—2023年高等教育人才培养质量和教学改革项目"'教师教育＋'多维融合培养新时代乡村教师的探索与实践"（JG2021-1391）阶段性成果。本成果获国家教育教学成果特等奖。

[②] 作者简介：钱小华，副教授，成都师范学院教务处副处长。杜伟，教授，成都师范学院党委书记。任立刚，副教授，成都师范学院教务处处长。

优秀教师定向培养计划》（简称"优师计划"），作出了大力改善民族地区乡村教师队伍质量的具体部署。改革"优师计划"师范生培养模式，高质量落实"优师计划"，是师范院校服务国家高质量教育体系建设的需要，对促进教育公平，实现教育强国具有十分重要的意义。

一、民族地区高素质乡村教师培养的价值审视

（一）贯彻习近平总书记关于教师重要论述精神的关键举措

兴国必先强师，党的十八大以来，习近平总书记始终关心和牵挂教师队伍建设，发表系列重要讲话，充分体现了对教育的高度重视和对教师的亲切关怀，为新时期高素质教师队伍建设指明了方向。2014年，习近平总书记考察北京师范大学时，勉励广大教师做"有理想信念、有道德情操、有扎实知识、有仁爱之心"的"四有"好老师，并从个人、学校和国家层面阐释了教师的重要性，为高素质教师队伍建设赋予了新的时代内涵。2016年教师节前夕，习近平总书记鼓励广大教师"做学生锤炼品格、学习知识、创新思维和奉献祖国的引路人"，为高素质教师队伍建设提供了根本遵循。2016年，习近平总书记在全国高等学校思想政治工作会议提出了"加强师德师风建设，坚持教书和育人相统一，坚持言传和身教相统一，坚持潜心问道和关注社会相统一，坚持学术自由和学术规范相统一"，为高素质教师队伍建设树立了师德航标。2021年，习近平总书记在看望参加全国政协十三届四次会议的医药卫生界、教育界委员时指出要加强中西部欠发达地区教师定向培养和精准培训，深入实施乡村教师支持计划。习近平总书记还指示要科学制定政策举措，鼓励青年人立志到乡村、边远山区为教育事业做贡献，号召广大教师做教育扶贫的先行者。为深入贯彻习近平总书记的重要指示精神，教育部等九部门联合出台了"优师计划"，为欠发达地区定向精准培养高素质教师，以此推动基础教育优质均衡发展。

（二）助力国家乡村振兴战略的有效路径

进入乡村振兴时代，民族地区乡村教育的主要矛盾已转变为人民对公平而有质量教育的需求与地区、城乡教育发展不均衡和民族地区乡村教育发展不充分之间的矛盾。地区之间、城乡教育之间的教育发展差距，既为民族地区乡村振兴带来阻力，因为家庭经济状况受制于家庭成员受教育程度，也为巩固脱贫攻坚制造了壁垒，因为教育是阻断贫困代际传递的重要途径。民族地区乡村振兴，关键在人，基础在教育，特别是高素质教师在一定程度上可以弥补民族地区乡村教育物力和财力上的不足。尽管近年来国家打出一系列组合拳解决民族地区乡村教育师生比方面存在的突出问题，但由于民族地区乡村教师缺乏系统性培训，民族地区乡村教育对优质师资吸引力不足，加上乡村高素质教师单向流入城市等因素，民族地区乡村教师队伍质量仍是教育地区差距、城乡差距方面的突出问题。相关数据显示，2018年乡村小学的代课教师有72436人，占乡村教师总数

的 4%，兼任教师队伍中，乡村兼任教师数量是城市的 1.98 倍，特别是乡村小规模学校的师资配备，形势更为严峻。推动民族地区乡村教育振兴是落实民族地区乡村振兴的先手棋，"优师计划"正是聚焦民族地区乡村教师这一关键群体，着眼于民族地区乡村高素质教师培养，探索出一整套长效机制，成为振兴民族地区乡村教育的政策支点。

（三）落实高质量教育体系建设的重要保障

"十四五"规划和 2035 年远景目标纲要提出建设高质量教育体系，基础教育是建设高质量教育体系的基础工作。我国的基础教育体系规模巨大，已成为世界基础教育大国，但民族地区乡村教育是基础教育的短板，其中教师队伍建设更是弱项，民族地区乡村教育的特殊性要求对教师进行专门培养，使其具备特殊的素质和能力，以胜任教学。"优师计划"旨在通过供给侧改革以更切实的举措补短板、强弱项，解决建设高质量教育体系过程中的痛点问题。"优师计划"采取精准定向培养的方式，从源头上解决民族地区高素质乡村教师配置问题，补齐高质量教育体系建设的短板。师范院校按照民族地区乡村学校教师队伍建设需求和乡村教师标准，从"优师计划"的培养目标、课程体系、实践教学和协同育人中充分挖掘民族文化和乡村文化，体现向农特色。在实施过程中创新协同育人机制，与民族地区乡村学校建立教师教育共同体，共同制定培养方案、开展实践教学和教学评价，有效解决理论与实践、城市与乡村脱节等问题。"优师计划"的实施对于基础教育教师队伍良性生态建立，促进民族地区乡村教育弯道超车，构建起优质均衡的高质量基础教育体系具有重要的现实意义。

二、民族地区高素质乡村教师培养的现实困境

党和国家始终将民族地区乡村教师队伍建设作为重大政治任务和根本民生工程来抓，从新中国成立至今，面对不同时期民族地区乡村教育发展需求，出台了各有侧重的政策举措，从数量补给到质量提升，从统一培养到定向施策，从职前培养到职后提升，有力推动了民族地区教师队伍建设。然而，由于民族地区乡村学校在地域环境、办学条件和专业发展上的相对弱势，民族地区乡村教师职业吸引力不足、教师数量不足和质量不优的问题仍然制约着乡村教育高质量发展。

（一）民族地区乡村教师"优才难招"

民族地区乡村学校自然条件恶劣、生活环境艰苦、工作条件不便。与城市便捷的交通、丰富的资源和开阔的视野相比，乡村教师的生活质量、工作成就、个人发展及子女受教育条件等方面受到严重限制，影响着民族地区乡村教师这一职业吸引力。国家相继出台了系列政策措施，以期从源头上改善民族地区乡村教师"下不去"的问题，但实施效果未达到预期。如国家实施的公费师范生政策，数据显示首届公费师范生在乡镇和农村任教的分别占总数的 6% 和 2.8%。国家还相继启动了"硕师计划""特岗计划"等，但因政策约束不够，部分"硕师计划""特岗计划"师范生毕业后无法适应乡村教育环

境，最终选择离开。虽然师范生中途离职的具体原因包括归属感、薪酬待遇、个人发展及家庭子女教育等多方面因素，但师范生内生动力不足是最重要的，这也导致相应计划未能实现初衷，民族地区乡村教师数量短缺问题未得到根本解决。面对这种困境，需要加强对民族地区乡村教师的定向培养，需要在定向师范生的培养中涵养学生到民族地区乡村学校从教的意愿，增强师范生内生动力，使师范生毕业后自觉前往民族地区乡村学校任教。

（二）民族地区乡村教师"优才难留"

由于民族地区乡村学校办学条件有限、工资待遇差，乡村教师的这一职业对优秀师范生的吸引力不足，大量乡村学校的骨干教师流失。姜金秋调查了15所西部贫困地区高校，愿意去乡村从教的师范生达50%，但愿意在乡村从教三年以上的只占少数。据统计，2013—2019年，全国乡村学校教师数量下降了17.99%。民族地区乡村教师期盼到大城市学校工作的占60%以上，希望到县城以上学校工作的达90%。不仅如此，城市学校教师流失后，又要从乡村学校选拔优秀教师录用，民族地区乡村学校师资缺口进一步加大。师资的严重匮乏导致招收了大量代课教师，很多代课教师没有接受过专门的师范教育，在工作中还同时兼任多学科多年级的教学任务，不仅造成民族地区乡村教师队伍结构不合理，还增加了代课教师的工作压力和精神负担。除了生活条件和工资待遇外，对民族地区乡村学校教师的职业认同度也在很大程度上导致了民族地区乡村学校教师的流失。当前，社会对教师群体认同度较低，在教师的自我评价中，60%以上的教师认为自己的社会地位不高，工作压力、职业认同等引起的消极体验使得部分老师甚至希望离开教育行业。国家实施的"特岗计划"和"公费师范生"在解决民族地区乡村教师数量短缺问题上起到了一定的作用，但在解决民族地区乡村教师稳定性方面效果不佳。对此，国家亟需优化师范生定向培养制度，给予更多的支持与约束，启动助推民族地区乡村教师专业成长的项目，保障教师的经济和社会地位，确保民族地区乡村教师队伍的稳定。

（三）民族地区乡村教师"优才难育"

民族地区乡村学校形态复杂，小规模学校与寄宿制学校并存，大量留守儿童存在。统计数据表明，2017年全国乡村小规模学校有10.7万所，其中教学点达8万个，学校规模在100人以下的普遍存在，有的教学点甚至只有几个学生。虽然小规模学校有利于开展小班教学，推进个性化培养，但受制于国家生师比配备标准，小规模学校教师数量严重不足，学科教师难以配齐，往往是一个教师同时负责多门课程，教师工作量大，专业发展得不到保障。面对这一独特性，小规模学校教师队伍建设问题成为民族地区乡村教育中最突出的问题，教师需要专门培养已成为不争的事实。同时，随着知识更新换代的周期越来越短，终身学习理念已深入人心，乡村教师也需要终身学习，需要职前职后接受连续性和系统化的培训。但是，民族地区乡村教师很多没有接受过正规的专业化教育培训，如在四川甘孜州第一学历是本科的教师仅占7.8%，使其教书育人的能力和素质都处于偏低的状态。民族地区乡村教师素质提高是多方面的，但从目前民族地区乡村教师的职前培养、职后培训和组织保障等方面来看，素质提高的各环节及相关内容与实际需求不匹配。比如在职前培养阶段，由于对公费师范生招生环节政策宣传力度不够、招生筛选环节标准把关不严，考生对公费师范生政策中的权利与义务了解不足，部分学生入学后才发现政策约束与自身理想实有冲突，从而放弃继续做公费师范生。从职后培训来看，对民族地区乡村教师的培训过于理论化、城市化，教学的针对性和示范性不强，与教师的实际需求不匹配，导致民族地区乡村教师素质难以提高。特别随着智能技术的应用和普及，信息技术赋能课堂教学已成为常态，民族地区乡村教师如果没有得到信息化教学的相关培训，会导致其在教学观念、教学模式和教学方法上的长期落后，不利于促进民族地区乡村孩子的健康成长。国家应进一步优化完善教师培养培训制度，多措并举，支持民族地区乡村教师职前培养与职后培训，促进专业持续发展，以点带面，促进整个教师队伍业务水平的提升。

三、民族地区高素质乡村教师培养的实践路径

由于民族地区社会和教育的独特性，乡村教师需要精准定向培养已成为共识。"优师计划"作为公费师范生政策的升级版，对于提高民族地区乡村教育质量，实现"扶智""扶志"同频共振，促进民族团结、稳边固疆，达成"任何一个地区、任何一个民族都不能落下"的伟大目标，具有重要意义。落实"优师计划"需要顶层设计、优化策略和因地制宜等组合拳，而优化人才培养模式是组合拳中有力的一着。师范院校要认真研究民族地区乡村经济社会发展、基础教育改革对师范生人才培养带来的挑战，系统设计"优师计划"人才培养目标、课程体系、实践教学等人才培养核心要素，优化人才培养模式，培养造就一支热爱乡村、素质优良、充满活力且知农向农的乡村教师队伍，从而构建起与民族地区乡村振兴同频共振的乡村教育。

（一）培养目标定向民族地区乡村教育

为妥善解决民族地区乡村教师的匹配性和适应性问题，"优师计划"采取定向招生的方式，并在培养目标上定向民族地区乡村教育，从源头上解决民族地区乡村教师"优才难招"的问题。培养目标是"优师计划"人才培养的标准和要求，是师范院校人才培养的依据，不同的培养目标决定了不同的毕业要求和课程体系。《师范类专业认证标准》给出了师范生培养的整体要求，然而，"优师计划"培养目标还应定向民族地区乡村教育的特殊性，涵养师范生长期扎根民族地区乡村教育的职业情怀。一是在目标定位上要以"四有"好老师为标准，准确设计符合国家、民族地区教育改革发展和乡村学校需求的专业服务面向与人才定位，在人才培养过程中坚定师范生爱教、乐教的理想信念，树立为民族地区乡村教育事业、为家乡建设努力奋斗的理想信念；二是在目标内涵上要以"四个引路人"为根本遵循，从民族地区乡村教师的师德、教学、育人及专业发展等方面系统设计和实施。践行师德是师范生培养目标的统领，要将师德养成与师范生培养过

程有机融合，丰富师德养成教育内涵，拓宽师德养成教育渠道，细化成师德养成教育评价体系，引导师范生以德立身、以德立学、以德施教、以德育德；学会教学是师范生培养目标的核心，"优师计划"师范生除了掌握系统扎实的学科知识，具有基本的学科素养以外，还应能根据民族地区乡村教育发展实际、乡村学生思维发展特点和乡村教学条件进行教学设计和实施，解决实际教学问题；学会育人是师范生培养目标的重点，"优师计划"师范生能根据民族地区乡村孩子身心发展的规律开展班级主题活动和社团活动等，具有综合育人的能力。三是在目标评价上要以"四个相统一"为依据，以持续改进的基本理念，对培养目标制定过程和质量进行有效监控。定期评价毕业要求和课程设置是否能有效支撑"优师计划"师范生培养目标，是否把师德养成教育过程的"知、情、意、行"贯穿人才培养全过程，注重培养师范生教书与育人、言传与身教等方面的统一，塑造能担当民族地区乡村教育振兴重任的"大先生"。确保培养目标与"优师计划"实施目标的一致性，通过"优师计划"的实施带动民族地区优秀乡村教师队伍建设。

（二）课程体系服务民族地区乡村教育

课程体系体现国家对师范专业人才培养体系的质量要求，是整个"优师计划"的基础，对培养目标具有重要支撑作用。"优师计划"立足国家专业质量标准、师范类专业认证标准和乡村教师标准，构建"师德养成+师知传承+师能培养"的课程体系，将"向农性"课程有机融入各课程模块，强化乡村理解教育。在课程结构上以序贯式乡村理解课程为载体，构建专门化、特色化的课程体系，培养理解乡村教育、热爱乡村教育、扎根乡村教育的高素质乡村教师。一是设置民族地区乡村历史和乡村文化类课程，强化对师范生进行乡村历史和文化知识的熏陶。可以将"民族历史、民族文化、乡村文化"等内容纳入通识教育课程模块，充分挖掘民族地区历史、风俗和文化元素，以多元开放的视角在课程内容中融入和渗透，使师范生真正成为多元文化的理解者、传授者和行动研究者，并通过文化认同增强他们对民族地区乡村教师的职业认同。二是设置关于乡村扶贫和乡村振兴的课程。可将"实施脱贫攻坚的伟大创举、乡村振兴战略的意义与实施、教育扶贫和教育振兴乡村的中国方案、教育阻断贫困代际传递的制度优势、乡村文化与社会、乡村治理现代化、乡村生态与可持续发展"等内容纳入教师教育课程模块，帮助师范生理解国家扶贫与乡村振兴战略的重要意义，理解贫困如何影响教育的起点、过程和结果，进而认识到如何利用教育这把利器去阻断贫困的代际传递；三是设置关于乡村教育和乡村儿童发展的课程。民族地区乡村儿童在成长发展过程中，受民族文化滋养，形成了特定的思维模式及相应的行为方式，乡村教师对不同文化环境下儿童心理与行为的理解十分重要，师范生具备相应的教育教学知识才能胜任将来的教育教学工作。将有关"乡村教育思想、乡村教育理论和乡村儿童身心发展特点"等内容纳入专业课程教育模块，提供师范生了解民族地区乡村教育发展、乡村儿童学业水平和学习特点的机会，从而为未来融入乡村教育、扎根乡村教育做好知识上和心理上的准备。总之，课程结构和内容要充分考虑师范生未来就业的具体情境，注重课程内容的可行性、适切性和本土化，助力"优师计划"师范生快速适应民族地区乡村教师岗位工作。

(三) 实践教学融入民族地区乡村教育

培养知行合一、扎根民族地区乡村教育的教师，需要发展实践导向的教师教育培养模式，实践教学是"优师计划"人才培养的重要环节，对于丰富师范生对乡村教育的感性认识、掌握乡村教育教学技能、增强对现实乡村教育的判断和适应能力具有重要意义。一是建立健全实践教学体系。从时间和空间两个维度合理设置实践教学，在时间上将实践教学分为教育见习、教育研习、教育实习三个阶段；在空间上将实践教学融入乡村大环境，包括乡村社区、乡村学校和乡村教室，丰富师范生对民族地区乡村教育的整体认识，积累有效的乡村执教经验。二是建立提升师范生教学技能的训练机制。建立符合师范生成长规律、具有鲜明师范特色的训练机制，对"优师计划"师范生成长具有重要意义。以提升师范生三字一话、教学设计、说课评课等教学技能为目的，建立师范生教学技能训练中心，通过师范生教学比赛、书法大赛、教学技能考核及第二课堂教学技能训练等，切实提升师范生的教育教学能力。三是实施深入乡村"田野"体验式研究。可以让师范生深入乡村教室、学校、社区进行实地"田野"体验式研究，让师范生与定向乡村医生、定向农业人才等特定群体进行互动交流，深入了解乡村文化环境，扩大教育视野。四是建立实践教学"双导师"制度。发挥中小学在教学实践方面的资源优势与人力优势，在师范生教育见习、教育研习和教育实习等环节，安排师范生到签约所在学校接受实践培养，师范院校为师范生配备学科指导教师，中小学为师范生配备实践指导教师，实行双导师制度，共同指导师范生专业成长。

(四) 协同育人促进民族地区乡村教育

培养民族地区优秀乡村教师，仅仅依靠师范院校的大学课堂不能完成这一育师重任，需要构建教师教育共同体，在培养目标制定、培养模式确定、课程资源共享、教师队伍共建、教研科研合作等方面探索协同合作机制，对每一位师范生成长为优秀教师给予专业化、个性化支持。一是推动联合培养。完善"优师计划"联合培养基机制，通过师范院校间双向交换学生的方式提升"优师计划"育人质量。选拔大二或大三年级优秀师范生到其他师范院校进行为期1~2年的联合培养。各师范院校实行学籍互通、学分互认等，支持师范生专业发展。二是推动资源共享。结合民族地区乡村教育对高素质乡村教师的现实需求，发挥师范院校在教育理论、学科知识方面的优势和特长，研究"优师计划"教师教育课程标准，建设服务民族地区乡村教育的特色教师教育课程资源，提升教师教育课程资源与民族地区乡村教育实际情况的匹配度和适应性。鼓励师范院校跨校合作，特别是东西部师范院校合作，挖掘各民族地区优秀乡村教师的典型经验，纳入教师教育课程资源，强化对师范生乡土情怀的培育。三是共建支持体系。组建由师范院校、教育行政部门和定向学校三方协同的师范生成长支持团队，职前职后持续跟踪、长期支持"优师计划"师范生的专业成长。加大"优师计划"师范生到民族地区乡村学校顶岗支教力度，让师范生提前介入工作环境，感受工作氛围。完善名师名校送教下乡制度，为民族地区乡村教师专业发展提供实践支持。建立民族地区优秀乡村教师定期进修、学习制度，利用寒暑假、参加国培省培等机会到师范院校学习，到基础教育发达地区跟岗学习。鼓励加入"优师计划"的师范院校创新人才培养方式，牵头构建支持民族地区乡村教师专业发展的教师教育共同体，建立交流协作平台，实现师范生培养过程中理论知识与实践知识的融合、教学能力与教研能力的共生，促进民族地区乡村教师终身成长。

结　语

"优师计划"开启了为民族地区乡村学校定向精准培养未来高素质教师的新通道、新体制，是我国制度优势在教师队伍建设领域的具体体现。高质量落实"优师计划"，为民族地区乡村学校培养高素质教师，是师范院校服务国家高质量教育体系建设的需要。在此进程中，师范院校开展"优师计划"师范生人才培养，既要遵从《师范类专业认证》的一般标准，注重德行，强化实践，立足未来；又要考虑民族地区乡村中教师队伍建设的特定需求，在"优师计划"师范生人才培养目标、课程体系、实践教学与合作育人模式上改革创新，培养适应民族地区乡村教育高质量发展的高素质教师。

参考文献：

[1] 刘忠民，王喆. "互联网+教育"精准扶贫助推城乡教育均衡发展——以吉林省武龙中学为例[J]. 中国电化教育，2016（8）：98－101.

[2] 蔡文伯，袁雪. 留任还是离职：民族地区农村中小学"特岗教师"的艰难抉择[J]. 教师教育研究，2018，30（3）：66－72.

[3] 钟云华，张维. 民族农村地区新生代特岗教师职业压力来源的叙事分析[J]. 教师教育研究，2020，32（1）：103－108.

[4] 杨卫安. 乡村小学教师补充政策演变：70年回顾与展望[J]. 教育研究，2019（7）：16－25.

[5] 李静美，邬志辉. 乡村教师补充策略的国际经验与启示[J]. 比较教育研究，2018（5）：3－12.

[6] 龚宝成. 乡村教育生态回归平衡与重振：乡村教师留得住和本土化[J]. 教师教育论坛，2019（2）：41－44.

[7] 黄健毅，黎芳露. 新时代民族地区乡村教师的特殊素养及培养路径[J]. 民族教育研究，2020，31（1）：85－90.

[8] 曹二磊，张立昌. 民族地区乡村教师的特殊素养：价值、结构及培养路径[J]. 教师教育研究，2022，34（1）：19－24.

[9] 王艳玲，陈向明. 回归乡土：我国乡村教师队伍建设的路径选择[J]. 教育发展研究，2019（20）：29－36.

"1+N"链式共生：县域内幼儿园发展创新路径
——以四川省丹棱县为例[①]

张 杰[②]

摘 要：以"县"为单位整体推进学前教育管理体制改革，建设幼儿园发展共同体，是推进学前教育普及普惠优质健康发展的需要。四川省丹棱县以共生理论为指导，坚持党和政府统筹规划，改革两所幼儿园集团契约管理，引流优质社会资源参与，构建县域内幼儿园"1+N"链式共生系统，以价值链、管理链塑造共生模式，以任务链、专业链活化共生单元，以供给链、服务链营造共生环境，为实践中推进县域内幼儿园集团化发展提供了创新路径。

关键词：县域统筹；县域学前教育；链式共生；共生发展

2017年《关于深化教育体制机制改革的意见》、2018年《关于学前教育深化改革规范发展的若干意见》、2021年《"十四五"学前教育发展提升行动计划》等文件明确提出以"县"为主，县域内幼儿园作为一个发展共同体，整体推进学前教育体制改革，建立合理布局覆盖城乡的普惠优质的学前教育公共服务体系，形成完善的学前教育管理体制、办园体制和保障体系。目前，县域内学前教育发展存在诸多现实困境。长期以来，县域内在资源不足的现实下，以"效率优先"为主导价值，集中抓好个别优质幼儿园建设，忽略了其他薄弱幼儿园，以至幼儿园办学层次与实力差距大、发展不同步，县域学前教育始终难以构成一个流畅而均衡的系统，尚未形成良好的发展生态。县域内幼儿园整体的发展定位、目标、任务、执行、资源配置缺乏顶层设计，教育体制改革的工作整体性规划不足，协同发展的行为路径有待创新。针对这些困境，急需构建一套县域内幼儿园共生发展的模式，全面落实学前教育体制改革，形成县域内各类幼儿园发展的长效机制，真正实现学前教育的普惠、均衡、优质发展，让每个幼儿在家门口上学。四川省丹棱县以链式共生发展理论为指导，对整体推进县域内幼儿园共生发展进行了理论与实践的探索。

[①] 本文系全国哲学社会科学规划教育学项目"教育督导地方立法研究"（FFB180662）、四川省教育科学规划项目"省级示范园促进县域内农村幼儿园发展的策略研究"阶段性成果。本成果获四川省教学成果一等奖、国家教学成果二等奖。

[②] 作者简介：张杰，副教授，成都师范学院教育与心理学院教师。

一、县域内幼儿园共生发展的学理逻辑

县域内幼儿园发展借鉴共生理论的学理逻辑，意在激发所有参与要素的内驱力，以县域为单位，形成各类幼儿园共生发展形态。1879年，德国生物学家德贝里认为共生是生物的求生法则及彼此间相互依存的关系。目前共生理论逐渐延伸到了生态、社会、经济等领域。"共生"可以理解为不同种属通过协同和协作实现自我均衡，促进事物发展的基本规律。县域幼儿园发展是一个复杂的动态系统，是从分工到融合的演进过程，这与共生理论中的多元交互、合作发展等具有相通性。共生理论强调的优势互补、资源共享、互利共赢，也正是县域幼儿园发展形成的共生共荣关系的理想形态描绘。共生理论为理解县域幼儿园发展提供了科学的理论启迪和方法论借鉴，为破解县域学前教育发展不均衡提出了解决思路。

（一）价值论：坚持党和政府统筹规划，以共生发展促教育公平

县级政府是我国行政体系中具有管理、服务、协调、监督等完整职能的最低一级政府。斯托克认为，政府的能力并不在于运用权力或发号施令，而在于政府可以运用新的工具与技术来加以控制和指引。政府角色主要体现在统筹规划、维护公共利益、确定学前教育办学方向、制定公共政策和制度，县域内学前教育改革行动从启动到实施的全部过程，政府力量尤为关键。以县域为单位，坚持一个共生发展整体，以"链式共生"为发展理念，通过坚持党和政府统筹规划，明晰政府和教育部门责任，清除共生发展制度障碍，有利于推进乡村振兴，促进教育均衡，实现教育公平。一是坚持党和政府统筹规划。以"共生发展"为理念，从经费投入、合理布局、资源配置、师资队伍建设等诸多方面统一谋划，处理好国家教育方针、政策与本县教育发展以及与幼儿园发展的关系，注重横向协调和制度保证，有效弥合区域、城乡、园际的教育质量差距，在教育机会均等的基础上实现教育过程的高质量均衡。二是明晰政府和教育部门责任。县级政府可以通过财政拨款、制定发展规划等为园际发展提供支持。县级政府和教育管理部门要克服"等、靠、要"的消极发展心理，不渎职不越权，不侵蚀幼儿园自主发展的权利，发挥好监察督导职能。三是清除共生发展制度障碍。政策作为一种行为规范，直接面向具体的政策客体，针对政策对象应该做什么、不应该做什么作出规定，因此具有很强的明晰性、准则性和可执行性。加强幼儿园自主发展能力和共生发展的倾向性，清除不利于幼儿园共生发展的阻碍，通过理念输送、文化引领、制度建设，形成县域内幼儿园共生发展的意愿和氛围，调动全体幼儿园参与发展。

（二）方法论：改革幼儿园契约型管理，以授权赋能促专业发展

针对县域内幼儿园园所沟通不紧密、发展不均衡的问题，县域内幼儿园要实现共生发展，就需要形成共同认识，并以制度为保障，实现共生共荣。共生理论超越了"物竞天择，适者生存"的丛林法则，强调优势互补、资源共享、互利共赢是系统演化应遵循

的基本原则，从而最终达致连续性互惠共生的状态。在理念上一是坚持全县"两个幼儿园集团"（全县只有一所公办园集团、一所民办园集团）互动共生的管理方针，政府和教育部门与公办园集团和民办园集团形成契约，以契约精神加以鼓励与约束，构建有序发展、简单高效的契约型管理体系，不断简化组织结构和工作流程，打造县域教育改革的"奥卡姆剃刀"。二是为幼儿园进行授权与赋能。共生过程是各个主体的共同进化过程，所以在集团发展的能量场中，通过教研引领、特色牵动、资源共享等，为幼儿园留出创新能动的空间，激发每所幼儿园自主管理、共生发展的内驱力，引领区域内学前教育走向"规范＋特色"的优质均衡之路。

（三）协同论：引流优质社会资源，以专设机构促改革引领

县域内幼儿园共生发展需要参与主体建立互动协同关系，在实践中实现协同式运行，确保县域内幼儿园发展模式创新与教育实践发展相统一。一是以开放心态引流资源。共生理论认为互惠共生是多元主体协同发力的综合过程，多元主体不仅包括政府、教育部门和幼儿园，还应面向社会进行资源引流。这也决定了学前教育模式变革的创新和效度。抓住时机推动共生力量的叠加，引入社会优质资源，进行定向帮扶，充分发挥多方参与、多种力量汇聚的作用，实现优质供给。加强学前教育与社会的多维对接，将各方参与主体投入的资源有效转化为共生能量，促使社会资源与教育资源最大限度地整合。二是以专设机构引领协同。共生理论认为不同参与主体有自己的利益、认知和理解，需要强化协同功能保障共生效能。县域"学前教育保障中心"为专设机构，旨在协调公办园集团和民办园集团各主体的内在张力，充分培育、构建、运行、维护园所之间的共生关系与交互作用，促进园所个体优质发展与区域整体协同发展，形成县域内园所"各美其美，美美大同"的和谐共生局面。

二、县域内幼儿园"1＋N"链式共生系统与运行路径

共生理论主要描述共生单元之间形成的某种特定关系，其内涵包括了共生模式、共生单元、共生环境及三者之间的互相作用，即共生系统。根据共生理念，丹棱县建构并实践了县域内幼儿园"1＋N"链式共生系统。其中共生模式包括价值链、管理链；共生单元包括任务链、专业链；共生环境包括供给链、服务链。具体见图1。

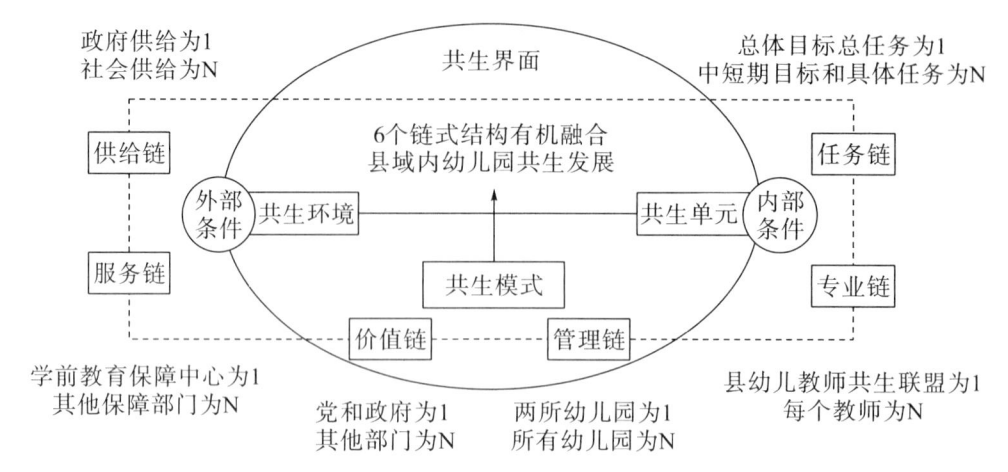

图1　县域内幼儿园"1+N"链式共生发展系统与运行路径

（一）构建领导体系和管理体系，塑造共生模式

教育体制机制改革不是各部分的简单相加，而是由散点到系统，呈现一个完整科学的制度设计和运行协调的组织体系，具有整体性和动态性。共生模式构建包括价值链体系和管理链体系的建设。

1."价值链"：建构党和政府统筹规划的领导体系

价值链"1+N"是指以党和政府为1，以其他部门为N，建构一个党和政府统一规划的领导体系进行统筹，其他部门形成合力，一体化推进。价值链的运行路径是：

一是党对学前教育工作的绝对领导权。2007年至2021年，丹棱县幼儿园党组织从1个支部发展成5个支部（其中联合支部两个），党员从9名发展到32名，全县学前教育党的组织和党的工作实现了"纵到底、横到边、全覆盖"。党委政府统筹规划。党委政府坚持民生导向，施行顶层设计，发挥统摄和规范作用，进行县域内学前教育网点布局，扩大公益性、普惠性学前教育资源供给，保障经费到位。县域幼儿园共生发展领导小组由党和政府主管学前教育的相关领导构成，确立以县为主的管理体制推进工作，对县域内幼儿园的责任范围、权利和义务以及园际合作内容、方式、时间等作出规定。二是政府部门和其他主体形成合力。丹棱县政府制定了《县域幼儿园共生发展领导小组管理细则》，编制了《丹棱县幼儿园"1+N"办园模式组建工作实施方案》《丹棱县幼儿园布局规划（2019—2025年）》等，从组织和制度上保障了合力的形成。

2."管理链"：建立"两所幼儿园集团"的契约型体系

管理链"1+N"是以"两所幼儿园集团"为1，以所有幼儿园为N，更新管理方式，建立起全县"两所幼儿园集团"契约体系，层层赋能。"管理链"的运行路径是：

一是树立全县"两所幼儿园集团"的大局观，加强顶层设计。"两所幼儿园集团"指的是全县只有一所公办园集团、一所民办园集团，真正发挥优质"龙头幼儿园"带动作用，打破园际壁垒。公办总园长既是总园的法人，又是分园的法人，形成法人一体的管理关系；民办园形成民办园联盟，设置民办园总园长。公办园和民办园相互依托，形成共生关系。各幼儿园都处于共生链条的中间节点，既能寻求帮助，又有义务和责任帮扶和协助其他的幼儿园。二是"两所幼儿园集团"与政府签订"共生发展契约"。公办园集团、民办园集团分别与县域党委政府签订"县域幼儿园共生发展"契约，表明积极实现县域内幼儿园均衡发展、推进教育公平的决心，以契约精神授权赋能，领导"两所幼儿园集团"形成一荣俱荣、一损俱损的共生理念。三是明确幼儿园的个性发展定位。公办园抱团发展，城区优质园托管乡镇小学附属园，组建优质教育资源，实施个性化的创新改造。采用选址新建、连片补建、整治回购等形式，形成公办园优质经验的孵化；民办园借力发展，借鉴公办园的办园经验，参与县域幼儿园一体化管理布局，在规范办园、科学保教等方面不断改进，提升办学智慧。"两所幼儿园集团"主动作为，落实科学的保教活动，满足不同家长群体对学前教育质量多样化的需求。

（二）确立目标体系和教师发展体系，活化共生单元

共生单元构建包括任务链和专业链建设。以教师联盟为抓手，链接目标体系，构建互利共赢、稳定正向的一体化共生系统，最终形成本土化的县域幼儿园发展新模式。

1. "任务链"：建立县域幼儿园共生发展的目标体系

任务链"1+N"是以总目标总任务为1，以中短期目标和具体任务为N。共生理论强调目标性、任务性，认为共生系统各要素之间在共同目标下完成一个个具体的任务，从对立走向融为一体。"任务链"的运行路径是：

一是明确县域幼儿园共生发展总目标和总任务。由县域幼儿园共同协商制定了相关细则，如《丹棱县幼儿园1+N链式共生发展总目标》，规定了县域幼儿园共生发展总目标是"公平公正、质量均衡、共生发展"。在此总目标下又分为中期与短期目标，中期目标为学年目标，分别从管理、教学、教师三个方面制订计划；短期目标主要为学期目标，包括幼儿园区域材料的投放、幼儿园安全管理、教师培训等。二是加快转变幼儿园发展观念。观念是指导行动开展的关键，要完成转变观念的"任务"，就要使全县幼儿园达成对县域幼儿园共生发展的共识。县域幼儿园厚植共生发展理念，政府牵头召开了20次理念传达会议。全县教师加强理论学习，逐步理解共生发展理念并充分消化吸收。每一位园长和教师都全面理解县域幼儿园共生发展的意义、目标以及具体实施办法，提升共生发展意识与意愿，营造良好的共生发展氛围，维护和谐健康的园际关系。三是推进理念的落地实践。首先要创建信任关系。公办园与民办园之间互相依靠、信赖、支持，有效地开展工作，创造宽容的对话氛围。其次要落到实处细处，切实按照各园办园目标和分解形成的安全、卫生保健、收费、教育教学等各子目标进行人员安排、流程制定和具体行动。幼儿园发扬共生发展精神，在共同愿景下，明了发展前景，明确办学目标，清楚办学定位，提高教师工作热情。

2."专业链":建立教师共生发展的成长体系

专业链"1+N"是以县幼儿教师共生联盟为1,以每个教师为N,打造教师专业发展的成长体系。"专业链"的运行路径是:

一是建立幼儿教师共生联盟。以幼儿教师共生联盟为基点,建立促进教师对等式交流的网络化体系,为教师的发展提供平等、宽松的交流、学习、研究的正式或非正式的互动载体,实现教师群体集结并形成学习共同体。二是设置县级名师工作室,协同联盟负责教师的教学与科研培训等问题,为区域学前教育的共生发展保驾护航。丹棱县幼儿教师共生联盟吸纳教师270余人,开展联盟线下活动共计36次,开展线上分享、讲座89次;制定了"大雅名师"培育计划实施方案,培养工作室成员30余人次。三是实行师资流动制度。幼儿园师资构成包括域外专家指导团队、县域内幼儿园名优园长和教师、骨干教师、新教师等。在县域内施行人才流动制度,新招教师编制属于公办园,下派教师到分园,选派工作业绩突出、管理经验丰富的5人担任分园园长,指导中青年"种子教师",为其他教师送教送培,到民办园巡回指导。优质园选派优秀骨干教师20人每月4次定期巡回执教,形成各类师资全域流动的共生局面。四是实施教师三级培训制度。建立实施"县级种子教师—优质园骨干教师—园级教研培训"三级培训制度。构建县域学前教师研训体系、开展县域教研项目合作联动,保证幼儿教师3年一周期全员培训,做到培训前设计、培训中实践、培训后总结,实现培训规范化、系统化、常规化。每两年面向全县幼儿教师遴选骨干教师培养对象近10人,培养并考核合格后予以认定;积极争取"国培"项目,选派骨干教师到优秀幼儿园和高校跟岗学习,助力教师走上专业发展的道路。

(三)完善支持体系和保障体系,营造共生环境

县域内幼儿园发展的共生环境建设主要包括幼儿园资源引入的社会支持体系、幼儿园运行的保障体系。共生环境和共生单元协同作用,相互影响。

1."供给链":建立资源全面引入的社会支持体系

供给链"1+N"是以政府供给为1,以社会供给为N。县域内幼儿园共生发展的"供给链"指引入社会全资源,建立开展定向帮扶的支持体系。"供给链"的运行路径是:

一是政府供给为主体。建立以政府为核心的供给共同体,由政府牵头,确保教育投入、联动群体促发展,通过政策、规则的制定,让政府的作为更丰富、更扎实、更可持续。二是社会事业机构进行对点帮扶。引入多方社会事业机构力量、引导辖区企业承担帮扶任务、壮大县域整体学前教育力量,凸显集群效应。设立多个奖励基金。建立学前教育资源帮扶基金9项,借社会力量帮扶幼儿园的发展;设立学前教育专项奖励基金5项,对学前教育资源建设做出较大贡献的幼儿园及优秀教师等进行奖励,以奖代补,激发教师的工作热情。三是引入社会的优质资源。借助社会爱心人士、慈善协会、各界名

流的力量，发挥自身影响力，设立学前教育专项奖励基金，借社会力量帮扶较落后的幼儿园；社会团体积极配合所有工作，参加县域内学前教育的改革过程，实现全要素参与。

2."服务链"：建立专业机构全面负责的保障体系

服务链"1+N"是以学前教育保障中心为1，以其他保障部门为N，由专业机构进行专门保障，全面负责幼儿园相关后期保障事务。"服务链"的运行路径是：

一是建立"一个中心"的统整性服务保障体系。建立一个专门的教育局直属的县域"学前教育保障中心"，解决县域内园所资源差异过大的问题，实现教育资源配置优、效果优；其定位是保障全县域幼儿园的相关事宜，为全县域的幼儿园服务。"学前教育保障中心"近3年处理申请1674次，为各个幼儿园的良好运行提供了保障。二是明确分工与职责。学前教育保障中心有两个分支：一支专门保障公办园，在硬软件设施、安保、保洁、保育、后勤、信息技术、园所绿化7个方面进行统一筹划、人员安排和制度化管理；另一支专门保障民办园，在调解纠纷、监督工作、协调管理3个方面进行组织管理。设立了教育教学硬件评估制度，每学年组织幼儿园评估并公开评估结果两次。制定了相关实施细则，如"学前教育保障中心"的公办园分支形成了《丹棱县公办幼儿园设施管理条例》等实施细则；"学前教育保障中心"的民办园分支形成了《丹棱县民办幼儿园监督条例》等实施细则。三是细化实施、落实保障。细化各类资源审批、查验等细则。若需要配置物质性资源，可由幼儿园上报申请文本，经各部门审核、评估，由"学前教育保障中心"进行规划配备。重点扶持农村幼儿园，添置活动器材212件（套）、建立和修缮活动场地11个、购置教学器具150件（套）、添置图书资料690册（套）。

三、县域内幼儿园链式共生发展的经验

共生发展已经是教育的一种文明形态。县域内幼儿园"1+N"链式共生发展路径经丹棱县实践检验效果显著，真正形成了学前教育的模式共生、单元共生、环境共生、效益共生，其主要经验有：

（一）链接顶层谋划，以党的绝对领导为共生基本前提

习近平总书记反复强调："党政军民学、东西南北中，党是领导一切的。"党的领导是中国特色社会主义制度最本质的特征。中国共产党将教育视为民族振兴的重要基石，视为对中华民族伟大复兴具有决定性意义的事业。教育事业作为党和国家事业的一部分，应当服从于党的全面领导和主导方向。因此，坚持和加强党的全面领导是办好学前教育的根本前提。县域学前教育共生发展必须在县党委的领导下集中统一谋划，在县政府层面落实，从把方向、管大局、作决策、抓班子、带队伍、保落实等方面进行全面领导，牢牢掌握幼儿园共生发展的工作领导权、管理权和话语权，县域党政领导积极践行

共生发展的理念，重构共生链群，以链带群，实现整体均衡优质发展。

（二）链接整体引流，以社会全介入为共生参与形态

党的十九届四中全会提出"建设人人有责、人人尽责、人人享有的社会治理共同体"。习近平总书记指出："办好教育事业，家庭、学校、政府、社会都有责任。"这为社会全介入学前教育指明了发展方向和实践遵循，即除了党委政府、教育行政管理部门，还要推进社会各界多方联动、整体引流，整合社会力量多渠道反哺学前教育建设事业；需要其他企事业单位的倾力帮扶和社会爱心人士的不断参与，鼓励、引导在外务商的企业家大力支持幼儿园建设；需要每个家庭的不断介入，提升父母及其他监护人的道德修养和文化素质；需要园长、教师、家长等具有群体意识，参与教育治理，承担公共责任，以此推动县域学前教育的发展。全社会把共生发展当作一种现代教育文明新形态，积极营造良好的社会氛围，厚植共生精神文明理念，促进共生发展共同体的形成和学前教育新形态的构建。

（三）链接统一治理，以管理和制度为共生实践准绳

学前教育体制机制在特定的文化环境中呈现出结构复杂、带有特定社会制度和文化特征的特点，需要有效的机制去促进和维护。公立幼儿园集团和民办幼儿园集团之间、城市园和农村园之间、优质园和薄弱园之间在文化共享、资源互用、教师互通、服务共赢等方面的统一管理和制度设计尤为重要。在发展理念上，关注价值和信念引领，在全局和远见的管理视野下明确共生目标、共享理念，提供激励、树立榜样。在组织形式上，超越单一的行政属地限制，突破行政区域限制，消除"乡镇割据""城乡割据"；在实际管理上，认真落实"进入有标准、处罚有依据、奖励有保障"的过程性管理理念，加强对幼儿园的过程性监管和专业支持。

（四）链接双轮驱动，以教师的外引内发为共生增值动力

"行政驱动"即以政府行政力量为教师成长驱动力。行政驱动的实现得益于行政管控的管理模式。政府等行政部门通过采取政策制定、制度安排，制定"任期责任制""项目制"等行动计划等方式，打通教师流动和晋升渠道，打造一种由外而内的教师成长引导态势。"专业驱动"即以教育专家和名师引领为教师成长驱动力，从现实教育问题出发，学习理论、解决问题，激发教师发展的内生动力，提升教师的教育教学能力和科学研究能力。"双轮驱动"统合行政和专业的力量，在行政政策与制度上构建学科带头人、名师工作室、教研员制度和研训体系，在专家名师引领上搭建学前教育专业联盟大舞台，开展园际之间互帮互学、互通有无。发挥行政驱动和专业驱动"双轮驱动"的协同共生作用，汇聚教师内外部发展动力，为教师成长增值，为幼儿园发展赋能，为县域构建学前教育优质、均衡的发展样态奠基。

参考文献：

[1] 褚宏启. 走向教育善治［J］. 人民教育，2015（1）：31.

[2] 罗英智. 区域学前教育多元化发展模式研究［M］. 沈阳：辽宁人民出版社，2015.

[3] 张茂聪. 县域基础教育政策评估研究：基于评估内容体系的构建［M］. 济南：山东教育出版社，2015.

[4] 孙德超，李扬. 试析乡村教育振兴——基于城乡教育资源共生的理论考察［J］. 教育研究，2020，41（12）：57－66.

[5] 杨晓萍，沈爱祥. 县域学前教育共生发展现状分析［J］. 学前教育研究，2020（9）：13－22.

[6] 肖幸，朱德全. 组织与精神：学前教育专业文化生态的共生逻辑［J］. 教育研究与实验，2020（5）：66－71.

共教、共学、共长：中小学"五环践学"课堂教学策略[①]

何少衡[②]

摘 要：课堂是发展学生核心素养、形成健全人格的主阵地。针对当前中小学课堂教学中存在的不同程度的课堂教学"满堂灌"、学生学习体验不佳、核心素养未能有效培养等问题，成都冠城教育集团学校在教学实践中探索形成了共教、共学、共长模式：中小学"五环践学"课堂教学策略，即以学生为中心、以"践学"为主体、以"体验"为方式，通过"自学质疑—讨论领悟—展示分享—检测巩固—评价提升"的五环循动，将"独学—合学—展学—用学—评学"落实到位，优化课堂结构，努力让师生体验到课堂的温度，开启课堂教学新境界，培养学生的学习力、创造力和精神生长力。

关键词：五环践学；课堂教学；核心素养；践学

义务教育质量事关亿万青少年儿童健康成长，事关国家发展，事关民族未来，探寻新时代"立德树人"育人方式变革之路，推进教育现代化，深化教育教学改革势在必行。中小学"五环践学"课堂教学策略（以下简称"五环践学"）站在为学生终身负责的高度，将"践学"和"体验"作为课堂的主要内容，让学生在"自学质疑"中践行独学，在"讨论领悟"中践行合学，在"展示分享"中践行展学，在"检测巩固"中践行用学，在"评价提升"中践行评学。五环循动，以学生为中心、以"践学""体验"为主体来组织教学与活动。"五环践学"建立课改四级统一体，改革管理制度，组建"学习型小组"，优化学习型备课组，改变了以教师为中心的课堂教学模式，"五环践学"带来的不仅是课堂教学方式的改变，还是学习方式的改进，更重构了课堂，五个环节有机结合、层层推进，引导学生由表及里、由兴趣到探究地进行深度学习，提升了质量、落地了核心素养，回归了学习本质、回归了课堂的本真形态。

[①] 本文系四川省基础教育研究中心一般项目"深度践学：以学为中心的教学实践研究"阶段性成果。本成果获四川省优秀教学成果二等奖。
[②] 作者简介：何少衡，高级教师，成都冠城实验学校党支部书记、校长。

一、课堂改革面临的主要问题

（一）教师课堂"满堂灌"，教师水平不足

传统课堂中，教师只是按程序性完成自己的教学计划，课堂缺乏生成性；课堂教学策略未得到高度重视，课堂活动缺乏设计性；课堂多呈现教师"演"学生"看"的状态，合作、探究的力度和效度不够；学生关注度不够，教师水平不一，难以实现高效教学。

（二）学生学习缺乏体验，学生探究力不足

传统课堂中，学生是被动的接受者，"角色"定位缺失，课堂实践体验不足，缺乏自主学习、独立探究的机会；学习性组织未搭建，学生缺乏个性展示、团队协作的平台；当堂训练不足、课堂激励评价引导不够，学生学习效率不高，学习兴趣、学习能力和探索精神未得到有效培养。

（三）学生核心素养停留于表面，学生发展不足

学生核心素养关注人的全面发展，主张在学习文化知识的基础上注意学生的自主发展和社会参与。自主发展和社会参与的主阵地在课堂，传统课堂的"教—学""讲—听""灌—受"结构忽略了学生的生活环境、经验、阅历，导致学生缺乏感受和体验。机械、单向、灌输式的教学，割裂了个体的知识学习和精神构建，使得学生的核心素养停留于表面，发展潜力不足。

二、建构全新的生态课堂

（一）课堂环节——五环循动

"五环践学"，立足以学生为本，以学生为主体，以学生"践学"为主线，既是构成课堂结构的内容，又是课堂运行要遵循的流程，同时也是一个"学程"。其内涵如下：

环节一：自学质疑——自学相关内容，提炼要点，质疑问难。

环节二：讨论领悟——疑难解析，知识梳理，领悟本质（原理）。

环节三：展示分享——展示学习方法（思路技巧与学习过程）、学习结果（认识与成果）、心得体会（感悟与反思）。

环节四：检测巩固——知识积累，原理通透，迁移创新。

环节五：评价提升——知识拓展，归纳总结，个体帮扶。

具体如图1所示。

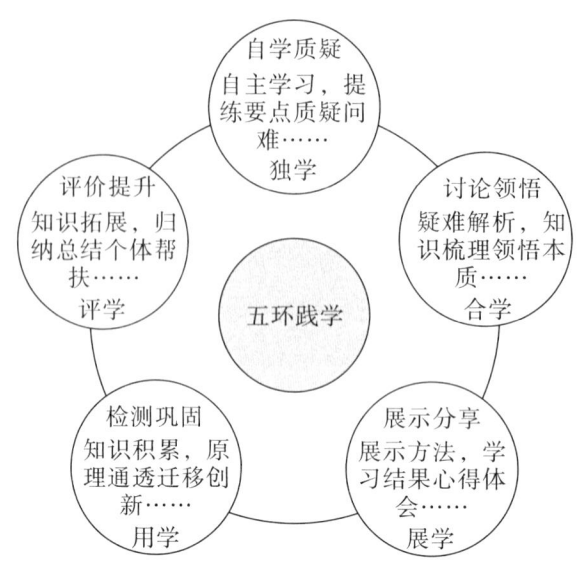

图1 中小学"五环践学"课堂教学环节

(二)课堂形态——显隐互补

中小学"五环践学"课堂教学策略的课堂形态为显性形态+隐性形态。

显性的课堂形态为课堂表现。包含践学小组、师生活动和课堂结构。践学小组是"五环践学"的课堂基础，是课堂的基本单位，通常为四人小组，组内异质异层，组间同质同层；师生活动是践学的核心，包括亮组名、组牌、组训，活动面对面；课堂结构是课堂践学的主体，包括环节互动、师生互动、反思提升。

隐性的课堂形态为课堂效果。包括学标、学法、学态和学效。学标包括三个观察点：目标清晰度、任务明确度、问题精准度；学法包括四个观察点：先学后教、先教后学、边学边教、边教边学；学态包括六个观察点：课堂激情度、学生卷入度、践学体现度、合作有为度、展示有型度、点评精彩度；学效包括四个观察点：目标达成度、问题解决度、全员参与度、课堂收获度。具体如图2所示。

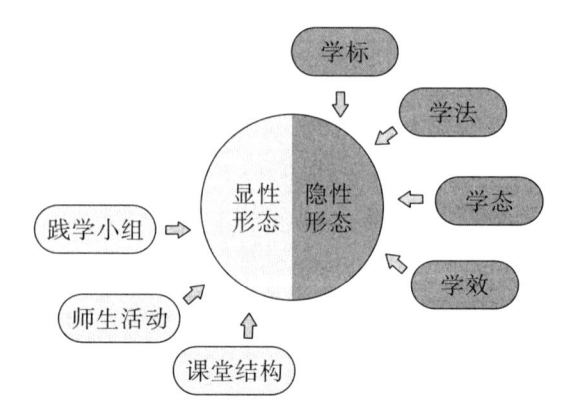

图2 中小学"五环践学"教学策略的课堂形态

显性的课堂形态是践学的外在表现，体现为先学后教、站立讨论、展示比拼、点评点拨、互帮互助，目的是实现"生"动的课堂；隐性的课堂形态是最终归属，是践学目标的达成，是实现"生"长的课堂。

（三）课堂逻辑——合作探究

课堂教学的基本逻辑是将国家课程标准转化为学生的现实素养，教学目标就是国家课程标准的具体化。学生通过自主学习、合作学习和探究学习完成教学目标的基础知识、疑难问题和重难点知识的掌握，从而达到将国家课程要求转化为学生素养的效果。

实现这一内在逻辑的关键是学生的活动，通过学生的自学、讨论和交流，让学生在活动中学，在活动中体验，在活动中收获和成长，从而实现以学生为主体的教学目标，具体如图3所示。

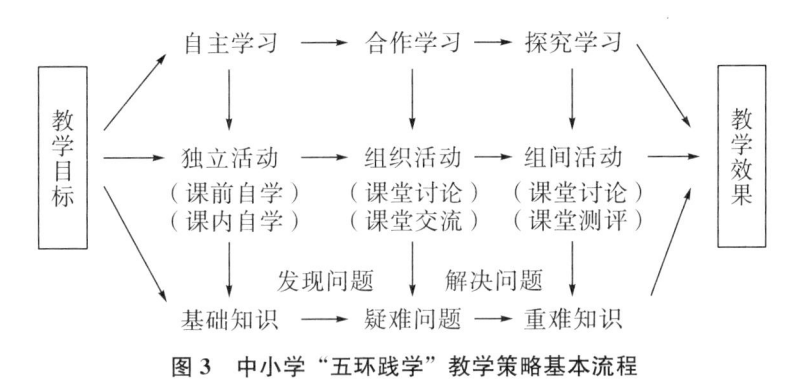

图3 中小学"五环践学"教学策略基本流程

（四）课堂理念——践学体验

"五环践学"课堂是以学生为中心，将自主学习和实践学习相结合，以提升学生学科核心素养为宗旨的教学实践。"五环践学"课堂的核心理念是"践学""体验"，通过学生的活动和体验培养学生的学习能力、质疑能力和探究能力，通过学生的合学、展学培养学生的团队意识、自我管理和健全的人格，通过用学、评学培养学生的自信力、评价能力和应考能力，"五环践学"课堂的最终指向是学生个体能力的提高。在"践学"过程中，学生的学科知识逐渐完善，能力和素养逐渐形成，学习力、创造力逐渐练就，学科核心素养得到有效提升，具体如图4所示。

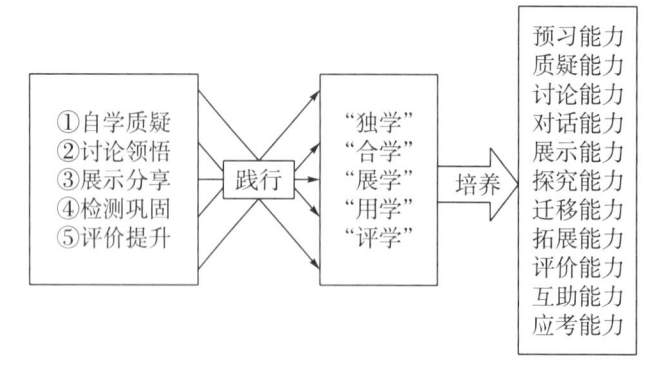

图 4 "五环践学"课堂生成学生核心素养

三、课堂运行原则——"互动渐进"

"践学"和"体验"的互动渐进。主要体现在两个维度：一是情感上达成角色、问题、思维、评价的互动；二是效果上实现知识、技能、策略、意识、能力的互动。"践学"和"体验"的互动渐进体现了学习由不适应到适应、由生疏到熟练、由幼稚到成熟的过程。就学生成长和教学本身来讲，需要遵循学习规律、教育规律，这是一个由易到难、由少到多、由初级到高级的过程。"五环践学"改变了旧有的课堂学习方式，引发了学生学习意识、学习行为和学习状态的渐变，学生也由此走向一种新的学习生活样态。

教学策略和教学方式的互动渐进。真正的"高效践学模式"是科学的实践和体验学习。教师通过营造氛围、明晰目标、指导学法、兑现行为等方式，达到帮助学生践行学习、学"学习本身"的目的，从而掌握懂得学习、领悟学习、驾驭学习、强大学习的本领。教师和学生利用资源"学"、借用情势"学"、运用智慧"学"；在学中尝试发现，在学中体验感悟，在学中提升完善。最终达到的结果就不只是"学会"，而在于高层次的"会学""会创"，关注的是学生的综合素质、学习与生活的幸福。

"五环践学"体现课堂构建的互动渐进。"五环践学"从宏观层面可以作为几节课的跨课结构框架来经营，体现单元、章节设计的整体思想；从中观层面可以作为一整堂课的结构模式来思考，"五环节"成为一堂课"起、承、转、合、评"的布局；从微观层面则可以机动灵活地应对某一项知识内容的学习。根据教学内容的需要，一堂课进行着"五环节"的多次循环，这些都体现了"五环践学"的张力。

四、明确课堂教学行为匹配

"践行学习"的本质在于学生能力与素质的发展，学生的学习实践自然成为课堂主线。为了实现"践学"行为有的放矢，避免盲目和低效，"五环践学"要求教师在上课之前完成教学设计，创设情境、引发思考，问题驱动、合作探究；教学过程中要调控课堂、深入小组，分配任务、鼓动补充，评判优劣、补充升华；学生的"学"要求明确目标、依法自学，站立围聚、沟通想法，相互辩论、互促互帮。这就创造了"共教、共学、共长"的教学生活，达到了"学得开心，教得舒心，考得放心，活得倾心"的新境界。师生"教""学"行为的动态匹配具体见表1。

表1 师生"教""学"行为的动态匹配

环节	设计意图		教师的"教"		学生的"学"				
自学质疑	创设情境目标合理	科学设计自主思考	目标指向问题宣示巡视自学	任务发动学法指引	明确目标关书思考	领受任务完成学案	快速启动生疑献疑	瞄准问题	依法自学
讨论领悟	问题驱动深入思考	争辩碰撞合作设计	精选疑难深入小组调控论程	抛出论题个别点拨	站立围聚相互辩论	聚焦问题形成共识	声音洪亮笔记要点	争相表述记录过程	沟通想法准备展示
展示分享	师生协作解决问题	合作探究理性思考	说明示法提示技巧巡查状况	分配任务鼓动补充	迅速反应介绍方法聆听注视	小组齐动陈述过程热情回应	板书要点面向群体异议补充	公示结论自信大方笔记要点	说明思路离书脱稿理解内化
检测巩固	活用知识思辨问题	激活思维激发创新	优选检法精化练习	出示题目布置作业	参与检测	静思速答	及时完成	组内交流	
评价提升	引导实践拓展创造	应用发展价值责任	评判优劣比较概括	指明得失补充升华	查对正误	纠错补漏	总结归纳	互促互帮	清算疑问

五、构建系统保障机制

"五环践学"站在为学生终身负责的高度来"立人""立教""立学"，将"践学"和"体验"作为课堂的主要内容，体现了课程改革所倡导的自主、合作、探究的核心理念，需要整体实施改革的保障策略。

（一）建立课改四级统一体，完善统筹管理机制

实行课堂教学改革校长负责制，成立课改领导小组，构建"五环践学"课改四级统一体。校长是论道的核心，同时四级间相互作用，最终着力于构建班级学习型小组，促进学生个体的变化与发展。学校建立和完善了"五机制"：任务驱动机制、考核评价机制、利益激励机制、内力造引机制、自研自创机制，充分调动教师参与改革、承担改革、深化改革的积极性，从而保证改革行为的整体性、联动性、持续性和实绩性。"五环践学"课改四级统一体具体如图5所示。

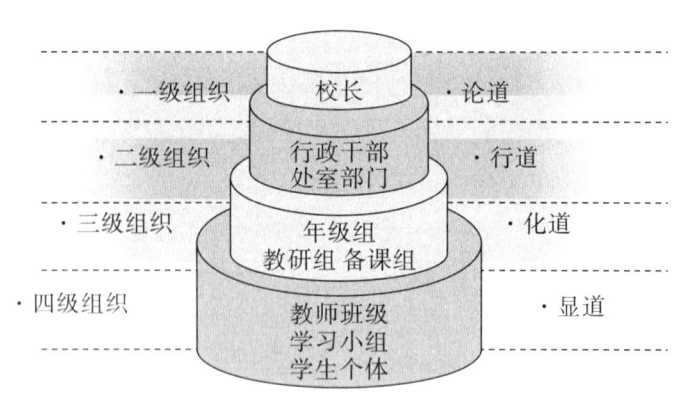

图 5 "五环践学"课改四级统一体示意

（二）改革长效管理制度，完善行政执行机制

课程改革的核心是校长，而真正贯彻落实则是中层干部和处室部门，是"行道"的主体。在课改领导小组的领导下，学校逐步制定各项长效管理制度，如《行政手册》《教学手册》《教师一日常规》《教师绩效考核方案》等，确保在课改推进过程中有章可循、有理可依；同时建立完善行政干部和处室部门的考评激励机制，对成绩突出的干部和处室部门给予奖励。

（三）优化学习型备课组，完善教师执行机制

备课组是学校教学、教研的基层组织，是全面提高教育教学水平和学科教学质量的"战斗小分队"，也是课改"化道"的关键。

1. 优化备课流程

形成备课流程："个人初备—主担人说备—集体研讨—修改完善—分头执教—教后反思"。具体如图 6 所示。

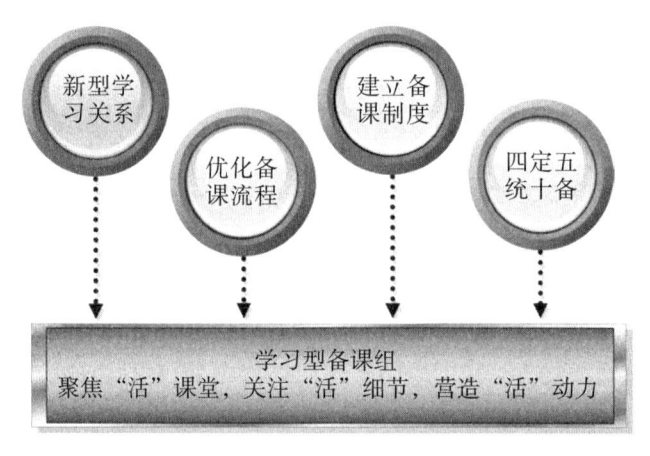

图 6 学习型备课组备课流程

2. 建立全新的备课制度

形成全新的备课制度：组员分备，个人先备（初备）—实时交流，共同分享（同备）—教研优化，形成共识（研备）。

集体备课、研究性备课是一种基于问题的学习和研究，是学习型备课组的核心任务。

3. 坚持"四定、五统、十备"

"四定"是指定时间、定地点、定课题、定主讲人。"五统"是指统一进度、统一内容、统一要求、统一练习、统一考查。"十备"是指备课标、备考纲、备教材、备学生、备资源、备教法、备学法、备板书、备课件、备练习。

4. 诊断式评课

听课和评课，坚持"带着问题去听课，听出问题出教室"的听课原则，听课前准备，带着问题听课；关注上课教师环节设置、活动设计、师生互动；关注"五环践学"评课学标、学法、学态、学效，做到听课有备、有思、有效。

5. 学习型备课组的发展

教师培训：暑期培训、外出考察、教职工大会；

教研活动：备课组教研，共同体教研，市、区教研、省内教研；

师徒结对：九月师徒结对、新教师三年规划、青蓝表彰；

教学诊断："9·30"新班新教师展示课和过关课、9~11月新教师展示课和过关课、11月教学研讨会、全校教师技能大赛、成熟教师示范课。

（四）组建"学习型小组"，完善小组运行机制

循道而为，本立而道生。通过"论道""行道""化道"，最后的"显道"是促进学生个体的变化和发展。学习型小组运行机制具体如图7所示。

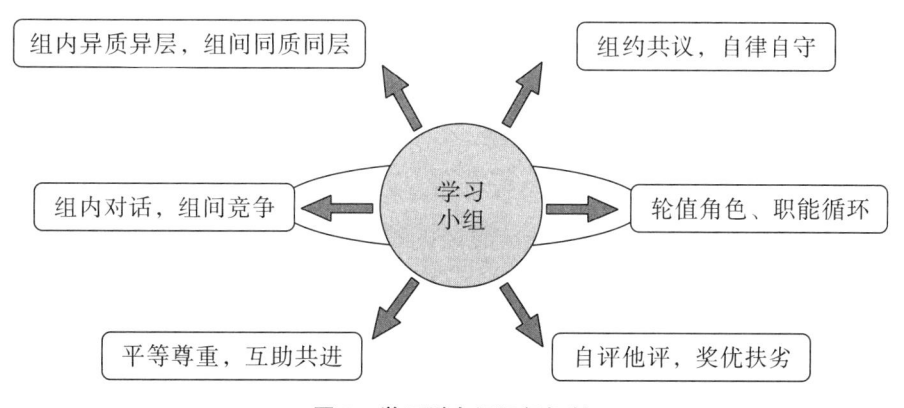

图7 学习型小组运行机制

1. 学习型小组组建策略

建立学习型小组的出发点在于人人有机会，人人乐参与，人人能尽责，人人能互动，在合作、探究中得到锻炼和发展。学习型小组的打造与培养有章可循、中心发言人的轮值有制可依、学生讨论有章法有流程、教师的点评奖优扶劣，学习小组每一位组员都能找到自己的位置，为小组荣誉而参与、协同、共进，逐步形成学会参与、学会协同、学会珍惜等优良品质。

2. 小组的运作管理策略

构建班级"学习型小组"是实施"五环践学"的基石；而"学习型小组"的运作管理则是"五环践学"实践的关键。我们从四方面建立小组运作管理策略：小组的实态形式、小组的调控方式、小组的激励策略和小组的"自建设"。

小组的实态形式是四人围坐或对坐，有轮值组长、中心发言人、书记员和纪律委员，学习的时候组内互动合作、组间互竞共享，班级成为独立小组联合体。小组的调控通过自学质疑和讨论领悟实现静动调控，通过展示分享实现问答调控，通过检测巩固实现时空调控，通过评价提升实现评价调控。小组的激励策略通过小组竞争、小组计分和小组奖励达成，比如口头表扬、鼓掌祝贺、颁发证书、计发奖学金或升学奖励等。小组"自建设"属于"团建"，每周日返校后第一节晚自习进行，每个小组都通过回顾、反思、自省、互评，完成小组现状、周建设目标、周组员问题会诊、周组员表现评比、下周关注重点、措施建议等内容讨论，以反映共同生活、记录成长历史。小组的运作与管理具体如图 8 所示。

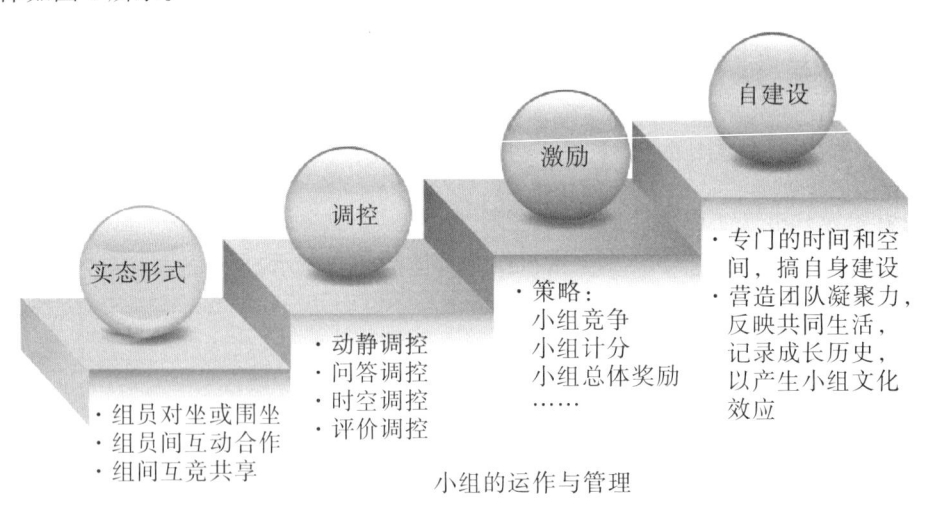

图 8 小组的运作与管理

结　语

改革是时代趋势，改革是发展的需求，改革是走向教育新境界的唯一途径。只有改革才能让学校为学生、为社会提供更有效更优质的教育服务。只有把学生充分组织起来，最大限度地调动学生的能动性，实现课堂教学的高效推进，才能突破新课程改革的瓶颈，保证改革的顺利推进和质量。

实践证明，我们整体实施"五环践学"，营造了一种新的课堂生活，为学生个体和小组自主、合作、互动、实践探究、研究性学习及高效课堂等提供了策略性保障和技术性措施。目前，学校的课堂改革工作依据规划有序推进，不断取得阶段性成果，获得阶段性成效，形成了向课堂要质量、向改革要质量、向创新要质量、以特色塑品牌的群体舆论氛围和共同愿景，也在区域内产生了良好的影响。但这些都不足为奇，最关键的是我们怀着一颗面向未来的心，坚定了"开启更好的教学""创造更好的教育"的信念和追求。

参考文献：

［1］何少衡."五环践学"彰显学生核心素养的培养［C］//广西写作学会教学研究专业委员会. 教师教育论坛（第七辑），2019：54-57.

［2］张泽科."立心铸魂"：开启新时代民办教育高质量发展之路——眉山冠城七中实验学校"立德树人"育人方式变革实践透视［J］. 教育科学论坛，2021（22）：68-77.

［3］王建强. 追寻有温度的教育——眉山冠城七中实验学校办学密码解析［N］教育导报，2023-1-10.

指向幼儿文化自信培养的幼儿园民俗课程[①]

杨其勇[②]

摘　要：从小培养幼儿的文化自信是新时代教育的重要主题，其关键是培养幼儿对本国本民族传统文化的亲近感、认同感、自豪感和归属感。民俗文化因其与幼儿生活的密切联系成为培养幼儿文化自信的独特资源。幼儿园应遵循地域性、生活性、参与性的原则选择适宜幼儿学习的民俗文化内容，在将之主题化和游戏化的基础上科学实施民俗课程，以此促进幼儿对民俗文化的持续探索和对传统文化的积极认同。

关键词：文化自信；民俗课程；传统文化

随着世界各国交往的深入，如何保护和传承传统文化，树立下一代对本国本民族文化的自信，成为新时代教育的重要主题。自倡导建设园本课程以来，各地幼儿园纷纷依托本地文化，构建了众多的地方乡土课程，强调培养幼儿爱家乡进而爱祖国的情感，但是尚未明确重视地方民俗文化在从小培养幼儿文化自信上的重要价值与意义。

民俗文化作为一种教育资源，涉及普通民众的生产交往、衣食住行、休闲娱乐等诸多方面，蕴含了深厚的民族心理、道德伦理、精神气质和审美情趣，通过幼儿园的适当选择和改造，不仅可以为幼儿的学习提供丰富生动的材料，而且可以培养幼儿对本国本民族的文化自信。本文将在分析幼儿文化自信培养内涵与目标的基础上，探讨幼儿园建设和实施民俗课程以培养幼儿文化自信的基本原则与路径，从而为新时代幼儿园践行立德树人教育提供有益启发。

一、幼儿文化自信培养内涵与目标

文化是人类适应环境的策略和产物，是人类自身智慧的创造。所有国家和民族必然都有自己的文化，没有高低优劣之别，只因各所处的环境不同，所以形成了不同的适应策略与生活方式。每个国家和民族的下一代之所以需要学习和传承自己本国本民族的文化，从根本来说是生存之必需，因为本国本民族的文化包含的是本国本民族世代积累的生存智慧。离开这些生存智慧，其实就是回到最初的原始状态，一切都需要重新摸索，这显然是不明智的，也是非常没有必要的。人类之所以能不断向前发展，建立越来越庞

[①]　本文获四川省教学成果一等奖、国家教学成果二等奖。
[②]　作者简介：杨其勇，博士、教授，成都师范学院培训管理中心副主任。

大和复杂的文明体系，正是因为文化的世代传承和积累。所以，培养下一代的文化自信最重要的就是让他们清楚明确地认识到本国本民族文化中所蕴含的生存智慧，并为之自豪，从而产生发自内心的认同感和归属感。在与别国别民族的文化相遇时，具有文化自信的人既不会贬低对方，也不会高看对方，而能以平等、包容、尊重的态度，自信、大方、从容地与之交往、交流，彼此得以在相互欣赏与学习中获得更好的发展。这也是在当今世界经济和贸易日益全球化的背景下，每个国家和民族希望下一代具有的文化力，如此则既能在世界竞争中保存和发展本国本民族文化，同时也有利于促使世界朝着和平与共同繁荣的方向发展。

对于处在发展初期的幼儿来说，培养其文化自信也应遵循相同的内涵，只是在目标上不能要求太高，以免超过幼儿实际能够达到的水平。具体可分为以下几方面。

（一）认知目标

就认知目标来说，培养幼儿的文化自信主要是发展幼儿对本国本民族文化的初步认识，使其知晓本国本民族典型的文化象征符号，如传统节日、服饰、食物、仪式等。

（二）情感目标

就情感目标来说，培养幼儿的文化自信应主要是发展幼儿对本国本民族文化的浓厚兴趣与亲近感，如喜欢过本国本民族的传统节日，在穿上本国本民族的传统服饰、品尝本国本民族的传统食物、遵从本国本民族的传统礼节时内心感到很欢喜、很高兴。

（三）意志目标

就意志目标来说，培养幼儿的文化自信应主要是发展幼儿对本国本民族文化的强烈认同，在接触和认识本国本民族传统节日、服饰、食物、仪式的过程中感受到本国本民族文化的伟大和深刻，为自己是本国本民族文化的继承者而自豪。

（四）行为目标

就行为目标来说，培养幼儿的文化自信应主要是发展幼儿初步自觉践行本国本民族文化的能力，如能主动积极地参与本国本民族的传统节日与仪式，能在成人的帮助下制作简单的传统食物、服饰、物品等。

通过这些方面的培养，最终让幼儿认识和认同本国本民族的传统优秀文化所蕴含的价值观，对本国本民族文化产生亲近感、认同感、自豪感、归属感，具有健康、自信、共情、明理的特质，形成爱国爱家、感恩父母、亲和社会的行为取向。

二、指向幼儿文化自信培养的幼儿园民俗课程的建构原则

由于幼儿处于具体形象思维发展阶段，促进幼儿对本国本民族文化的初步认知与认同应当从他们身边熟悉的人、事、物开始。幼儿生于斯长于斯的本地民俗文化就是他们

接触和感知本国本民族文化最好的切入口。本地民俗文化能够为幼儿了解本国本民族的传统节日、仪式、服饰、食物等提供直观、生动、具体的学习机会，幼儿园构建符合幼儿身心发展特点与规律的民俗课程有助于培养幼儿对本国本民族的文化自信。幼儿园在构建这种园本性质的民俗课程时应注意遵循以下基本原则。

（一）地域性原则

由于各地的生态环境不同，人们面临的生产生活条件不一样，各地也就发展出了具有一定地方差异的民俗文化。这些民俗文化共同构成了一个国家和民族的传统文化，有着相同的价值观，只在具体表现形式上存在差异，无论来自哪里的民俗文化本质上都不妨碍幼儿形成对本国本民族的文化自信。之所以强调幼儿园在选择民俗文化时应以本地的民俗文化为主，主要是出于对幼儿发展特点与水平的考虑。幼儿思维的具体形象特点决定了幼儿更喜欢探索身边的人、事、物，本地的民俗文化由此会比来自其他地方的民俗文化更能引起幼儿的探索兴趣，同时也为幼儿实际感受、接触和参与本地的民俗文化及活动提供了便利，从而更有助于幼儿对本国本民族文化自信的发展。

（二）生活性原则

任何地方的民俗文化都是非常丰富的，从日常的生活习俗到具有高度象征意义的民俗符号都属于民俗文化。对于喜欢具体形象事物的幼儿来说，与其生活紧密联系的民俗文化更能引发幼儿的学习兴趣。所以，幼儿园在建构指向幼儿文化自信培养的民俗课程时应坚持从幼儿生活出发、紧密联系幼儿生活的原则，选择那些与幼儿日常的吃、穿、住、行、玩相关的民俗文化元素与活动。如具有本地特点的风味小吃、体现本地风俗的传统服饰、适应当地气候的民居民宅、保留地方历史的古老建筑、仍在民间流传的地方故事与戏曲、依旧热闹的地方庙会与传统民间游戏等，都能激发幼儿极大的探究兴趣与学习热情，是极适合进入幼儿园课程的民俗文化内容。相比之下，历史上积累下来的地方古籍、具有象征意义的祭祀活动等，因其需要更高的抽象思维能力，并不是适合幼儿探索的民俗文化内容。只有贴近幼儿生活的民俗文化元素与活动，才能进入幼儿感知、理解与记忆的范围，才会有助于幼儿文化自信的发展。

（三）参与性原则

幼儿学习的另一重要特点是"做中学"，即只有经过幼儿探索的事物，才能与幼儿的经验建立真正的联结。幼儿园要培养幼儿的文化自信，同样应为幼儿提供可以直接参与其中的机会，而不是由教师在课堂上空洞地讲授抽象的文化知识。如单纯地让幼儿坐着欣赏本地的戏曲表演，通常幼儿都会因听不懂传统戏曲的内容而失去对传统戏曲的好奇与兴趣。如果幼儿园能够把地方剧院的演员请到园里来，让幼儿通过演员的现场表演与解释，近距离地了解其所用道具和所穿服装的意义，然后亲自动手触摸和使用演员带来的表演道具与服装，模仿演员的表演，定然能够更好地激发幼儿对地方传统戏曲的学习热情，让幼儿在直接参与中感受地方优秀文化给人带来的审美愉悦，从而对传统文化产生强烈的认同感。民俗文化中丰富多彩的节日活动本就具有很强的参与性，幼儿园应更好地利用这部分民俗文化资源，既要将之引入幼儿园课程，对之做适合幼儿特点与需要的改造，又要善于规划和组织，带领幼儿走出幼儿园，主动融入民俗节日活动，让幼儿在直接参与中更深地体会和认同民俗文化所传承的传统文化价值。

三、指向幼儿文化自信培养的幼儿园民俗课程的实施路径

（一）将所选择的民俗文化内容主题化与游戏化

在根据以上原则选择好民俗文化元素和内容之后，幼儿园接下来应同样依据幼儿的年龄特点与发展规律对之进行主题化和游戏化的改造，使之成为幼儿园课程的有机组成部分。

1. 主题化

所谓主题化是指幼儿园应从所选择的民俗文化元素和内容中提取出幼儿感兴趣的主题，然后以该主题为抓手，建构涵盖幼儿园五大领域的课程活动，使幼儿有机会围绕这一主题开展多领域的探索和学习，由此实现幼儿在不同领域的全面发展。如幼儿因去参加了当地赛龙舟的民俗节日活动而对龙舟这一特定的传统物质文化产品很感兴趣，教师就可以在组织孩子们讨论的基础上，确定关于龙舟的课程主题网络图，将其具体内容与幼儿园五大领域教育结合起来，从而推进幼儿对传统文化符号的认识深度和广度，促进幼儿对传统文化的认同。

具体来说，教师可以首先组织幼儿开展科学领域的龙舟设计活动，为此需要组织幼儿探索关于船只制作方面的科学原理，并根据幼儿园的实际情况进行改造。因为不可能真正让孩子们去河里划船，所以教师可以在组织孩子们讨论后，将目标明确定为设计旱船。然后，教师可以以健康和社会领域的目标为指引，组织孩子们合作动手制作旱船，以发展幼儿精细动作与团体合作能力，同时带动其思维品质与亲社会行为的发展。在制作了大家都比较满意的旱船后，教师可以组织相关的语言与艺术领域活动，让幼儿充分发挥自己的想象，创编关于龙舟的故事，并运用各种材料对船只进行装饰，由此发展幼儿的语言表达与艺术创造能力。在这样的系列主题活动中，幼儿各方面能力的发展最终促使幼儿对龙舟这一传统文化载体有了更深厚的认识和体验，并经由自己的参与和创造而有了更深刻的记忆与认同感。

2. 游戏化

所谓游戏化是指幼儿园在实现所选择的民俗文化内容的主题化后，应进一步在课程活动形式上实现其游戏化，即所有的主题课程活动都应以游戏的形式开展。如前

面提到的龙舟主题活动，无论是科学、健康与社会领域的设计与制作活动，还是语言与艺术领域的创造和表现活动，都应采取游戏的形式来组织。如在设计龙舟的科学活动中，教师可以首先组织幼儿开展建构游戏，利用区角材料搭建龙舟模型，然后在搭建的过程中引导幼儿探究船只的组成部分及其各部分的功能与相互关系，最后引导幼儿基于这种直接操作经验来理解关于船只的科学原理，支持幼儿画出自己想要的船只设计图。又如在制作龙舟的课程活动中，教师为发展幼儿合作的能力，可以采取小组竞赛的游戏形式，让幼儿自由组队，并为自己的小组命名，然后教师可以引导每个小组开展组内讨论，为每个小组成员分配具体的任务，通过切实开展的合作来完成船只的制作，同时也就培养了幼儿团结合作的能力和对集体主义文化传统的认同。

（二）遵循"三段六步"的基本流程建构和实施民俗课程

在具体建构和实施民俗课程时，幼儿园可以通过遵循"三段六步"的基本流程来保证课程质量，实现培养幼儿文化自信的课程目的。其中，"三段"指的是课程建构和实施的"前置段""中置段"与"后置段"，分别对应课程建构和实施的准备阶段、实施阶段与结束阶段。"六步"指的是每个阶段又包含前后衔接的两个步骤，以保证达到每个阶段应完成的课程目标。

具体来说，在课程准备的"前置段"，幼儿园应关注民俗文化资源的收集、整理与挖掘，并要善于将之转化为幼儿园的课程内容。为此，幼儿园应完成以下两个步骤：第一步是收集资源，整理素材。幼儿园应组织教师广泛查阅相关民俗文化资源，重点了解其中与幼儿家庭和社区紧密相关的民俗文化资源，形成可供幼儿园课程采用的文化素材。第二步是分析资源，提取主题。幼儿园应要求教师深入了解幼儿的兴趣与需要，然后根据幼儿的特征对所收集的民俗文化素材进行分析和筛选，提炼出能够与五大领域结合的具有发展价值的主题，明确问题与任务，形成主题活动网络图。

在课程实施的"中置段"，幼儿园应注意课程预设与生成的关系，避免对幼儿主动探索的高度控制。这一阶段，教师按计划执行主题课程活动，把"讲传说、玩习俗、送祝福、齐过节、享传统"的基本理念贯彻在每个主题活动中，充分激发幼儿的参与度。在此基础上，教师应密切关注幼儿在主题活动实施过程中的兴趣变化，鼓励和支持幼儿尝试探索自己产生的新想法，以确保主题活动始终与幼儿的兴趣相吻合，从而增强幼儿对民俗文化和传统文化的认同感与归属感。

在课程结束的"后置段"，幼儿园应注意师幼智慧的共享，形成及时反馈。该阶段要注重展示与分享，包括在班级、园所、社区展示幼儿的成果与作品，让幼儿在互评互鉴中强化对民俗文化和传统文化的自豪感。之后要形成反馈，包括对课程活动、教师支持、幼儿探索进行过程性评价与整体性评价，发现新的课程生长点，推动幼儿对民俗文化的持续探索，增强幼儿对传统文化的积极认同。

参考文献：

[1] 许晓卉. 文化自信视域下中华优秀传统文化教育探索[J]. 中学政治教学参考, 2022 (43): 58-60.

[2] 柴玲玲, 孟丽君. 地域文化与幼儿园课程建设[J]. 陇东学院学报, 2017 (4): 133-136.

[3] 滕韩, 彭蔚, 何奕宁. 乡村学校民俗文化教育的现状分析及发展对策研究[J]. 汉字文化, 2022 (10): 178-179.

[4] 何啸凯, 宋方, 张英哥. 文化适应理论模型综述[J]. 文化产业, 2022 (24): 53-55.

[5] 陈振文, 高朝华. 论文化遗产的属性：活态性、公共性、基因性[J]. 长江师范学院学报, 2023 (2): 43-49.

[6] 杨丽群. 从生活出发，让课程自然生长[J]. 教育家, 2021 (20): 66-67.

[7] 庞少英. 知行合一，幼儿的做中学[J]. 新课程, 2021 (16): 9.

[8] 马春玉. 与幼儿发展连接：幼儿园课程理念落实的关键[J]. 学前教育研究, 2020 (4): 93-96.

[9] 蔡菡. "课程游戏化项目"背景下江苏省幼儿园课程建设的效果与启示——基于教师评价的视角[J]. 学前教育研究, 2018 (12): 39-51.

决策参考

城乡基础教育均衡发展助推乡村教育振兴研究[①]

唐　钰　李兴贵　于敏章[②]

摘　要：十九大报告中，习近平总书记首次提出实施乡村振兴战略，指明了新时代乡村发展的方向。党的二十大报告指出要以高质量的乡村教育助推乡村振兴的发展。本文基于乡村教育振兴的大背景，在分析乡村教育振兴的价值意义和现实困境中形成解决问题的思路，最终实现回归本土、面向实践、以人为本的高质量乡村教育，改善基础教育生态，为乡村振兴添砖加瓦。

关键词：基础教育；乡村教育；教育生态；乡村振兴

在决胜全面建成小康社会、全面建设社会主义现代化强国的重大历史任务下，实施乡村振兴战略，是党的十九大作出的重大决策部署。乡村教育是乡村振兴的重要源泉，优秀的高质量人才是助力乡村振兴的强大力量，但我国的乡村教育发展仍然面临着新时期持续深入推进的挑战。《2022年乡村教育发展报告》中指出乡村教育发展存在乡村学校和乡村学生数量逐渐减少、学校发展滞后、师资力量薄弱、学生发展不平衡等问题。2022年，四川省委十二届二次全会提出：要以"四化同步、城乡融合、五区共兴"为总抓手，统揽四川现代化建设全局。在此现状下，将传统课堂的以教师为中心转变为以学生为中心的项目式教学则是一个新的思路，重新关注学生发展的潜力、通过合理的减少教师"教"的部分，增加学生"学"的机会，促进学生形成搜集资料或探究解决方案的能力，提高学生学习的主动性和积极性，让学生在教师的合理引导中沟通协作、自行探索，提升乡村内生发展能力，推进乡村教育高质量发展，助力乡村振兴。

一、中国乡村教育的百年回溯

一百多年来，中国政府一直高度重视乡村教育，把乡村教育作为国民公共教育体系的重要组成部分。回望中国乡村教育的百年历程，总结经验，吸取教训，展望未来，始

[①] 本文系2022年度四川省教育科研重大课题（牵头研究）"'双减'背景下区域教育生态建设研究"（SCJG22A001）；四川省教育厅2022年省级大学生创新创业训练计划项目"基于项目式教学助推乡村教育振兴策略研究"（S202214389090）阶段性成果。

[②] 作者简介：唐钰，成都师范学院教育与心理学院本科生。李兴贵，成都师范学院数学学院教授。于敏章，成都师范学院教育与心理学院讲师。

终以"办好人民满意的教育"为初心与使命。中国乡村教育的百年历史可以分为探索期、开拓期、调适期、完善期四个发展阶段。

1921—1948 年是中国乡村教育发展的探索期。这一时期中国实行"农村包围城市、武装夺取政权"的道路，中国共产党带领中国人民植根于敌人力量相对薄弱的农村地区，将发展农村教育作为重振中国文化教育事业的关键手段。这一时期的主要特点是教育与生产劳动相结合，教育的核心任务是为革命和战争服务。1949—1977 年是中国乡村教育发展的开拓期。这一时期主要模仿苏联的学制体系，落实普及小学教育的方针政策，将改革视野转入落后贫瘠的乡村，保障农民子女能够接受完整的初等教育并能够顺利升学。这一时期的主要特点是注重乡村基础教育的发展，为农村社会主义经济建设服务。1978—2000 年是中国乡村教育发展的调适期。这一时期党的十一届三中全会召开，开启了改革开放和社会主义现代化的新征程。主要针对条件较差的乡村教育展开，注重加强和改革乡村教育，发展和贯彻九年制义务教育，调整了乡村教育的管理体制和财政投入体制。这一时期的主要特点是教育资源的投入存在着"重城市轻农村"的问题倾向，乡村教育与城市教育之间的鸿沟开始拉大。2001 年至今是中国乡村教育发展的完善期。这一时期全面建设小康社会、建设社会主义新农村的目标有了长足进步，城乡融合发展和乡村振兴战略开始逐步走上正轨。这一时期的主要特点是各类公费师范生的计划的颁布与实施，国家政策由上学逐渐偏重为上好学，开始注重加强乡村教师队伍的建设，改善乡村学校的规模，提高乡村教育的质量。

二、价值意义：乡村教育振兴的重要性

（一）乡村教育振兴可以从根本上促进教育公平

乡村教育作为我国教育发展的重要基础部分，为四千多万农村学生的基本人权和发展权利提供强有力的保障。乡村教育振兴完善了多元化的培养体系，为更多的社会成员提供了教育选择和教育机会，从根本上保障了全体社会成员的受教育权利和受教育机会。并且在教学过程中平等对待每位儿童，帮扶贫困家庭子女接受教育，健全贫困学生资助，避免外部因素对其学业的阻碍。乡村教育振兴能够更大程度上缩小城乡之间的教育差距，无论是办学条件、公共设施还是师资条件，都能在一定程度上得到改善，从而不断推进实现教育现代化，促进教育公平与社会公平。

（二）乡村教育振兴可以增强农村儿童的文化自信

文化是乡村教育的基础，教育是乡村振兴的源泉。俗话说，一方水土养一方人，每个乡村具有不同的乡村文化，地域特点十分明显。但同时这些地域特点是农村学生多种多样、优势各异的教育资源，导致乡村学生对于乡土文化的认识逐渐淡化，对乡土文化的冲击力较大。对于城市的向往这样的功利化教育导致了乡村教育的衰败。从学校层面

来看,关注乡村儿童德智体美劳的个性与发展,以教育关注生养自己的乡村,通过对于乡土文化形成认同感与归属感,引导其树立乡村生活的生存自信,接纳现代文明,在走向更高一层教育的同时也能够回到乡村、建设乡村、反哺乡村,在文化融合的今天,通过教育使乡村学生成为农村发展的建设者和服务者。

（三）乡村教育振兴可以促进家庭教育发展

随着城市化进程的不断发展,农村向城市人口流动,产生了大量流动儿童以及留守儿童聚集的问题,而与父母的分离、亲子沟通受阻等,给留守儿童的身心发展带来了诸多负面影响,造成了农村留守儿童家庭教育严重缺失。乡村教育城市化、现代化的进程中出现了一个典型的特征,即农村父母将教育子女的责任简单看作学校的责任,责任的转移也意味着家庭教育在乡村儿童成长过程中的缺位。乡村振兴战略背景下整合政府、社会和学校等各方力量建立和谐发展机制,提高乡村家长对家庭教育的重视程度,创立一个良好的家庭教育氛围,同时能够实现家校联动,充分加强学校与家长之间的沟通与联系,提高家长对于学生学习生活的参与度,重振家庭教育。

（四）乡村教育振兴可以从根本上提高总体教育质量

我国50％以上的适龄儿童生活在乡村地区,要提高我国整体教育质量,促进我国教育高水平发展,实现教育现代化,必须重视农村教育的发展,"以点带面、面面俱到"。其次,乡村教育的质量决定了未来中国劳动力的素质,乡村教育振兴成为破解乡村教育发展不充分的重要途径,是教育强国的重要一环。有利于缩小城乡中小学教育质量差距、实现区域内教育均衡发展。

三、困境解析：乡村教育振兴实践中的问题

（一）乡村教师队伍流动性较大,结构不合理

在乡村教育振兴过程中,农村教师的待遇是始终是一个亟待解决的重要问题,由于农村教师相比于城市教师的待遇明显偏低,很多高校毕业师范生或是优秀农村教师都不愿意留在乡村,导致农村教师流失严重,相当一部分优质教师资源向城市倾斜,农村的不少地区依旧有缺少任课老师的情况,学生教学依靠代课老师或支教老师,教育情况不稳定,农村教师身上承担的教学课程任务也相应增加,使得农村教师在学校教育上分身乏术,难以更好地将注意力集中在提高教学质量上。

（二）乡村教育经费投入少,管理机制不健全

适当的教育经费投入深深影响着乡村教育高水平发展的速度和深度,是农村教育高质量发展的根本保障。正因如此,农村教育支出严重不足是农村教育事业实现质的飞跃的制约因素,现目前很多农村贫困地区的学生上课没有特定的场所,无法与大多数孩子

一样拥有一间宽敞明亮的教室，享受活泼愉快的学习氛围，更没有相匹配的多媒体等教学设备、设施和教具，教师只能通过不定期更换教学场所和时间来满足学生上课的需求，从而导致农村教育的质量和效率大大降低。

（三）乡村教育生源流失严重，优质生源严重匮乏

乡村教育存在"三失"的问题，即稳定师资队伍的缺失、学生生源的流失、教学资源严重缺失。前面已经提到由于农村教师待遇偏低，农村优秀教师资源减少。同时通过一系列国家政策的颁布和实施，一部分没有达到国家质量要求或是生源缺少的学校合并，导致农村学校不断减少，部分乡村村庄没有小学可供学生读书，农村学生要上学就只能去隔壁更远的村庄或乡镇。由于学生上下学的路程变远、时间变长，家长付出的物质资源和精神资源也相应加重，部分家长想让孩子摆脱乡村教育的缺陷，就会不顾一切地把孩子从农村转到城市上学，使得乡村学校生源流失。再者，农村的就业资源较少、岗位缺失、薪资待遇不高，很多青壮年劳动力会去城市务工打拼，很多农村儿童成为留守儿童，缺乏父母的陪伴和引导，加之小孩子缺乏学习的自主性，在学习上很难去主动解决问题。所以客观来说家庭教育的缺失加之主观上自我观念树立的偏差，导致孩子错过了性格养成的关键时期，一定程度上使学生错失了成为"优质生"的黄金时期，隐性导致"优质生"的流失。

（四）乡村教育教学条件差，教育资源短缺

教学设备和设施是教育实施的基础，教师的教育教学没有相对应的设备和设施，便很难在教学过程中对学生进行相应的指导，帮助学生去探索、解决问题，从而影响教师的教学实施，严重制约了项目式教学助推乡村振兴的发展。目前，许多农村地区的学校缺乏相应的教学设备和设施，学生学习也受到严重的影响，因此需要政府和社会提供必需的基础设施，缓解农村教育资源供给不足的缺陷，促进乡村教育事业的进步。现如今，虽然大多数地区的教育设施都已经具备多媒体数字化教学条件，但偏远地区的学校还是难以得到基本的保障。

（五）乡土传统文化培养的缺失

现如今，国家的城镇化的进程的脚步越来越快，不少农村人口涌入城镇地区，乡村教育教育中对文化的传承逐渐减少，乡土文化开始流失。文化的弘扬离不开一代人的传承，当下，农村中大量青壮年向城市靠拢，留下家里的老人和孩子，这一行为也潜移默化地影响着下一代乡村的风情风貌，乡土文化逐渐无根可依。在此基础上建立的乡村教育体系也就如同海市蜃楼，难以前行和发展。

四、实现路径：城乡基础教育均衡发展推动乡村教育振兴

（一）树立城乡基础教育均衡发展的正确观念

由于城乡文化差异和长期以来形成的城乡二元结构，再加上城乡经济发展差距逐渐增大，城乡教育公平问题没有引起全社会的足够重视，从而影响了这一问题的解决，因此要实现城乡教育公平，就要从观念上做到真正改变，从而带动行动上的改变。首先政府思维应从以"城市为中心"转变为城乡一体化发展，并重点支持农村教育，使其追赶上城市的教育资源配置；其次要消除社会对农民工子女的偏见，入学过程中一视同仁，加强教师素质的培养，引领学生平等相待、和睦相处；最后政府在树立城乡基础教育均衡发展过程中应起主导作用，率先垂范，号召全社会树立城乡教育平等的观念。

（二）完善制度体系，促进乡村教育整体性发展

制度体系是国家针对一个问题的解决提出的总体纲要，对乡村教育的发展起着引领作用。促进乡村教育整体性发展需要国家的制度创新和政策支持，从宏观政策和教育制度上为农村教育的发展提供优渥的环境，厚植发展土壤。

1. 改革城乡二元结构户籍制度

不破不立，只有破除旧的与现实脱节的制度体系障碍，才能更好地完善制度体系。制约城乡基础教育均衡发展的根本障碍是城乡教育二元体制，而城乡教育二元体制实质就是城乡二元体制在教育公共服务领域的集中体现。解决这种体制机制问题，根本的办法是要按十七大精神，用城乡统筹的方式予以解决，促进城乡一体化发展。城市和农村应相互带动、相互支持，促进农村人口逐步向城镇人口转变，从制度上保障所有儿童平等受教育的权利，努力在基础设施建设、公共服务以及劳动就业等方面实现城乡工农平等发展。

2. 制定补偿性教育政策资助体系

城乡二元制等因素的存在导致城乡教育水平产生差异，一般来说，农村儿童所享受的教育资源要远远少于城镇儿童，因此，政府在制定策略、分配资源时不仅要考虑公平，更应补偿农村地区落后的教育资源。具体来讲，主要应做到以下几方面：实施农村教育成本补偿制度，完善农村教育资助体系，鼓励全社会关注教育弱势群体，互帮互助，实现共同发展。

3. 构建教育补偿的长效监督机制

部分学校和地方为了追求业绩，会刻意打造"典型形象"应付上级检查，这就需要建立长效的监督机制，"把权力关进制度的笼子里"，通过过程性的监督追究制度来约束

行政行为，保证全流程的整体合理性。除此之外，还需要引进第三方机制，吸引全社会共同参与监督，畅通信访制度，明确监督之后必有所应的态度。

（三）规范城乡基础教育办学行为，减少生源流失

《2022年乡村教育发展报告》指出，乡村教育整体呈现乡村学校、学生数量减少、城乡教育差距等特征，农村生源流失严重。规范当前城乡基础教育的办学行为，其一要加大农村学校的教育投入，加快农村学校基础设施建设，培育优质教师，针对学生的学习需求，为学校建设图书馆、实验室等；其二要发展农村经济，吸引劳动力返乡，带动农村经济二次发展，吸引生源，实现良性循环。

（四）挖掘乡土元素，促进乡村教育本土化发展

乡村教育的目的是培养热爱乡村、立足乡村全面发展的社会主义乡村建设者和接班人，让学生增长知识、强化乡村发展认同，激活他们投身乡村振兴的主动性和自信品质。因此，教育内容、教育方法、手段、组织形式等各方面都要体现乡土元素。

1. 开发以乡土文化为依托的教材

教材是学生学习过程中最直接接触的工具，地方性教材以本地区的文化资源为主体，可以满足当地对人才的培养以及学生发展的具体要求，具有浓郁的地方特色，满载醇厚的文化情怀。开发乡土教材要体现当地文化特色，真正摆脱"向城"思想，应该展现农村孩子熟悉的生活环境与文化氛围，而非他们从未见过的城市里的摩天大厦；教材的开发更要依赖于一支高文化素养、本土化、严谨的编写队伍，文化的采择、资源的组合、内容的精选、结构的设计、目标的编排等都需要合理选择。

2. 充分利用乡村环境设计课程

相较于城市孩子，农村长大的孩子有着更加广阔丰富的活动天地，但与此同时，他们也过早地承受了生活的重压，理应有着丰富的乡村生活经验和情感。对于农村的孩子，教育方法应更具农村特色，采取"放养"的方式，在课程设计方面，应更加倾向于采用实验性的方法，利用良好的自然条件为他们创造适合的学习条件，使孩子们产生浓厚兴趣并且能够积极参与其中。

3. 采用项目式教学的教学活动

项目式教学是在教师指导下，以学生为中心，通过完成一个完整的实践性项目而进行的教学活动，实施过程包括项目选择、制订方案和计划、探究实践、交流分享和反馈评价五个环节，它在农村具有天然的实施优势：项目主题可以选择独具特色的乡土元素；孩子们可以随心所欲，拥有广阔的实践空间；邻里之间颇为熟稔，交流分享和反馈评价也更为顺利。

（五）培养优质教师，推动乡村教育高质量发展

推动乡村教育高质量发展，让优质教师为乡村所用，不仅要培养优质教师，更要挽留和吸引优质教师投身乡村教育事业，需要教育行政部门、政府部门、地方师范院校、乡村社会、乡村教师等多方主体共同发力。

1. 探索乡村教师的本土化培养体系

在培养优质教师方面，应采取短期、中期、长期多种策略组合形式。就短期策略而言，积极探索周围师范校、师范生对口帮扶机制以快速改善人才缺口；就中期策略而言，以特岗教师、交流（轮岗）教师为带动，积极开展校本教学团队建设；就长期策略而言，实施本土化定向培养，构建激发本土化人才投身教育的整体文化，才能彻底改善乡村教师的供给侧。

2. 改善乡村教师的生存状态

在挽留和吸引优质教师上，一方面要持续提高乡村教师的收入水平。现在许多乡村教师驻守大山全凭一腔热情，实则生活举步维艰。对于乡村教师，在编制上应对其实行政策性倾斜，不断提高工资待遇和福利补贴，改善乡村教师的生存状态，并设立多种培训专项基金，作为乡村教师持续增值的经费保障，在物质层面上给予乡村教师实际支持；另一方面，要形成正确的评价机制，利用社会舆论等力量，提升乡村教师的社会地位。应在全社会范围内扬起一股"乡村教师光荣"之风，号召全社会尊重乡村教师，使其职业认同感和自我效能感不断增加。

五、未来展望：基于本土特色的乡村教育实践

（一）回归本土

乡村教育是实现农村现代化的重要臂膀，也承载着为乡村地区经济发展和文化传承培养人才、塑造乡风文明的新时代要求，实施乡村教育，是为了实现乡村振兴，农业强、农业美、农村富的宏大目标。不仅是为了将乡村的孩子送出乡村，送到城市学习，更多是为了让学生"出得去、回得来、留得住"，共同建设新乡风，长成新人才。

（二）面向实践

项目学习作为研究性学习方式之一现已逐步引入我国中小学的教学实践，近年来目前仍只应用于城市，不过其强调从自身教学实践获得相关经验，这一点对于乡村学校的学生来讲至关重要。乡村学校的孩子由于地势相对封闭，缺少网络等其他资源的熏陶，缺乏独立思考的能力，项目式教学实践恰好可以弥补这一缺失。在未来的教育事业发展中，项目式教学在乡村学校的应用与实践在一定程度上可以推动乡村教育事业的进一步发展。

参考文献：

[1] 安姝. 乡村振兴背景下农村教育高质量发展的机遇、挑战和现实路径[J]. 农业经济，2022（8）：125－127.

[2] 刘奉越，张天添. 中国共产党百年乡村教育发展历程、成就与展望[J]. 河北大学学报（哲学社会科学版），2021，46（4）：47－54.

[3] 范先佐. 乡村教育发展的根本问题[J]. 华中师范大学学报（人文社会科学版），2015，54（5）：146－154.

[4] 李晨清. 城乡教育公平问题研究[D]. 太原：山西财经大学，2015.

[5] 康丹. 乡村文化回归乡村教育的必要性及路径研究[D]. 西安：陕西师范大学，2017.

[6] 陈时见，胡娜. 新时代乡村教育振兴的现实困境与路径选择[J]. 西南大学学报（社会科学版），2019，45（3）：69－74＋189－190.

四川省县域普通高中发展提升的基本经验

钟　林[①]

摘　要：近年来，普通高中育人方式改革迅速推进。四川省域内各地方经济文化差异显著，尽管各地县中发展还存在着诸多困难，但在各级政府的支持下，在中心城市优质学校的带动帮扶下，各地县中积极探索出了吸收外部资源，借力提升办学品质；注重教育科研，以研究带动学校变革；挖掘自身优势，推动特色化办学等重要经验，为进一步探索四川县中发展振兴之路奠定了基础。

关键词：普通高中；育人方式改革；县域高中

2019 年 6 月，国务院办公厅发布《关于新时代推进普通高中育人方式改革的指导意见》对新时代高中育人方式改革进行了系统设计和全面部署。2022 年，四川省普通高中育人方式改革迅速推进。在各级政府的支持下，在中心城市优质学校的带动帮扶下，各地县中立足当地实际，积极探索县中发展振兴之路，形成重要的发展经验，为进一步探索四川县中发展振兴之路奠定了基础。

一、吸收外部资源，借力提升办学品质

针对县中办学资源相对薄弱的情况，在各级政府的支持下，县中积极引进优质教育资源提升教育教学质量，推进教育改革，赢得社会的认同。调查研究发现，目前对县中吸收外部资源，主要包括名校网络教学、联合办学和对口支援三种模式。

（一）网络教学模式

随着教育信息化的发展，省外的北京 101 中学、中国人民大学附中、北京四中等知名高中，省内的成都七中、成都石室中学等优质高中都已实现了网络教学。县域高中与中心城市的优质高中建立合作关系，利用现代网络信息技术的支撑，将优质课程直接介入学校，以提升自身的课程教学水平。例如，汶川中学在成都七中的引领下实行年级教学"四统一"，即统一备课、统一进度、统一测试、统一活动。甘洛中学目前采用分层教学模式，强力推行精细化管理，充分利用优质资源，加大教师培养力度，逐步使学校

[①] 作者简介：钟林，高级教师，四川省威远中学教师。

教育教学进入良性循环，学生成绩稳步提升。此外，昭觉中学还引入北京 101 中学网校资源，建立结对帮扶机制，不定期地进行教学示范和指导。网络教学模式以现代信息技术条件为支撑，打破空间限制，有效实现名校优质教育资源与薄弱县中共享，促进了欠发达地区县中的教育教学水平提升，由此增进了当地对县中教育的信任度，一定程度上缓解了优质生源的流失。

（二）联合办学模式

近年来，县域高中与地市级城市的优质高中合作，创新机制共享优质师资和教学资源，探索形成了联合办学模式。2013 年 4 月，在绵阳市教体局和北川县政府的支持下，北川中学与绵阳中学合作办学正式挂牌；2013 年，北川中学高一开办 6 个绵中班，共享绵阳中学的优质资源，同时，也借此将绵阳中学的办学理念引介到北川中学，带动北川中学的发展。在此经验基础上，绵阳南山中学在继续领办平武中学"南山"班的同时，于 2021 年组建第一届平武中学"南山清北班"；2022 年，平武中学"南山清北班"继续举办。3 年户籍、3 年学籍、3 年在县内高中实际就读"（简称"三统一"）的学生，不但可以享受少数民族地区加分政策，还可以享受三个专项计划优惠政策。2022 年攀枝花市第七高级中学与盐边县政府合作，攀枝花市七中在盐边中学组建"市七中盐边分校"和盐边中学七中班管理团队，选派本部 9 门高考学科教师到盐边县任教，按照"统一教师安排、统一教学进度、统一研训活动、统一评价考核"的原则，确保学生享受均等的优质资源。2023 年，由汉源县政府出资，引进绵阳东辰教育集团入驻汉源，将从学校管理、师资培训、教育科研、资源共享等方面引领汉源一中办学。联合办学模式一般是由地市级政府、教育局牵头，由地市级优质高中与县中学合作，既能切实地将地市级优质高中的优质教育资源与县中共享，同时形成优质高中对县中教育教学改革的带动机制，并且，也能在一定程度上满足县域内家长与学生对名校的希冀，从而有效化解县中优质生源向地市级优质高中流失的问题。

（三）对口支教模式

对口支教模式，是指由优质学校对薄弱县中建立对口帮扶机制。四川省组织统筹的"组团式"帮扶政策的直接带动下，教育的对口帮扶是重要内容之一。例如，成都市郫都区对口支援甘孜州道孚县，道孚中学由于师资与生源的匮乏，自 1998 年起停办高中部，直到 2019 年在郫都区对口支援教师的帮助下才重新开办。成都市郫都区派出三批 11 位教师担负起道孚中学高中语文、数学、英语、物理、政治、历史等学科的教学任务，并兼任教育教学管理、指导教学教研和师资培养等相关内容。2020 年，郫都区进一步强化高中对口帮扶工作，全区 4 所高中全部与道孚中学结对，形成了"多对一"的对口帮扶模式，采取了送培送教、跟岗代培、资金物资捐助等多种帮扶举措。目前，道孚中学高中部教学工作已逐步有序开展，并取得了一定的教学成绩。成都市对口帮扶 19 个涉藏州县，相应区域的县中教育均得到了成都平原优质学校的大力支持，取得了显著成效。

县域高中外部支持体系的形成，在某种意义上体现了资源从吸取模式向溢出模式的转变，能够有效促进县中获得中心城市相对优质的教学资源，进而提升社会对于县中的质量信任，增强其对于县域优质生源的吸引力。中心城市的教育资源优势主要体现于教师资源，以及由此表征的课程与教学质量，联合教学模式能够较好地推进优质教育资源的均衡化。需要特别说明的是，中心城市优质学校对于县域中学的帮扶支持，不仅具有直接的输血功能，同时还具有显著的造血功能。县中也不仅仅是接受一种单向的输入，也涉及学校发展提升后向周边其他薄弱学校的输出。例如，汶川中学援引成都石室中学的祥云网校直播课程，打造了线下教师辅导与学生自主学习相结合的模式；2022年又启动引领黑水县教学质量提升项目，全面引领黑水县教学质量提升，对于构建区域内良好的教育生态、提升县中的学术引领力和社会影响力、提高县中的整体办学质量具有重要意义。

二、注重教育科研，以研究带动学校变革

教育科研是推动学校回应基础教育改革发展的重要举措，是学校改革和发展的重要路径。县中学校对教育科研的重视程度、推进力度与其办学质量、教育教学水平有着直接的联系，是县中发展振兴的重要抓手。

（一）形成层次化教育科研体系

学校教育科研的有效开展，有赖于常态化的学校教育科研运行机制。学校组织推进教育科研的主要工作机制，主要涵盖校本研修和县、市、省级教育科研课题申报研究。校本研修是推进学校教育教学变革和教师专业发展的重要途径，在此基础上，学校积极组织申报四川省教育科研课题、地市州级课题及县级课题，以课题研究为载体，通过规范性的开题、中期考核、结题程序，组织教师围绕课程与教学改革中的重要问题开展持续研究。研究的过程实质上也是学校将育人方式改革的政策要求和理论阐释转化为教育教学实践的过程。校本研修与申报教育科研机构的研究课题是密切结合的，校本研修组织面广，每位教师都是研究的参与者；对外课题申报涉及面相对较窄，二者共同构成一个层级化的科研体系，既鼓励每位教师进入研究状态，又引导教师持续深入研究。

（二）建立教育科研工作机制

学校教育科研工作的长期有效开展，有赖于建立常态化的教育科研工作机制。部分优质县中在长期的发展过程中形成了相对完善的教育科研工作机制，有效保障了学校教师对教育科研工作的充分有效参与，避免了教育科研的形式化，促进教育科研工作真正与实际教学工作相结合，能够给予日常教育实践活动以一定的指导。常态化的教育科研工作机制，有利于学校形成良好的文化氛围，有助于推进学校教育科研工作的长期化。例如，苍溪中学践行"科研兴教、科研兴校、科研强校"的办学理念，定期举行"科学

教研月"活动，鼓励老师们勤学勤思勤做，多反思多撰写，走教研之路，做学者型教师；注重校本研修，走新课改之路，做科研型教师。简阳中学高度重视教育科研，形成了成熟健全的教育科研体制，教育科研蔚然成风，成果显著。大英中学在学校内部建立了完整的教育科研运行体系和工作机制，科研室牵头公布选题指南，组织与指导教师开展研究。

（三）争取教育科研学术支持

学校教育科研工作的有效开展，还需要外部的学术支持。这种外部支持体系主要包括省市县级别的教育科研机构、高等师范院校和社会机构，主要为学校的教育科研开展规范性方面的指导。县中的发展需要充分调动高校、教育科研机构等方面的力量，支持学校的教育教学改革，通过建立对外交流、协同机制，提高学校办学能力。例如，蒲江中学与东北师范大学中国农村教育发展研究院建立了长效支持发展的合作机制，东北师大派出教育教学专家指导课程改革与教学改革，为蒲江中学的改革与发展提供了重要的支持，同时也为新高考改革背景下高一年级开始推进的选课走班教学组织模式提供了直接的经验指导。

三、挖掘自身优势，推进特色化办学

县域高中往往是县域的文化高地，具有较为深厚的办学积淀，能够有效调动县域的经济文化资源。部分县中充分利用新时代的机遇，进一步发挥自身优势，在课程教学与文化建设等方面形成了相对稳定的办学特色，有效提升了办学品质。

（一）发展学校的课程教学特色

推进课程建设是普通高中育人方式改革的主要内容。学校在办学过程中，充分挖掘自身课程资源，调动地方社会资源向学校课程资源转化，形成了具有鲜明特色和影响力的学校课程，促进学生全面发展、个性发展。例如苍溪中学的劳动教育特色课程。20世纪50年代，苍溪中学师生肩挑背磨，将乱石嶙峋的龚家山开垦成200多亩的园艺场，学校成为全国拥有最大学农基地的中学。学校坚持开设劳技课60余年，是全国劳技教育先进集体。近年来，苍溪中学还在园艺场的基础上创办了"新品种育种母本园""引进优良水果试种园""无公害大棚蔬菜栽培园""林木栽植园""奶牛养殖场""良种猪饲养场"，并在实践中逐步建立起"勤工俭学、三个课堂全面育人、农科教三教统筹、通过农业科研培养学生科学素养"的教育教学体系，对县中劳动教育课程建设具有重要的示范意义。再例如开江中学的"新星文学社"。开江中学新星文学社成立于1985年，先后获"巴金文学院青少年文学创作培训基地""全国校园文学社五十佳单位""全国优秀校内报刊最佳社团报一等奖""全国优秀文学社团""全国示范校园文学社"等荣誉。先后编辑出版了《闪亮的新星》《捧出新星》《星光灿烂》《梦湖诗选》等师生诗文选集，数百篇师生习作被国家、省、市级刊物转载。35年来，已发展社员千余人，成为开江中学的重要特色，为学校学生设团的建设和发展树立了典范。

（二）发掘学校的文化内涵特色

文化内涵是学校在长期的办学历程中所积淀形成的内在气质，对教师、学生的观念和行为等具有根本性的影响，是支撑学校发展最深刻、最稳定的力量，是学校发展的重要特色。在整体发展过程中，部分县中形成了鲜明的学校文化特色。例如四川剑阁中学从办学历史中挖掘文化元素，形成自身的办学特色。剑阁中学的前身可追溯至唐宋剑州"官学"、南宋"隆庆府学"、明清"兼山书院"、清末的高等小学堂，具有千余年的办学历史，他们提炼兼山文化，创立了兼山电视台、兼山讲坛、兼山论坛、兼山课堂等，为学校文化建设赋予了新的时代气息，提升了学校的文化内涵与文化品质。再以北川中学为例，北川中学自震后重建以来，从国家和社会各界对学校的帮助下涅槃重生的历程和体验中提炼感恩文化，将其贯穿于学校的精神理念，激发学生的家国情怀和建设意识，成为北川中学最重要的文化内核。

参考文献：

[1] 李果香. 打造振兴县域普通高中的新引擎 [J]. 甘肃教育，2024（10）：1-4.
[2] 赵佳楠. 县域普通高中学校内部治理的优化对策研究 [J]. 哈尔滨：黑龙江大学，2024.
[3] 赵天刚. 核心素养视域下提升县域高中教育教学质量路径研究 [J]. 吉林教育，2024（36）：31-33.
[4] 郭帅，黄永福，郑伟. 新高考改革中县域高中的发展困境及突破路径研究 [C] //广东教育学会2024年度学术讨论会暨第十九届广东省中小学校（园）长论坛论文选（一），2024.

"双减"背景下农村县域义务教育课后服务育人体系的构建与实践

蒋 斌[①]

摘 要：课后服务调查发现，在"双减"背景下，农村县域义务教育存在课后服务管理体系不健全、职责边界不清、课程整合不精准的问题。为改变现状、统筹调控、提高实效，本文提出构建"双减"背景下农村县域课后服务"335"育人体系，明确主导、主体、主建三级联动责任，搭建家、校、部门三方协同育人平台，抓好利于"五育"并举的五大重心课后服务课程，建立高效运行机制和育人体系，全方位提升区域教育教学质量。

关键词：双减；农村县域；课后服务；育人体系

中共中央国务院《关于深化教育教学改革全面提高义务教育质量的意见》中指出：坚持"五育"并举，全面发展素质教育，认真制定实施方案，深化课程育人、文化育人、活动育人、实践育人、管理育人、协同育人；深化关键领域改革，开创新时代义务教育改革发展新局面。教育部办公厅《关于做好中小学生课后服务工作的指导意见》（教基一厅〔2017〕2号）中指出，开展中小学生课后服务是促进学生健康成长、帮助家长解决按时接送学生困难的重要举措，是进一步增强教育服务能力、使人民群众具有更多获得感和幸福感的民生工程；各中小学要充分发挥中小学校课后服务主渠道作用，坚持学生家长自愿，科学合理确定课后服务内容。

一、落实"双减"政策，紧盯农村县域义务教育课后服务现实问题

（一）全面推行课后服务政策

国家"双减"和《意见》一致认为，课后服务是落实"双减"政策的重要途径，是发挥学校育人主渠道作用的重要体现，是课堂教学的延伸和补充，能满足学生的多样化需求，促进学生的全面发展，培养适应社会发展的高素质人才。国家层面对课后服务工作进行了全面部署，对课后服务的原则、要求、内容、时间和管理制度都做出了整体规

[①] 作者简介：蒋斌，高级教师，四川省旺苍县青少年校外活动中心教师。

划，要求各基层根据本地教育的实际发展情况加以完善，力图提高学校课后服务水平、不断创新课后服务模式、打造体系化的课后服务育人体系。

（二）构建高效课后服务机制

农村县域义务教育课后服务现实存在管理职责边界不清、制度缺失、资源整合不到位等问题。县教育局主导、业务部门主建、学校主体的"三主"机制需理清，搭建管理和实施平台，各司其职，为构建高效的课后服务管理体系做好顶层设计。保证学生在校期间完成基本课业和学业的同时，补充完善各类活动性课程及实践性课程，坚持"五育"并举，全面培养学生的核心素养，全面实施学生个性化教育，达到课程育人、文化育人、活动育人、实践育人、管理育人、协同育人。

二、实施"双减"方针，构建农村县域义务教育课后服务育人体系

从农村县域范围内各中小学开展课后服务的发展现状出发，有助于精准调查分析义务教育课后服务现状。针对县域课后服务特点，明确课后服务当中各主体在其中所要履行的职责，一切以有利于促进区域内课后服务的健康发展为目标，努力提高教育教学质量，最终促进学生核心素养全面提升，构建"双减"背景下农村县域义务教育课后服务育人体系。

（一）把握原则，实施农村县域义务教育课后服务育人目标

1. 把握课后服务四项原则，着力课后服务实施规划

（1）育人为本原则。

在课后服务活动的组织和实施中，坚持以"立德树人、五育并举"为主导，以课后作业辅导、综合实践活动课程为主体，以学校设施设备、特长教师、社会特聘教师资源为依托，探索课后服务活动实施策略。

（2）公共服务原则。

由政府经费补贴、学校酌情收费、教师获取适当劳酬的课后服务具有准公共产品属性，它是与义务教育紧密相关的一种教育延伸服务。理顺中小学生课后服务涉及政府管理权、学校办学自主权、家长监护权、教师休息权等之间的交叉与嵌套关系，有助于提升与完善课后服务体系。

（3）系统整合原则。

按照科学的课程标准，根据学生的认识发展过程和认知顺序设置由简到繁、由低级到高级、由直观到抽象的循序原则，帮助学生系统地掌握课业基础知识和艺术、体育、科技等综合实践基本技能。

（4）课程开发原则。

在实施课后服务的过程中，要立足本校学生情况、发展目标和教育资源，开发丰富

多彩的拓展性课程，实现课后服务项目课程化，充分体现学生的自主选择性，探索建立多层次、多元化的课程体系，为学生自主学习、个性发展创造条件。

2. 把握课后服务目标，提升课后服务育人内容

课后服务工作遵循教育一般规律和学生成长规律，全面实施素质教育，培养学生的良好习惯，强健学生体魄，发展学生兴趣爱好和特长。学校编制好课后服务的课程菜单，参与活动的课程种类由学生、家长自愿选择，从而全面提升学生的核心素养。

课后服务的主要内容包括：①课业整理辅导。组织督促学生做好课业整理，完成家庭作业，对个别学习有困难的学生进行辅导。②个性发展辅导。组织开展综合实践活动，或组织学生就近到社区、企事业单位参加社会实践活动。③专题教育辅导。组织开展理想信念教育、社会主义核心价值观教育、生态文明教育、中华优秀传统文化教育等主题教育活动。加强学生心理健康教育，开展专业心理辅导，提高学生心理健康水平，促进学生健康成长。

(二) 实施"双减"政策，构建农村县域义务教育课后服务"335"育人体系

1. 构建县级教育行政部门为主导、业务部门为主建、县域各中小学校为主体的三级联动机制

课后服务是"双减"背景下构建优良教育生态的一项重要举措，课后服务工作高效开展既需要教育行政部门统筹布局，也需要业务主管单位系统推进，更需要各义务教育阶段中小学具体实施。定位不准、政出多门、沟通不畅会增加管理成本，削弱管理效果。从管理的角度看，需要解决好谁来管、管什么、怎样管的问题，建立健全职责清晰、边界明确的管理机制。运用现代治理体系，在实施中引入第三方督导评价，由教育局统管下的主管部门组织并发挥专业指导，创新县域农村义务教育阶段课后服务管理体系，并有组织、有目的地来管理、实施、落实课后服务，做到"管、办、评"分离，逐步完善县域课后服务督导评价体系，促使课后服务三级联动，实实在在减轻学生、家长负担，满足学生多样化需求，共同探寻符合时代要求与学生发展需求的育人体系。

2. 搭建家庭注重习惯养成、学校聚力兴趣爱好培养、主管部门着力展示平台搭建的三方协同平台

充分发挥业务主管部门、学校、家庭的协作优势有利于促进学生的健康成长。学生层面，要满足个性需求，获得特长发展，提升实践操作能力，培养自主创新精神，促进良好的学习习惯养成，提高人际交往能力，获得多元成长。家长层面，要满足家长选择需要，解决孩子作业辅导需求。学校层面，要促进个性化教育，提升教育教学质量。主管部门层面，要建立课后服务育人机制，完善课后服务督导评估体系。从育人的角度看，解决了谁来服务、服务什么、如何服务的问题，有利于充实完善主次明确、突出课后服务的育人机制。

（三）把握课后服务价值，架构课后服务"335"育人体系的课程序列

1. 铆定责任价值，完善县域教育生态环境

从农村县域范围内各中小学开展课后服务的发展现状出发，针对县域课后服务特点，明确课后服务当中各主体在其中所要履行的职责，提高教育教学质量，促进区域内课后服务的健康发展。

（1）育人的价值。

每个学生都是独立的、完整的个体，其成长环境、发展现状、优势劣势各异，要培养适应新时代中国特色社会主义事业建设者和接班人，既要关注共性基本要求，也要关注学生的个性人格发展。农村县域义务教育课后服务可以高效地对有需求的学生提供作业辅导、兴趣培养、特长培训，不断满足学生的多样化、个性化需求，培养学生的核心素养，促进学生健康、快乐、全面发展。

（2）改革的价值。

课后服务是"双减"背景下教育工作的新举措、新任务，是整合政府、学校、家庭、社会各方资源，对学校发挥育人主阵地作用的再探索、再深化。农村县域义务教育课后服务从联动机制、平台建设、重点任务入手，力求实现政府、学校、家庭、社会共同育人，构建良好的农村县域教育生态发展环境，提升教育质量。

（3）实践的价值。

课后服务，特别是农村县域课后服务推行时间较短，还缺乏系统的、可操作的、可复制的成熟模式。以"双减"背景下农村县域义务教育课后服务为研究对象，在实际工作中调查发现问题、通过分析梳理问题、跟进实践破解问题，力求构建一个运行效率高、联动机制畅、任务职责清、育人效果好的"335"育人体系，可供同类农村县（区）参考借鉴。

2. 建立课程育人框架，做好课后服务课程序列

（1）制定农村县域义务教育课后服务目标系列。

满足学生个性需求，促进特长发展，帮助学生提升实践操作能力，培养自主创新精神，促进良好学习习惯的养成，提高人际交往能力，获得多元成长。满足家长选择需求，解决孩子作业辅导问题。实现个性化教学，提升教育教学质量。建立课后服务育人机制，完善课后服务督导评估体系。

（2）建立农村县域义务教育课后服务内容系列。

着力抓住知行合一、创新意识、增强体质、美育教育、劳动实践教育五大重心，建立课后服务课程体系，服务于学生，助力立德树人，在课后服务中落实学生作业辅导、自主阅读、体育训练、艺术审美、科普活动、劳动实践，以及娱乐游戏、拓展训练、社团及兴趣培养、社会实践研学活动等。学校在实施过程中依据学校实际和特色，个性化选择课后服务内容，探索开发课后服务多元的课程体系。

(3) 开发农村县域义务教育课后服务课程资源库。

把课后服务的定位纳入学校课程管理体系，明确其校本活动课程的地位，使之与学校课程体系有机衔接，与学科课程协同设计，提升课后服务课程建设的规范性、科学性。课后服务课程内部也应围绕学校总体育人目标，合理分配"课业辅导"和"活动课程"的比例。

三、巩固"双减"成果，凸显农村县域义务教育课后服务社会效应

在"双减"背景下，基于学生、家长和社会的需求，把提升课后服务质量作为降低学生课业负担、提高教育质量、促进学生全面发展的重要举措，在高质量课后服务探索的进程中，学校、教师、家庭、社会等多方主体协同并进形成合力，共同探寻符合时代要求与学生发展需求的育人之道。

（一）"双减"政策落实落地

有利于减轻学生的学业负担，提高学生学业成绩和培养学生的兴趣特长。学校开展课后服务，可以针对不同学生的特点，因材施教。一些完成作业需要花费更多时间的同学，这时候可以得到老师的特别辅导。一部分同学可以在学校里完成作业，有利于提高他们的学业成绩；而另一部分同学由于对知识的掌握程度较好，完成作业相对轻松，因此可以在课后服务时间段充分发展自己的兴趣和特长，选择并参加一些感兴趣的社团活动，培养实践动手能力，提高自身的综合素养。

孩子的成长需要家长的陪伴和辅导，县域农村大部分家长由于文化水平有限，无法为孩子提供专业、精准的辅导。实施课后服务，由专业教师为答疑解惑，对学习有困难的学生进行个别辅导，有利于引导学生养成良好的学习习惯，帮助学生既能按时完成当天的书面作业，又能进行补弱和拓展学习。

总之，在"双减"背景下，农村县域义务教育阶段构建课后服务育人体系有力地补充了课堂教学，实现了"五育并举"，提高了学生的综合素养，是学生、家长、学校、教师、社会多方共赢的幸事，是功在当代、利在千秋的教育工程。

（二）实施农村县域义务教育课后服务育人体系，产生良好的社会效应

1. 家长层面

课后服务的实施为家庭教育与学校教育合作开辟了新途径。一方面，家庭教育协作化要求将家长看作课后服务的受众与需求方，以及课后服务的重要参与者与供给方。丰富的家长资源可有效弥补教师在课后服务课程开发中数量不足与质量不高的缺陷。学校可以通过课后服务这一沟通平台，让家长在参与学校教育教学的过程中深入了解并掌握科学的教育理念与教育方法。同时，对于存在学习问题的学生，也可以让家长在课后服务过程中了解孩子在学校的真实学习状态；需要家长在家庭教育中配合解决的问题，教

师与家长也可有效协商，营造良好的家校协同育人机制。课后服务"335"体系的构建与实践，一是使城区家长对学生的接送难问题得以解决，二是使农村家长对学生的"辅导难"焦虑得到有效缓解，三是使家长校外培训经济负担大幅减轻。

2. 学校层面

建立学生在校的多元化活动方式，构建课后服务课程体系。一是立足于课后服务的目标定位、管理制度、特色发展，使其具有明确的规定性和指向性，促使教育教学质量得到提升。二是通过学生自助式、菜单式的活动课程选择，保证学生学习中的疑惑得以及时解答，让学有余力的学生获得专业性的指导，逐渐形成适应校情的办学特色。形成以学校为主导的家、校、社"三位一体"的育人网络。

3. 县级教育行政主管部门层面

构建三级联动、三方协同的服务育人机制。一是制定县域义务教育课后服务顶层设计，完善县域课后服务督导评价体系，构建教育生态机制，整体性落实国家教育政策，指导全县的课后服务管理和评价。二是逐步落实县域课后服务管理的有序化，促使课后服务三级联动，形成成熟的课后服务管理机制，彰显县域教育特色，实实在在减轻学生和家长负担，满足学生的多样化需求，共同探寻符合时代要求与学生发展需求的育人体系，有利于全县义务教育质量稳步提升。三是促进教育发展大环境更加宽松和谐，从而实现五育并举，助力立德树人的根本任务得以实现。

参考文献：

[1] 游莎, 周先进. 弹性离校背景下中小学生课后服务的内涵、价值与目标 [J]. 教学与管理（理论版），2020 (3): 31-35.

[2] 蒋新秀, 田夏彪, 张一波. 小学精准化课后服务模式的探析与启示 [J]. 教学与管理（小学版），2022 (1): 8-12.

[3] 安荧昕. 治理视角下"课后服务"的提质与升级 [J]. 教育实践与研究，2021 (103): 76-79.

[4] 王梦茜. 课后服务，"双减"中的一道重要"加法" [J]. 教育家，2021 (36): 12-14.

[5] 李冬萍. 两轴并行 网格管理 推动课后服务高质量发展 [J]. 黑龙江教育（教育与教学），2020 (2): 12-13.

[6] 李醒东, 赵伟春, 陈蕊蕊. 对义务教育阶段学生课后服务的再思考 [J]. 中国教育学刊，2020 (11): 61-65+91.

[7] 王欣. 加强课后服务 助力学生成长——以牡丹江市长安小学为例 [J]. 牡丹江教育学院学报，2019 (5): 79-80.

小学一年级新生入学适应性现状及对策研究[①]

孟庆威[②]

摘　要：从幼儿园步入小学阶段，儿童的身心状况发生了极大的变化和发展。幼儿教育和小学教育之间衔接工作的优劣，关系着孩子们能否过正确的、有系统的小学教育生活。研究幼小衔接问题的首要目的，就是促使小学生提升适应能力，减少步入小学后可能会发生的适应不良等情况。其中，学习适应性、生活适应性、心理适应性是幼小衔接问题的重要研究方向。本文通过了解一年级学生学习适应性的现状，分析影响其发展的各种因素，为改善他们的学习适应能力提供相关对策和意见。

关键词：小学一年级新生；入学；适应性

小学一年级是儿童学校生活的第一个阶段，孩子们在这一阶段掌握和熟悉各种基本技能，并为之后的进一步学习打下基础。所以，一年级儿童对教学活动的适应状况在相当程度上直接影响着他们今后对教学活动的看法与情感。探讨学习适应性的发展情况，为其今后的学习奠定良好的基础，是当前教育界研究的重点。

一、小学一年级新生入学适应性现状分析

小学一年级是学生正式进入校园教育的阶段，不仅学习内容比幼儿园丰富，学习方法也相对复杂，比如需要记忆课堂上老师讲解的内容、动手实践等。

（一）学习适应性

在幼小衔接教学过程中，学生的学习适应性结果较为良好，上学积极性也比较高，有近一半的孩子没有人帮忙也能出色地完成学习任务，大多数孩子上课时基本都能听懂，但步入小学后有的孩子反而出现了厌学心态。在访谈中我们了解到，大多数父母给孩子报了兴趣爱好班、培训班等，部分家庭还聘请了家庭教师，实行一对一指导。在幼小衔接教育活动中，各方衔接主体过分重视学生的学业，对孩子的教育并不都是有利的，手段和方式的不合理，会让孩子对知识产生恐惧心理。

[①] 本文系 2021 年度四川省社会科学重点研究基地四川省基础教育研究中心项目"幼小衔接视角下小学一年级新生入学适应性现状及对策研究——以绵阳地区为例"（SCJJ013）阶段性研究成果。

[②] 作者简介：孟庆威，四川幼儿师范高等专科学校教师。

（二）生活适应性

一年级新生年龄较小，生活自理能力较弱，需要进行多方面的适应，如卫生、餐饮等。总体来说，学生都能够很好地适应学校的行为规范，但就儿童所处的心理发展水平阶段而言，对于孩子们缺乏相应的自制力和难以管理自身的一些情况，老师们还需要给以更细致的指导。

（三）心理适应性

新生入园后，难免会感到孤独和不适应，有些甚至会出现分离焦虑、抑郁等情况，这些都会影响孩子的学习和生活质量。尤其上小学以后，父母盲目注重小孩的学习成绩，却忽略了孩子适应能力等方面的提升，容易让小孩产生压抑情绪。对此，父母应不断更新自身的教育理念，努力创造良好的家庭氛围，以自身的行为潜移默化地教导小孩，培养孩子的学习爱好，有效促进其学习和适应能力的提升。

二、对策研究

（一）学习方面

学校可以采取分阶段、循序渐进的教学方法，帮助一年级学生逐渐适应学习环境。教师需要尽可能地帮助学生建立初步的自信心和学习兴趣。学习并不是一个轻松的过程，儿童从幼儿园进入小学后，一下子从以游戏为基本活动的幼儿园生活跨越到以听、说、读、写、算为主的学校生活，部分人可能难以完全适应。但事实上，他们并不畏惧学业上的障碍，只是由于各种因素，导致对学习的欲望减弱了。小学一年级教师面临的一个重要问题就是如何才能激发学生旺盛的求知欲。

首先，在教学上应注意充分消除无关因素的影响。重视并采用调动孩子们思考、联想和探索积极性的方法，将开放式的活动与封闭式的任务结合起来，培养孩子的主动性，激发思维的灵活性。此外，可以适当借鉴幼儿园的教学组织形式，通过儿歌策略帮助孩子养成良好的听讲习惯，这和幼儿园常规类儿歌的使用方式比较接近，通过这一方法，可以更加简单有效地维护课堂纪律，同时也有利于对孩子良好的听讲习惯的培养。

其次，游戏是整合幼儿园课程内容的重要方式，也是幼儿教育的重要方式，小学也可以适当运用游戏的方式进行教学，调动学生学习的主动性和积极性。同时还能够调动课堂的气氛，放松儿童身心，对他们的整体性成长也大有裨益。

最后，关注孩子成长的个体差异，因人施教。研究表明，不同的学生在知识适应性方面上存在差异，教师要注意这种个体差异，拥有平等教育的能力，为孩子们创造一个共同成长的空间。

（二）生活方面

学校可提供多种支持，比如饮食、卫生管理、校园安全等，加强与家长的沟通，帮助解决孩子生活方面的问题。

1. 搭建桥梁，与幼儿园主动沟通

小学教师应该明确自己在幼小衔接过程中的主体地位，采取以下措施：积极走进幼儿园，认真关注这一时期孩子生理和心理上面临什么样的成长规律与改变；利用 QQ、微信等通信手段和幼儿园老师保持密切联系，从中判断儿童在幼小衔接过程中可能会出现的问题，引导儿童逐步适应小学的学习和生活。

2. 增进家庭与校园配合，提高家校沟通的有效性

学校也应该主动寻求家长的帮助与配合，在采访中，许多父母都表示会和孩子进行沟通，但实际上交流的内容往往只是孩子学习中出现的小问题，可见父母掌握的孩子在校园中的状况往往是不全面的，对此，家长应充分利用 QQ 群、微信、家长会等方式，深入全面地反映孩子在家庭中的状况，全面了解小孩心理和生理等各方面的特征，与学校共同努力，帮助孩子们健康成长。

三、结论

小学一年级新生的适应性问题需要得到重视和解决。幼儿园、小学校双方必须积极主动地互相了解、共同支持，加深双方在教育教学方式、教学方法、管理制度、学校状况等方面的认识。只有经过双方的密切配合，才能形成教学合力，进而提升教学的有效性。家庭也要注意与学校的教育活动保持一致性和连贯性，并重视培养儿童的主动性，激发与训练儿童的自律生活与自觉学习的意志与才能。

参考文献：

[1] 薛永钰. 幼小衔接视角下小学一年级新生学习适应性研究——以盐城市某小学为例 [D]. 徐州：江苏师范大学，2018.
[2] 教育部关于大力推进幼儿园与小学科学衔接的指导意见 [EB/OL]. （2021－04－8）[2022－02－13］. http://www.moe.gov.cn/srcsite/A06/s3327/202104/t20210408_525137.html.
[3] 郑青青. 幼小衔接视角下小学一年级新生学习适应问题及对策研究——基于沈阳市 W 小学一年级新生入学后三个月的状况 [D]. 沈阳：沈阳师范大学，2019.
[4] 贾娇. 小学一年级新生学习适应性现状调查研究——以某小学为例 [D]. 石家庄：河北师范大学，2017.
[5] 徐丽丽. 幼小衔接视角下小学新生学习适应性调查研究——以上海杨浦区为例 [D]. 上海：上海师范大学，2016.

［6］张亚丽. 幼小衔接视角下小学一年级学生学习适应性的现状研究［D］. 西安：陕西师范大学，2011.

［7］刘唯. 烟台市小学一年级幼小衔接教育现状及对策研究［D］. 烟台：鲁东大学，2020.

热点关注

"发现教育"理念引领下的校园文化建设实践策略研究
——以四川师范大学附属临枫小学的实践探索为例

张云斌　黄　珊　刘　刚　樊成梅[①]

摘　要：立德树人是教育的根本任务，校园文化建设则是推行立德树人的重要途径。四川师范大学附属临枫小学在创校、立校的相关实践中，基于学校的现实基础和客观实际，提炼出"我发现"作为学校的核心理念。立足师生实际，围绕"发现教育"制订五年规划，并通过建构发现型队伍、发现型课堂改革、发现型德育活动举办等多项举措，培养全校师生发现自我、发现知识、发现社会，营造一种积极正向、鼓励探究的教育环境和氛围，以实现师生、学校的同生共长。

关键词：立德树人；发现教育；校园文化

四川师范大学附属临枫小学是依托四川师范大学优质基础教育资源领办的"两自一包""校地共建"的高规格、高起点新型创新改革公立学校。学校内抓管理、外塑形象，立足儿童全面发展，彰显儿童生命活力。

学校自建校以来，全方位聚焦"我发现"办学理念，厚植"发现教育"，积极培养具有"公共精神""自由个性"的"枫红少年"。在这样的核心办学理念下，学校工作的总体要求和目标为：围绕一个中心，明晰两条主线，抓实三个基点，突出四个重点。即围绕师生发展这一中心，以五育提升和安全保障为工作主线，抓实干部管理、教师管理、学生管理三个基点，突出抓好基层党建、队伍建设、教育教学改革、学生发展四个重点工作，实现师生、学校的同生共长。

一、党建引领下的发现教育体系

（一）构建"发现教育"理念系统

学校立足于新时代教育发展规律，聚焦师生全面发展，以"发现教育"为引领，探索和打造教育原生态，确立了学校的育人目标。"我发现"主张借助五育融合来实现师生的全面发展、融合发展、整体发展，形成完善的校园文化理念系统，具体如表1所示。

[①] 作者简介：张云斌，教授，成都师范学院基础教育服务中心主任。黄珊，四川师范大学附属临枫小学教师。刘刚，成都嘉祥外国语学校教师。樊成梅，宜宾市人民路小学教师。

表1　四川师范大学附属临枫小学校园文化理念系统

项目	内容
办学目标	办一所面向未来的精品小学
核心教育理念	我发现
使命与愿景	在发现中遇见未来
校训	让我们成为自己
校风	发现彼此　互相成就
教风	厚德为师　博学为范
学风	好学好思　能知能行

"发现教育"不是一句口号，也不仅是一个标志，而是基于师生成长关键因素而设计的开发性教育模式。我们在贯彻这一理念的时候一直秉承"因为发现，从而发掘；因为发掘，所以发展"的思路，因发现师生而教育，为学生发现而育教。

如何紧扣"发现"二字，那就让关于发现故事每天发生。"发现"是一个动作，于细微之处见昭彰，学校为学生举办微型个人画展、为老师举办微型展示秀，不论是显性的校园文化布置，还是隐性的文化氛围，都让"发现教育"真实地落在老师们的言行里、孩子们的成长岁月中。

临枫小学探索以"我发现"为核心理念的幸福美好教育生态，努力打造"四园"（花园、果园、学园、乐园）、"四美"（学生美、教师美、课堂美、环境美），发现校园美好事物，关注师生幸福成长；形成了以"三生教育"为主的德育特色，扬琴为主的美育特色，农场为主的劳育特色，"三sheng课堂"为主的智育特色；涵养生成了"好学善思、能知能行"的学风文化，"厚德为师、博学为范"的教风文化，"真诚实干、自主高效"的管理文化，"发现彼此、互相成就"的校风文化。"四育四化"各有侧重，整体指向师生发展的需要，使一路走来的成长见真、见实、见改变！

（二）"发现教育"与党建文化的融合

小学教育应深入贯彻落实习近平总书记关于少年儿童和少先队工作的重要指示精神，贯彻落实习近平总书记致中国少年先锋队建队70周年贺信精神，贯彻落实《中共中央 国务院关于深化教育教学改革全面提高义务教育质量的意见》中"加强学校党的建设充分发挥党组织领导作用，强化党建带团建、队建"的重要要求。临枫小学在成立少工委前期，积极挖掘社区资源，发现优秀党员教师、党员家长、党员社区代表，形成协同教育，为后续开展党带队活动奠定坚实的基础。工作委员会构成如图1所示。

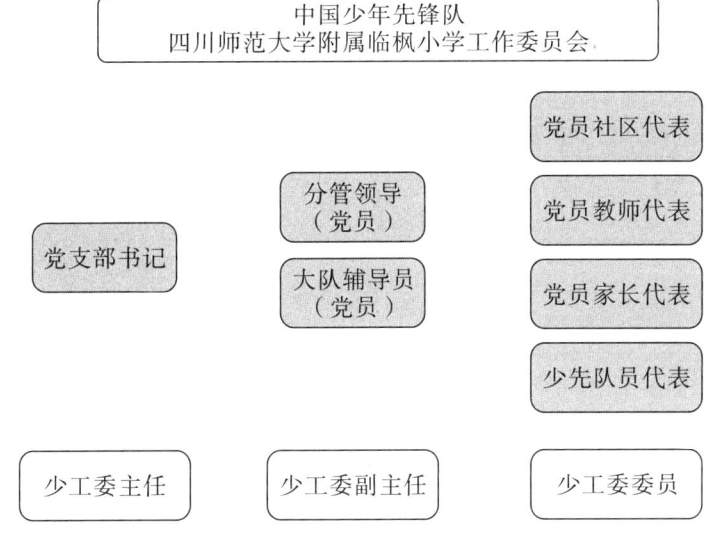

图1 四川师范大学附属临枫小学工作委员会

为深入贯彻党的二十大精神，坚持不懈用习近平新时代中国特色社会主义思想铸魂育人，以立德树人为根本，以理想信念教育为核心，培育和践行社会主义核心价值观，弘扬中华传统文化和革命文化、社会主义先进文化，培养学生的社会责任感、爱国情怀。临枫小学基于"我发现"的办学理念，结合低段学生身心发展特点，形成了学校理想信念课程体系2.0，具体如图2所示。

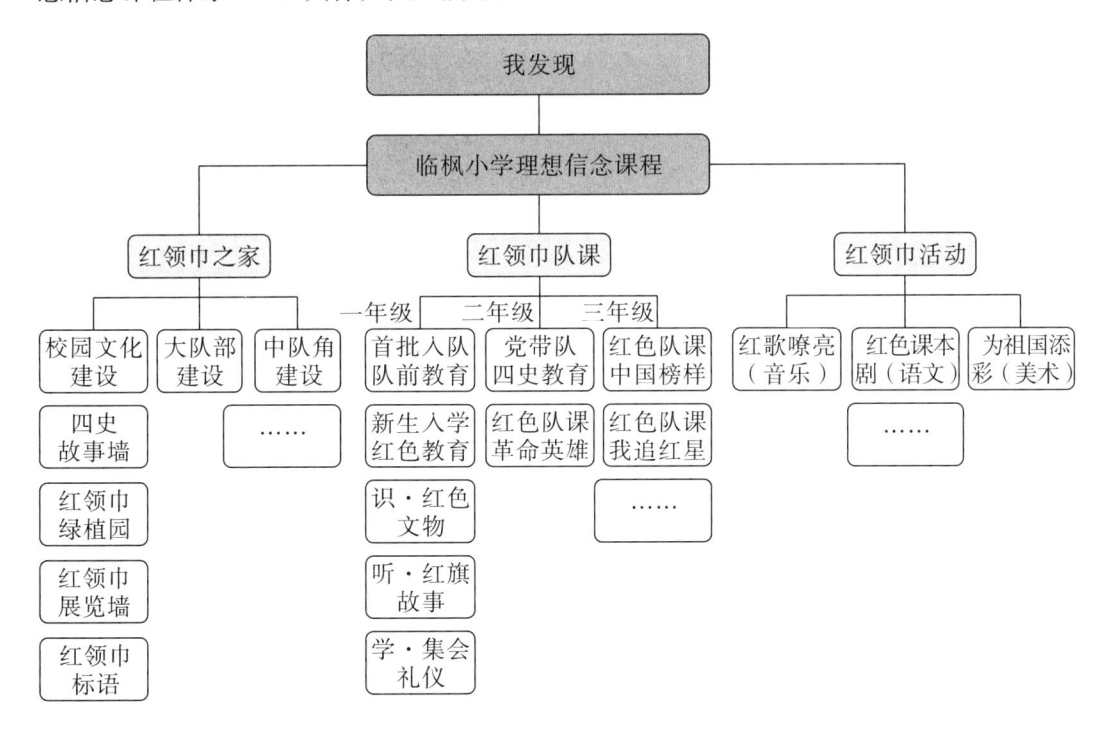

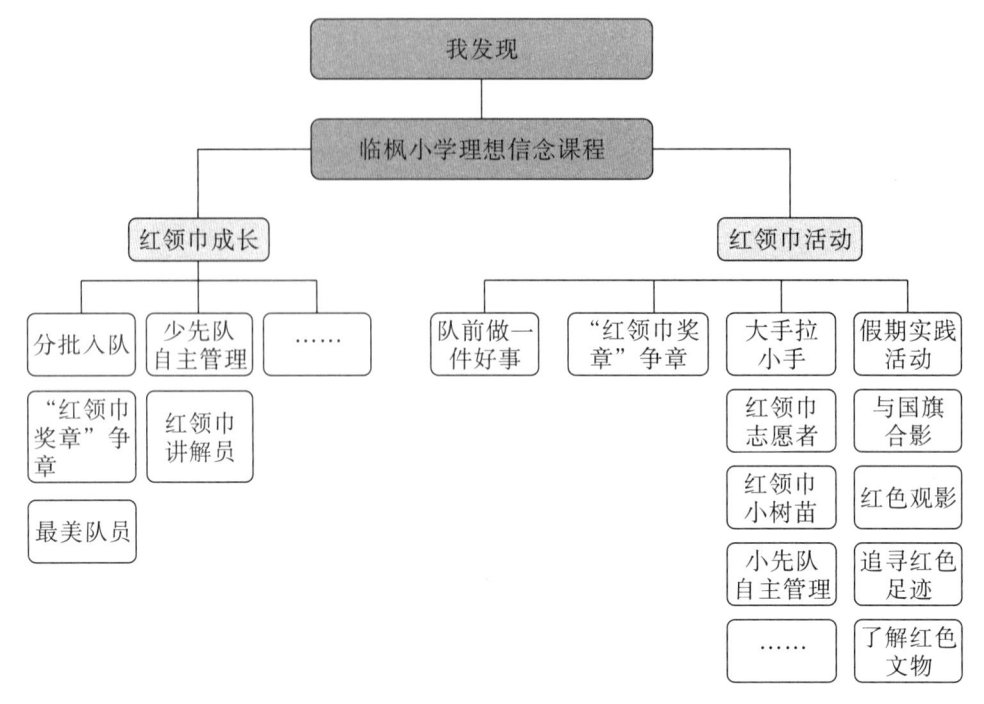

图 2　四川师范大学附属临枫小学理想信念课程体系

少年儿童的理想信念教育，除了宏观上的考量，更需要基于微观的发现。为此，要遵循儿童的认知规律开展红色教育活动。在遵从儿童认知规律的基础上厚植爱国主义情感，实现党员教师和学生之间生动的、恒久的双向教育。

同时，以聚焦立德树人，培育担当民族复兴大任的时代新人，加强理想信念教育，深化社会主义和共产主义宣传教育，加强党史、国史、改革开放史、社会主义发展史教育等为教育目标，以"我发现"为核心理念，通过深入开展以下活动，落实理想信念教育课程。

1. 环境育人——红色阵地

低年级学生的思维特点是具体、形象，以身作则、耳濡目染是最有效的教育方式。一面会说话的墙，能让学生为其停留驻足，在每一次驻足中发现，在每一次驻足中探索，从知道向记住转换，从记住向践行转换。少先队自主管理中心、红领巾种植园、红领巾展览墙、红领巾标语等均是"我是校园主人翁"的体现，有助于逐步培养学生的责任意识，促使其从我愿建设校园跨步至我愿建设国家。

2. 课程育人——主题队课

结合不同年段学生的年龄特点和思维发展水平，设置不同的主题队课，具体如表 2 所示。

表2 一、二、三年级主题队课内容设置

	一年级	二年级	三年级
上册	新生入学红色教育	四史教育	榜样教育（学）
下册	首批入队队前教育	英雄教育	榜样教育（做）

一年级小学生入校的第一节课便是升旗仪式，他们年纪较小，不懂得升旗仪式的意义，如不进行适当的引导教育，容易导致其把升旗仪式与好玩的活动相混淆。因此，进校第一周便可以开展入学红色教育，其中包含"识·红色文物"（认识党旗、党徽、国旗、国徽、红领巾、队徽，并了解其意义）、"听·红旗故事"（从中国上空飘扬的第一面五星红旗，到飘向太空的五星红旗）、"学·集会礼仪"（在前期学习的基础上，学生更能明白五星红旗在每一个中国人心中非凡的意义）。下期，一年级学生将接受首批入队队前教育，结合"队旗是五星红旗的一角"教育学生"我们是祖国的接班人"。

二年级学生对五星红旗有了深入了解后，能通过实际行动表达对国旗的敬畏。五星红旗是国家的标志，在此基础上对学生进行四史教育，由党员教师带头为队员们讲解四史，可以帮助学生更好地了解中国，培养民族归属感与自豪感。中国有如今的发展，离不开一代又一代革命先辈的奋斗，二年级下期开展革命英雄主题教育，有利于引导学生用实际行动表达对祖国的热爱。

三年级学生在对祖国发展过程中的重要事件和人物有了一定的了解后，基本具有了爱国的意识。但由于他们年龄尚小，还没有能力做出如先辈们一般轰轰烈烈的壮举。基于此，可以从听现代榜样人物、讲身边榜样人物的故事开始，引导学生学习爱国具体应该怎么做——从爱班、爱校、爱家开始。

3. 活动育人，学科融合

习近平总书记强调，要坚持全员全过程全方位育人，在广大青少年中开展深入、持久、生动的爱国主义教育，让爱国主义精神牢牢扎根。充分挖掘各学科教材中的"红色资源"，大队部牵头多个学科共同开展教研活动，将红色教育与语文、美术、音乐等学科深度融合，开展丰富多彩的活动。

4. 激励育人——队员成长路径

为不同年龄、不同特长的学生提供各种成长途径，其中分批入队是成长的第一步。为培养少先队员的组织归属感和光荣感，实行分批入队。尤其是首批入队的队员，要为他人树立榜样。通过榜样示范、庄重的队前考核、隆重的入队仪式，引导一年级学生以成为少先队员为荣。"红领巾奖章"争章旨在培养学生的动手能力，养成知行合一的好习惯。"最美队员"旨在培养少先队员树立榜样意识，从方方面面展示队员良好的精神面貌。"少先队自主管理"旨在培养队员的沟通技巧与管理能力等，引导他们逐步形成无私奉献的精神。"红领巾讲解员"是红色传承的关键形式，可以借助通俗易懂的语言讲好队课。具体如表3所示。

表3 阶梯式激励成长的方式内容与开展年级

阶梯式激励成长	开展年级
分批入队	一二年级
"红领巾奖章"争章	一至三年级
最美队员	二三年级
少先队自主管理	二三年级
红领巾讲解员	二三年级

5. 实践育人——红领巾行动

（1）"队前一做"。

入队前做一件好事，在预备队员的心中埋下一颗为人民做实事的种子。

（2）"红色节日实践活动"。

结合学生掌握的技能设置不同的实践任务，以国庆实践活动为例：一年级开展"心悦·中国"主题活动，具体内容有与国旗合影、秋天里的中国；二年级开展"画说·中国"主题活动，具体内容有童眼看世界、观看红色书籍及电影；三年级开展"行动·中国"主题活动，具体内容有记录爱校、爱家、爱国的具体行动。

（3）"'红领巾奖章'争章"。

结合低年级学生特点，各年级各学年争章章目不同，实践内容也不同。旨在引导学生在实践中体会新时代少年应具备的能力和素养，感悟作为新时代少年的担当与使命。具体如图3所示。

图3 我校学生自行设计的"发现自己章"手稿及成品图

二、"发现教育"理念下的"三三工程"

在建校过程中，我们始终坚持"以校为本"的特色定向，在"我发现"核心教育理念指导下形成了一主两翼的"三三工程"特色发展路径，以师生全面发展为主线，构建以学生成长为导向的"三生教育"，打造以学生学习为中心的"三 sheng 课堂"。具体如图 4 所示。

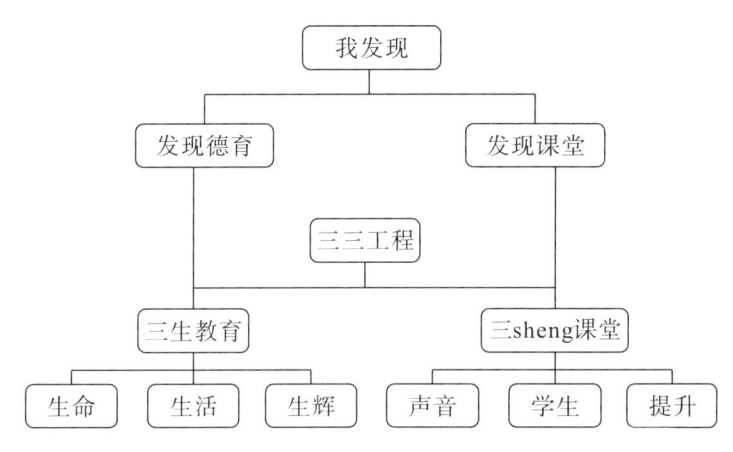

图 4　一主两翼的"三三工程"特色发展路径示意

"三三工程"并不是独立存在的，而是在师生共同发展的过程中并驾齐驱，是学校办学理念的个性化表现，"三 sheng 课堂"是教学主阵地，扬琴课程是培养孩子文化自信的显性表征，理想信念课程旨在加深师生生命的厚度，生命教育课程旨在加深师生生命的宽度。这些都让我们认识到了特色学校的本质是学校的个性化，它凝聚了临枫小学的个性风格、文化品位和人才培养特色。

（一）三生教育，立德为先

1. 深化德育为先，打开育人局面

学校坚持社会主义办学方向，全面贯彻党的教育方针，落实立德树人根本任务，依法治校，规范管理。坚持科学教育质量观，落实德智体美劳全面发展的培养要求。坚持全员、全程、全方位育人，以习近平新时代中国特色社会主义思想和二十大精神为指导，以中共中央、国务院《关于深化教育教学改革全面提高义务教育质量的意见》《深化新时代教育评价改革总体方案》《义务教育课程方案和课程标准》等重要文件为抓手，结合学校实际积极展开素质教育行动。同时围绕特色德育活动，深化视角与方式、理论与实践，完善学校"发现德育"课程及活动体系，具体如图 4 所示。

在教育教学全过程中践行社会主义核心价值观，开展各种活动，全方面引导学生爱党、爱国、爱人民、爱社会主义。培育学生积极健康的人格和良好的心理品质，促进学生核心素养的全面和提升发展。

图 4 "发现德育"课程及活动体系

　　德育立足"发现·品格",在学生培养方面,深化文化育人、活动育人,注重对孩子内驱力的培养,围绕 24 种优质品格,开展多种多样的学生体验活动,拒绝唯分数论。制定《乘枫破浪 茁壮成长》班级常规评比细则,优化《班级管理日志》,推进班级常规管理生态圈建设;深化班名班训等制度建设,开展特色班级建设,提升班级生态文明建设,组织"美丽教室"评比;设置"五好少年"校级荣誉与其他单项奖,开展少先队员"雏鹰争章",创设"优秀家长"校级荣誉,形成具有鲜明特色的管理育人模式。为了全面落实《教育部关于推进中小学教育质量综合评价改革的意见》,学校构建学生综合素养评价体系。结合学校办学理念及育人目标,形成了"四面枫叶"评比及《五育伴我成长》学生评价手册》,将过程性评价、阶段性评价、总结性评价融为一体,多元评价学生,注重对学生综合素质的考查。

　　德育方面应用以常规观察为内容,以学期纵向发展为主线,以学生的个人成长为基础,以班级综合水平发展为标准的"451"学生综合素质评价体系。"4"是指向班级常规管理、学生习惯形成的礼仪、纪律、清洁、锻炼四个方面;"5"是指基于五育并举目标下的学生个人评价,包括道德品质、学习素养、身心发展、审美素养、劳动习惯 5 个方面 9 个维度的评价,包括理想信念;学习、行为、生活、社交、劳动习惯养成;学习、审美、劳动素养的过程性指导等;"1"是指向塑造文明个体、培育文明班级,构建文明校园的一个序列性评价。

　　学校积极构建发现德育活动课程体系,通过优化课程与内容、深化视角与方式、分解目标与维度,关注五育融合、学科融合,勾连时事与生活,落地"发现教育"。由学校为主导,带动社区根据自身实际情况,考虑学校的真实需求,有目的、有计划、有步骤地在政策支持、物理空间、文化氛围等方面着力推进儿童友好型社区建设。同时,以心理健康为切口,着眼于家庭和社区之间的价值认同、情感链接,逐步形成"社区为我,我为社区"的意识。在问卷调查的前提下,组织"家长自身心理调适"微课程,实现"闪光的父母"个别家庭互动,开设"小一新生入学适应性"父母沙龙,各班也积极引进家长资源、社区资源,开展家长进课堂活动。家长、学生也在敬老日走进双桥社区,在华润社区开展大运会志愿者活动,社区的剪纸艺术家也走进校园,在促进家校社共育的基础上拓宽教育边界,助力学生发现自己、他人、社会、自然与未来。

2. 基于三生教育，发现自我光彩

"三生教育"即生命、生活和生辉教育。主要实践载体是心理健康教育、劳动教育和扬琴课程。生命教育是指在心理老师牵头下开展帮助学生认识生命、尊重生命、珍爱生命的活动和课程。在"我发现"办学思想的指引下，为了保障心理健康工作的有序开展，学校依据《中小学心理健康教育指导纲要（2012年修订）》和《成都市中小学心理健康教育发展规划（2014年）》等文件精神，制订了心理健康教育规划，把心理健康教育内容纳入学校总体规划中，切实可行地保障了文件精神的落实和推进。每学年度心理健康工作均有相关的计划与总结，并且学生心理健康工作的相关制度也在不断完善。学校设计了工作组织管理架构和心理健康教育工作架构，同时为了心理健康工作的有序优质开展，成立了专门的心理咨询室，由校长直接领导，专职心理教师为主，班主任为辅。常规的心理健康课、个案心理咨询、团体心理辅导、学校心理活动等与心理相关的工作，均纳入心理教师的教学工作量，人员专职专用，建立了较为完善的学生心理健康关怀和心理危机"三预"机制。在心理老师的倡议下引进并自主开发的校级心理课程有性教育健康、注意力训练与情绪管理游戏、抗挫折及生命教育等。

目前我校只有三个年级，上一学年还只有两个年级7个教学班，但劳动教育活动的开展丰富生动、井井有条。"我发现"理念下的劳动教育体系如图5所示。

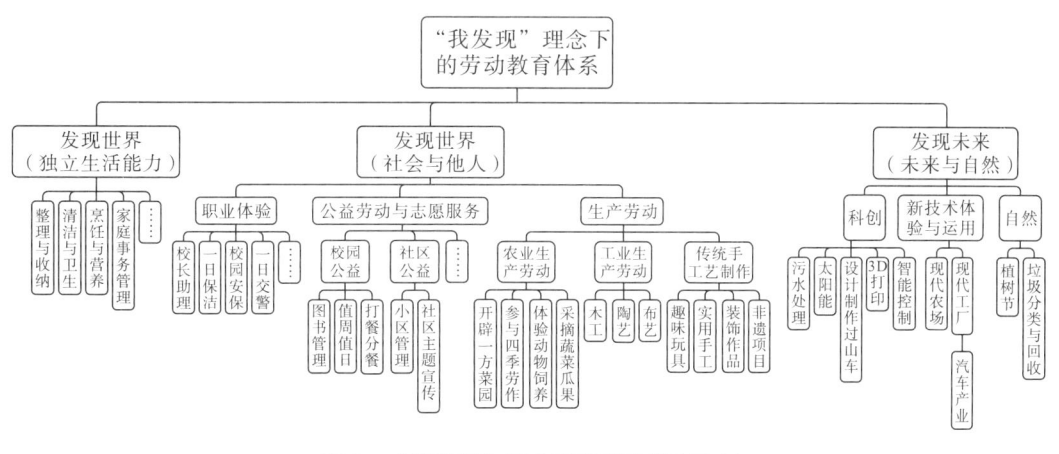

图5 "我发现"理念下的劳动教育体系

在劳动课教育目标和内容的选择上，更加注重劳动兴趣、劳动荣誉感的激发，设置了许多简单、丰富又有趣的劳动课教学与劳动项目活动。比如结合时令的元旦节剪窗花劳动课、中秋节做月饼体验活动、劳动节制作感谢卡片、日常的制作水果拼盘等。

学校也积极开展校内农业生产劳动，目前已经开辟出两处种植园，提供给全校11个班级使用，学生种菜、收菜，送给老师，送到学校食堂分享，在班级内制作美食，还举办了蔬菜售卖活动，获得了家长的一致好评。同时，也对校园进行了完整的劳动教育场地规划，包含种植园、养殖园、果园和劳动文化场地打造，方案已经获得了上级部门批准。

学校劳动项目组开创性地统整了一至六年级劳动任务群的所有劳动任务，根据家庭这一场所的特点，梳理了一至六年级家庭劳动清单，指导学生进行家庭劳动。本学年我们又升级了2.0版本的家庭劳动手册，更加便于管理和评价。通过家庭劳动手册，学生更加喜欢在家进行力所能及的劳动，劳动技能和劳动精神都有提升，家长也积极支持家庭劳动活动的开展。

劳动项目组尝试开展了丰富多彩的社会劳动活动，与华川社区多次联合开展活动，孩子们参加社区环保绘画、走进青龙湖捡拾垃圾、走进敬老院看望老人等活动。此外还积极落实劳动教育"一周三节""十个一"实践活动，每学期开展开耕种节、收获节活动，春季学期组织劳动节活动，秋季学期组织劳动周活动，每学年一次劳动技能大赛（剥花生、豌豆，系鞋带，编辫子），学生参与面广，每年都能学会1~2项生活技能。学校还注重将劳动教育融入学生学习生活中，充分发挥劳动综合育人功能，以项目形式开展劳动活动，种植园生长繁茂时，美术老师带领学生"画"劳动之美，语文老师带领学生"写"劳动感受，数学老师教大家统计卖蔬菜的收入及合理规划购买种子肥料的支出等。在劳动评价方面，我们制订有评价方案。每个活动都有相应的评价标准，每学期期末评选劳动小标兵，进一步促进劳动教育的落实，让学生在真实的场景中进行劳动实践，将劳动渗透在日常生活中。

扬琴课程立足"发现·艺美"，坚信艺术总能让生活熠熠生辉。扬琴社团负责人王兰老师带领1、2年级的孩子们获得了区艺术展演特等奖，登上了"央视频"，用扬琴链接世界，让世界了解中国。除扬琴外，为落实"小乐器进课堂"、人人掌握一门乐器技能的要求，结合我校学情，学校还引入了mini扬琴普及课程、小钟琴课程，多方位多角度引导学生发现自身的艺术特长。

（二）"三sheng课堂"，树人为本

1. 深化课程改革，点亮优质课堂

基于学校"我发现"的办学理念以及对学生现实情况和成长需求的深度调查，临枫小学重塑了学校校本课程骨架，形成了2.0版本的发现课程体系，具体如图6所示。

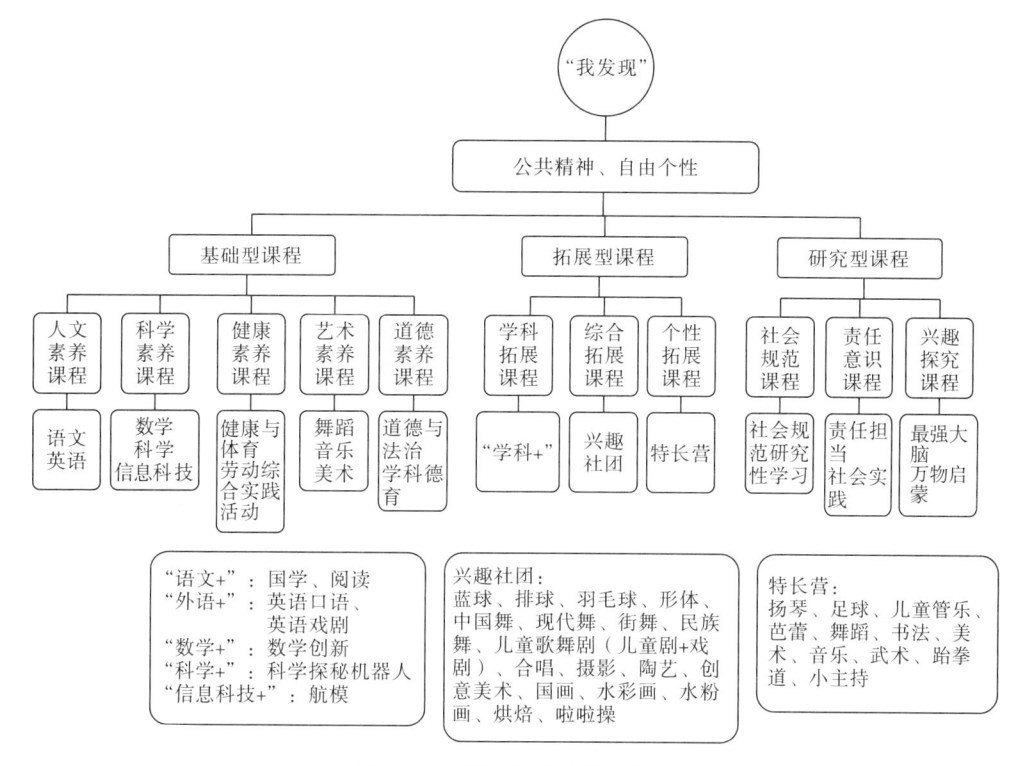

图 6 2.0 版本的发现课程体系

发现课程体系由基础型课程、拓展型课程、研究型课程构成。基础课程以国家课程标准和学生发展需求为切入口，以校本化实施为途径，探索课堂教学模式，营造和谐的课堂氛围，提升课程实施品质。

拓展型课程分为学科拓展课程、综合拓展课程和个性拓展课程。学科拓展课程主要指学科系列衍生课程，如国学、英语戏剧、数学创新、航模等。综合拓展课程以兴趣社团为主，如烘焙、篮球、足球、啦啦操等。个性拓展课程主要指特长训练营，既为校队培养有生力量，又满足学生个性化需求。

研究型课程主要培养学生的公民意识，在"我发现"核心教育理念下开展社会规范研究型学习、社会劳动实践和万物启蒙。

2. 深化教学改革，形成学科特色

在"我发现"核心教育理念指导下，学校教学部以课程建设为中心，制定《课程实施评价方案》，明确课程实施标准和教师行为导则；确定教学"八认真"，坚持"以学定教，以学导教，以学促教"的评价原则，始终将学生的"学"置于核心位置，每期开展教师汇报赛课，改革评价方式，注重过程性评价研究，注重学生学习状态评价，引导师生养成良好的成长型思维。

"发现课堂"改革的重点指向在课堂中发现"三 sheng"。第一个"sheng"指学生的"生"，即课堂中以"学生"发展与生长为本；第二个"sheng"指声音的"声"，即课堂中需要听到三种声音：掌声、笑声、辩论声；第三个"sheng"指提升的"升"，即在课堂中能感受到学生有收获、教师有成长。为了让学校的课堂改革主张落地，学校层面提出了课堂五环节，即"创设情境、发现问题、解决问题、建构知识、运用知识"，并细化了具体要求，以指导老师们的课堂教学改革。

为了提高教师的教材解读能力和课堂教学能力，我们扎实推进校本研修，健全教科研制度，形成民主、开放、高效的校本研修机制。实行每周一研，单周聘请教育专家进行学科课标和教材解读活动，双周开展学科主题式教研。通过扎实的校本教研工作，学校形成了浓厚的学科教研氛围，也增强了教师的课改意识和研究意识。通过专题研讨与聚焦课堂，探索了课堂教学方式的优化，逐步提高了课堂教学质量。

制订教学工作计划，通过落实教学常规制度与三级巡查，规范教师教学行为。学校在推进教育质量综合评价改革过程中，应充分拓展评价内容和方式。校长及教学管理干部深入课堂听课，参与学科组的教学研讨，多角度指导教学，深度了解教师和课堂教学现状。结合"双减"工作，学校建立作业总量调控、作业公示与检查反馈等制度，规范作业布置，丰富作业类型与结构，提升作业布置的规范性。根据学生实际，教研组围绕学科作业的优化设计进行小专题研讨，注重大单元整合，进行分年级分学科的作业设计，初步让教师形成备课时关注作业布置，在课堂教学中分解作业，提高作业设计的质量，减去"无效作业"的教学行动逻辑。

三、"发现教育"理念下的自我成长

（一）学生自主管理

在"我发现"核心教育理念指导下，四川师范大学附属临枫小学少先队大队部以队员成长为中心，成立自主管理中心，设置大队管理部、国旗护卫部、礼仪形象部、中队建设部、队员成长部五个部门，具体架构如图7所示。

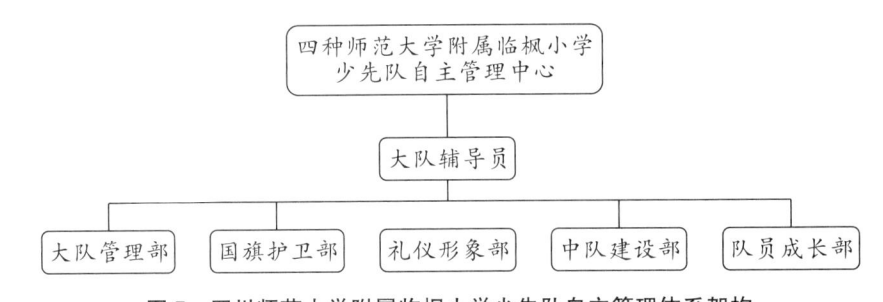

图7 四川师范大学附属临枫小学少先队自主管理体系架构

1. 发现自己

符合条件的队员自主报名、竞聘。其中，选择部门的过程就是发现自己特点的过程；竞演过程就是发现自己优点的过程；竞聘成功正式上岗后就是发现自己成长新路径的过程，并在此过程中不断探索，成就更好的自己。

2. 发现他人

自主管理中心成立后，竞聘成功的委员将在大队辅导员的指导下开展自己部门的工作，同时需要自主招聘干事协助工作的有序开展。委员在招聘干事、选择干事过程中，要善于发现同伴优点，精准定位他人的特长。

3. 发现校园

在每年一次的少代会上，少先队员会将自己近一年来在校园中的发现以小提案的形式表现出来。学生通过小提案交流自己的发现，老师尊重学生的发现并及时回应，通过积极反馈鼓励学生以主人翁的身份发现校园。

我校部分班级也在"我发现"的理念指导下，构建了符合自己班级学情的小干部管理体系，如香草二班的"三班五部"管理体系。其中"三班"为班主任、副班主任、班长，"五部"为事务部部长、卫生部部长、学习部部长、纪检部部长、体育部部长。各部门成立以后，由各部门自主招聘"干事"，自主安排岗位，进一步实现发现自己、发现他人、发现班级，具体如图8所示。

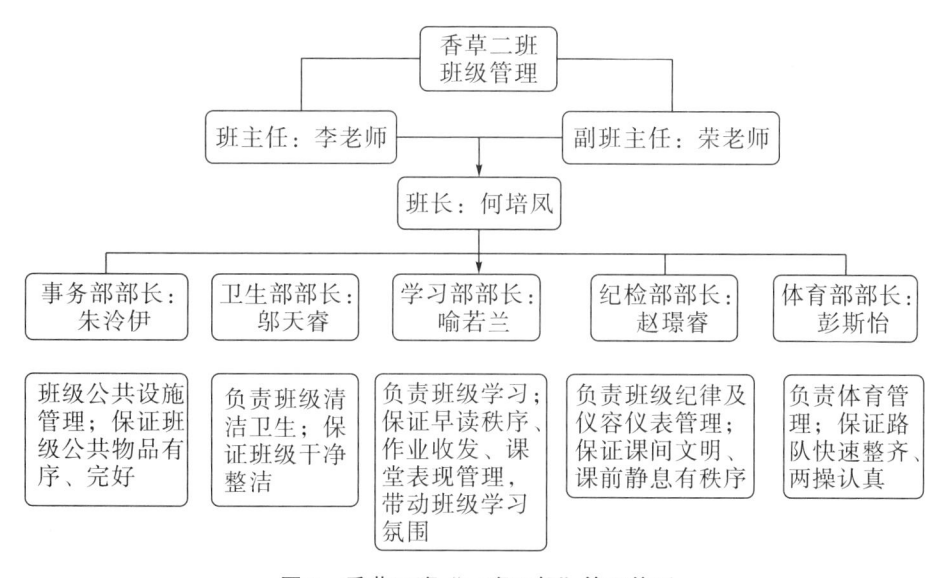

图8 香草二班"三班五部"管理体系

（二）教师成长建设

教师成长建设是指通过各种有效策略与方法提高教师的专业能力和教学水平，旨在帮助教师发展成为高素质的教育者，并为学生提供更好的教育服务。学校秉持"我发现"的核心理念，加强教师队伍建设，促进教师成长。

发现自己、精准定位。学校为教师搭建了选修课平台，引导教师发现除自身教授学科以外的特长。

发现团队，同生共长。学校根据教师岗位特点形成了班主任团队、教研团队；根据教师学科特点形成了语文团队、数学团队、综合学科团队；根据教师的教龄形成了新教师团队、成熟教师团队、骨干教师团队。教师通过分析自身优势（学科优势、性格优势、特长优势等）、发现他人优点，自行组建科研团队，践行学科融合教研。在发现彼此中，成就彼此，成就个人。

结　语

"发现教育"作为学校发展的一种理念，旨在推进学校各方面的发现教育实践，以推动学校的内涵发展。本文通过"发现教育"理念引领下的校园文化建设实践策略的研究，提供了以发现型队伍建设、发现型课堂改革、发现型德育体系等方面为主的相关实践建议。在未来的研究与实践中，需要进一步完善以上实践策略、优化"发现教育"理念下生发的相关课程体系，不断探索和创新校园文化建设这一"大课程"。

参考文献：

[1] 任志瑜. 任志瑜与发现教育［M］. 北京：北京师范大学出版社，2021.
[2] 杜威. 经验与教育［M］. 姜文闵，译. 北京：人民教育出版社，2005.
[3] 徐锦生. 项目学习：探索育人的新模式［J］. 教师博览（科研版），2012（6）：14－16.
[4] 毕淑芝，唐其慈. 当代苏联教育家的新思想［M］. 上海：上海教育出版社，1990.
[5] 杨小微，胡雅静. 从"以教定学"到"为学而教"：中国教学走向现代化的 40 年［J］. 全球教育展望，2018（8）：9－24.
[6] 张贤志. 让颗颗明珠都闪亮——谈周芳校长的"发现教育"办学实践［J］. 教育视界，2022（34）：47－49.

以研学旅行为载体的县域普通高中生命教育现状调查

林吉兰[①]

摘 要：生命教育是旨在帮助学生认识生命、珍惜生命、尊重生命、热爱生命，提高生存技能，提升生命质量的一种教育活动。生命教育自引入我国以来，虽被各界学者逐渐重视，但仍是学校教育的短板，生命教育得以有效开展，既是落实以人为本的科学发展观、构建社会主义和谐社会的必然要求，也是提升学校德育水平、促进学生身心健康的重要手段。学校是生命教育的主阵地，教师是生命教育的主力军。生命教育的有效性很大程度上取决于教师是否具备生命教育意识和生命教育实施能力。本文通过对四川省新津中学、成都市新津区实验高级中学等5所中学在校教师进行关于生命教育的调查，初步了解该教育的现状，并给出了相应的建议，以期促进学校的生命教育工作朝着更科学、规范、有效的方向发展。

关键词：县域普通高中；生命教育；高中生

近年来，越来越多的教育工作者积极关注生命教育，并认识到生命教育对学生今后融入社会、人生发展有着重要意义。四川省新津中学于2022年省级课题"以研学旅行为载体的高中生生命教育实践研究""县中振兴背景下以本土化研学旅行为载体的审美育人方式探究"申报成功。以此为契机，学校加大生命教育的改革力度，以研学旅行为载体，引导学生了解生命相关知识、使学生的生存技能得以提高、让学生的情感得以丰富，最终促进学生身心健康和谐发展，做一个具备生命素养的幸福人。

为了增强教育改革的科学性，课题组设计了"四川省新津中学高中生生命教育调查问卷"（教师版），向五校在校教师调查关于生命教育的现实情况。

---

① 作者简介：林吉兰，中学一级教师，四川省新津中学教师。

一、调查结果

（一）受访教师来源

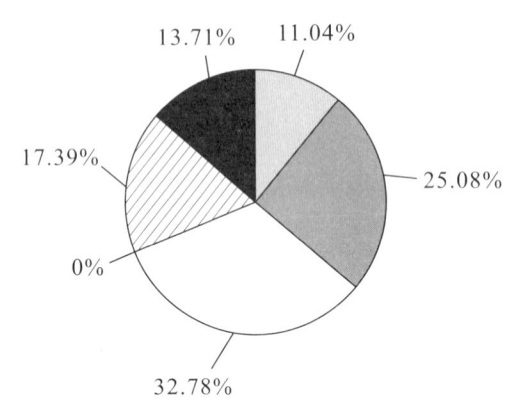

图 1　受访教师来源

由图 1 可知，参与问卷调查的教师共 299 名，其中以成都市新津区职业高级中学最多，可能与该校生源质量有一定关系，教师对生命教育更为关切。

（二）对生命教育的认识

（1）您认为目前我国学校的生命教育普遍开展情况如何？

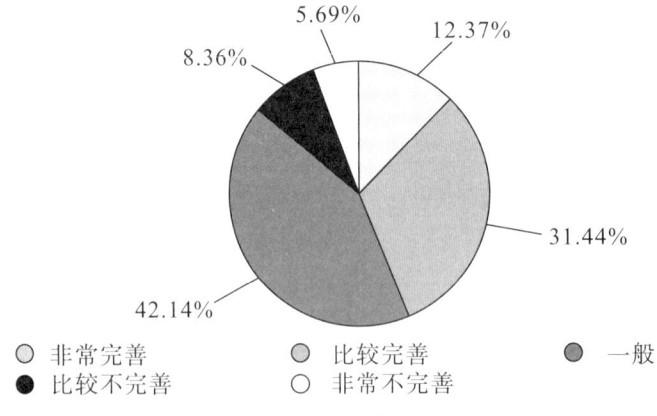

图 2　学校生命教育开展情况

从图 2 整体来看，参与问卷调查的教师对目前我国学校的生命教育的开展情况持肯定态度。其中 12.37% 的教师认为"非常完善"，31.44% 的教师认为"比较完善"，42.14% 的教师认为"一般"。这说明生命教育在学校得到了普遍推广，取得了一定成效。

(2) 您认为目前我国学校的生命教育开展中存在哪些方面的问题？

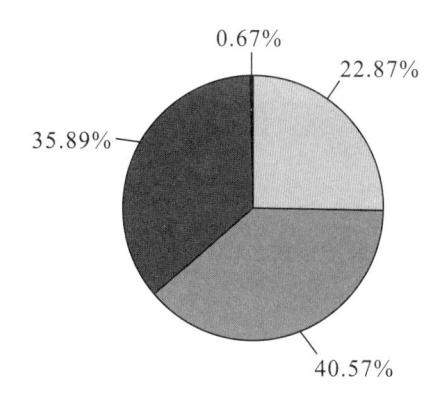

○ 生命教育的目标定位不够清晰　● 生命教育的内容碎片化
● 生命教育的方法较为单一　　　● 其他

图 3　学校生命教育开展存在的问题

由图 3 可知，参与问卷调查的教师认为目前的学校生命教育还存在一些问题，其中 40.57% 的教师认为"生命教育内容较为碎片化"，35.89% 的教师认为"生命教育的方法较为单一"，22.87% 的教师认为"生命教育目标定位不够清晰"。可见，学校在实施生命教育的同时，还须考虑其有效性、科学性及可行性。

(3) 您认为造成这些问题的原因有哪些？

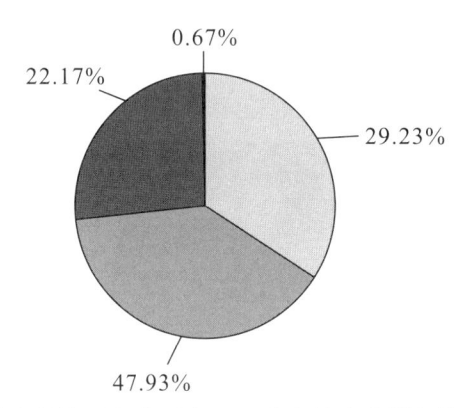

○ 生命教育的资源整合不力　● 生命教育的课程缺乏全面
● 生命教育的理念相对滞后　　● 其他

图 4　生命教育开展存在问题的原因

由图 4 可知，关于造成上述问题的原因，主要有以下几点：有 47.93% 参与问卷调查的教师认为"生命教育课程缺乏全面系统规划"，29.23% 的教师认为"生命教育的资源整合不力"，22.17% 的教师认为"生命教育理念滞后"。这说明目前的学校生命教育重实施、轻规划，多应用、轻理论。

（4）您认为学校给学生开展生命教育有无必要？

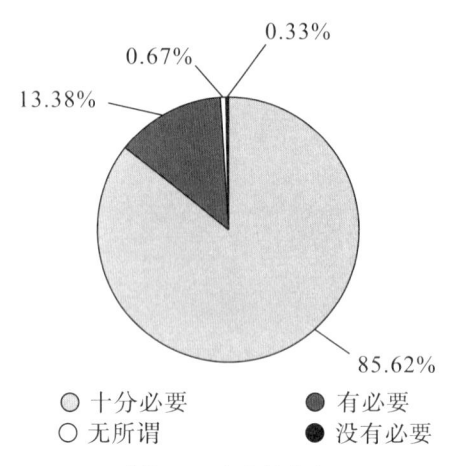

○ 十分必要　● 有必要
○ 无所谓　● 没有必要

图 5　学校开展生命教育有无必要

由图 5 可知，参与问题接受调查的教师普遍认为开展生命教育十分必要。其中 85.62％的教师认为"十分必要"，13.38％的教师认为"有必要"。生命教育是学生成长的必要条件，强化学生对生命存在的认识，提高学生的生命意识，保证学生的生命安全，是每位教师应尽的职责，开展生命教育刻不容缓。

（三）生命教育的实施现状

（1）您所在的学校是否开展过生命教育？

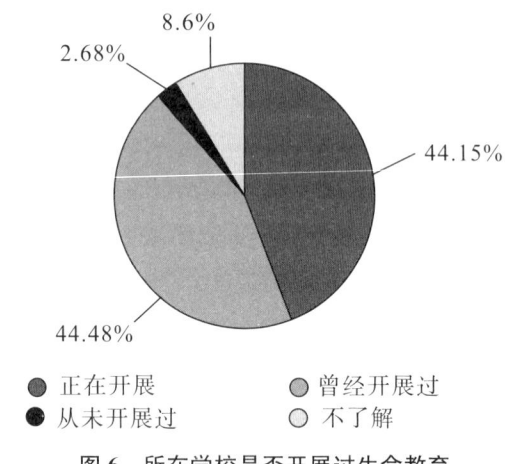

● 正在开展　● 曾经开展过
● 从未开展过　○ 不了解

图 6　所在学校是否开展过生命教育

由图 6 可知，参与问卷调查的教师所在的学校或多或少都开展过生命教育，其中 44.15％的教师表示"正在开展"，44.48％的教师表示"曾经开展过"，只有 2.68％的教师表示"从未开展过"。可见，生命教育已成为学校教育的重要内容之一，备受校方关注，进展较为顺利。

(2) 您所在学校的生命教育主要采取什么样的形式进行开展？

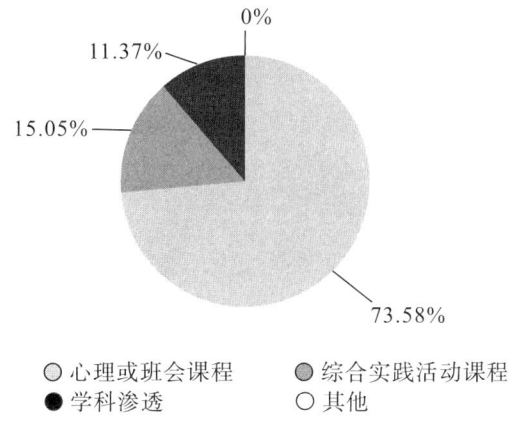

图7 学校开展生命教育的形式

由图7可知，参与问卷调查的教师所在学校往往采取多种形式开展生命教育。其中，73.58%的教师所在学校会开展"心理或班会课程"，15.05%的教师所在学校会开展"综合实践活动课程"，11.37%的教师所在学校会采取"学科渗透"的方式。在学校的生命教育实施过程中，班主任和心理教师扮演着重要角色。班主任作为学生的管理者与引导者，更加熟知每位学生的实际情况，帮助学生稳定情绪、摆正心态；心理教师要拥有丰富的专业知识和实战经验，便于精准施策、对症下药。

(3) 您平时通过哪些渠道了解高中生生命教育的信息？

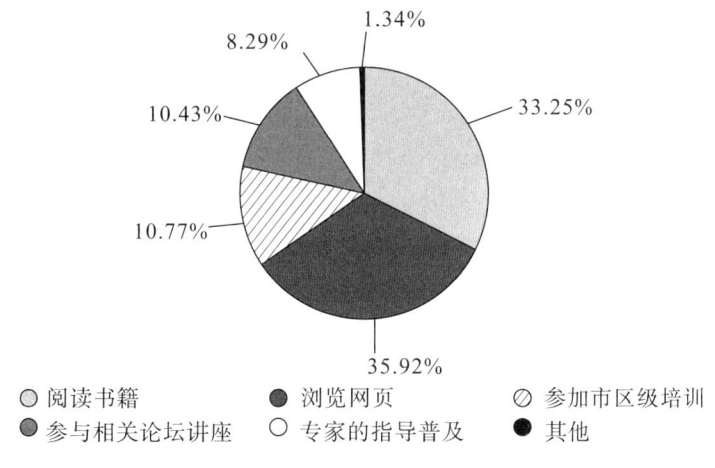

图8 了解高中生生命教育的渠道

由图8可知，参与问卷调查的教师主要通过以下渠道了解高中生生命教育的相关信息，其中35.92%的教师选择"浏览网页"，33.25%的教师选择"阅读书籍"，10.77%的教师选择"参加市区级培训"，10.43%的教师选择"参与相关论坛讲座"，8.29%的教师选择"专家的指导普及"。可见，教师主要通过自学的方式了解生命教育的相关知识，专业的学习平台有待开发。学校作为教师专业成长的重要场所，应积极拓宽学习渠道，提供学习机会，提升教师的生命教育教学水平。

（四）关于研学旅行在生命教育中运用的看法

（1）从您的角度出发，您认为当前在研学旅行中开展生命教育的效果如何？

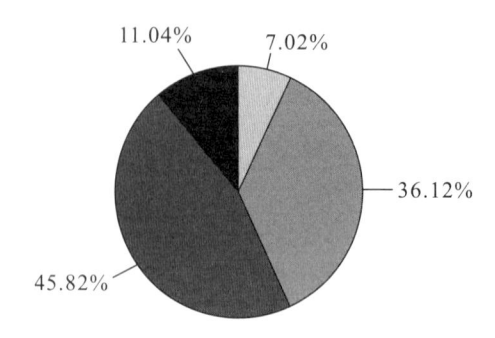

图9　在研学旅行中开展生命教育的效果

由图9可知，参与问卷调查的大部分教师认为在研学旅行中开展生命教育是一种不错的教育方式，其中45.82%的教师认为"较好，学生都比较喜欢"，36.12%的教师认为"一般，学生没什么意见"，11.04%的教师认为"非常好，学生对此热情高涨"。

（2）您认为研学旅行可以帮助学生增加对生命的哪些认识？

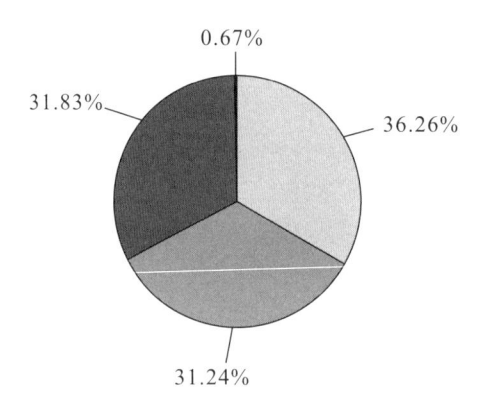

图10　研学旅行可以增加学生对生命的哪些认识

由图10可知，参与问卷调查的教师认为研学旅行能帮助学生增加某些生命相关的认识，其中31.24%的教师认为增加了学生"对生命情感态度的认识"，36.26%的教师认为增加了学生"对生命价值的认识"，31.83%的教师认为增加了学生"对生命行为的认识"。可见，通过研学旅行，有助于帮助学生达成知识与技能的传授、实践能力的培养和情感态度价值观的塑造。

（3）您对在研学旅行中开展生命教育有什么想法和建议？

为了全面、深入、真实地了解教师对学校开展生命教育的看法，本次调查专门增设了开放性提问。在这一环节中，教师提出了许多宝贵的建议，如"提前准备，大胆出去，后续跟进"，"可以系统规划研学旅行中的生命教育课程"，"目标定位要清楚，活动形式要多样"，"要聚焦主题，形成体系"等。这些建议既成为我们时刻奋进、不断探索的动力，也成为我们时刻鞭策自身、不断完善自身的警句。

二、分析

由于现行生命教育问卷存在诸多问题，如数据来源不明、信效度不清、项目设置不当等，课题组根据马斯洛需求理论，结合学校生命教育实际，编制了高中生生命教育问卷表。该问卷经过了多次修改、前期试测、收集数据等工作，最终定稿。根据新课程标准要求，教师应以促进学生发展为教学宗旨，在课堂教学中面向全体学生，关注每一位学生的身心健康，促进每一位学生独立人格与个性的完善与发展。可见，生命教育是教师提升职业素养的重要一环，也是学生促进自身发展的必修课程。经调查分析，目前学校生命教育还存在以下问题。

（一）对生命教育的重视程度不够

长期受"唯分数论英雄"的评价体制影响，高中学校教育的重心仍然停留在应对考试和提高分数上，很多时候忽视了对学生的生命教育，没有及时引导对生命意义及生命教育价值的思考。调研发现，大部分学校基本都将生命教育等同于安全教育，而生命教育的模式也多以主题班会为主，并没有真正、全面地引导高中生认识生命、珍惜生命、热爱生命、敬畏生命。最主要的是，很多学校的生命教育流于形式，生命教育工作的开展也基本处于被动状态：虽设置了生命教育的相关课程，但却没保质保量地开展、实施，更多的是为了应付上级主管部门的检查。

（二）教师开展生命教育的专业能力较为欠缺

大部分学生都期待学校能开设专门的生命教育课程，但是不少学校却没有开设，主要原因是不具备专业的师资条件。在现有开展生命教育的教师队伍中，绝大多数教师未受过专门的生命教育培训学习，生命教育的专业化水平偏低，这就导致其在实施生命教育过程中出现了不少问题。比如，有的教师对生命教育认识不足，实施应付式的生命教育；有的教师对生命教育的内涵把握不准，认为生命教育就是安全教育，只涉及防水、防火、防电等方面的内容等。

（三）学生接受生命教育的学习方式较为单一

学校实施生命教育，不仅要让学生学习基础知识并运用到实际生活中，还要让学生在实践中感受到生命的美好，而不是一味地进行理论灌输。然而，目前学校的生命教育形式较单一，只满足于在课堂上讲授有关知识，没有让学生"动起来"和"走出去"。如果生命教育仅仅满足于学习理论知识，对于学生来讲无异于"纸上谈兵"，就难以让学生产生热爱生命的意识，更无法让学生达成对生命的体验和探究，这样的生命教育效果会大打折扣。

三、建议

（一）健全相关制度，提升生命教育的科学性

生命教育不仅有助于学生全面发展，也是学生健康成长的必然要求。学校应完善生命教育的相关制度，确保生命教育得以在学校顺利有效开展。学校应定期对教师开展生命教育的情况进行督促、检查，对生命教育的实施成效进行评价，引导教师主动地把生命教育融入教育教学中；同时，充分运用形成性评价和综合性评价对学生的生命教育实践成果进行检查，从而达到生命教育的目的，促进学生全面发展。

（二）完善队伍建设，确保生命教育的参与性

大力支持教师参与有专家引领的专业培训，给予充分的物质和时间保障；开展全员参与的教研活动，让不同学科背景的教师共同研讨，促进思想交流碰撞，提升生命教育能力，打造专业化的生命教育教师团队；鼓励科学高效的科研，以研促教、以研促改，不断增强教师生命教育的实践能力。

（三）改进教育方式，加强生命教育的针对性

生命教育不是专门的课程，是要渗透到学校所有的教育教学活动中。因此，应充分发挥学科教学、专题活动、课外活动等载体的作用，采取专门课程、学科渗透、研学旅行相结合、多渠道并举的教育方式，进行生动活泼的生命教育。同时，建立教育行政机构领导、课程专家引领、一线教师参与的课程开发团队，开发适合高中生身心特点、满足高中生成长需要的生命教育活动。

参考文献：

[1] 黄争荣. 立足地域特色 深入推进"两纲"教育——以金山区中学学段为例 [J]. 现代教学，2017，386（17）：43-44.
[2] 刘婷玉. 春酒一杯，味浓情长——以《春酒》为例，浅谈生本课堂教学策略 [J]. 新课程（中学），2015（12）：176-177.
[3] 肖川，曹专. 生命教育：成长必修课 [M]. 合肥：安徽大学出版社，2020.
[4] 苏霍姆林斯基. 给教师的建议 [M]. 杜殿坤，译. 北京：教育科学出版社，2014.
[5] 连中国. 唤醒生命——每个孩子心中都有一个巨人 [M]. 北京：中华工商联合出版社，2015.
[6] 冯建军. 生命与教育 [M]. 北京：教育科学出版社，2004.
[7] 肖川. 生命教育引论 [M]. 天津：天津教育出版社，2014.

新高考背景下以县域研学旅行为载体的高中学生家国情怀培养探究
——以四川省新津中学宝墩遗址研学活动为例

彭 婷[①]

摘 要：四川省新高考改革明确把坚持立德树人导向摆在首要位置，对学生综合素质培养提出更新、更高的要求，强调了要践行社会主义核心价值观，培养学生家国情怀。本文通过调查法、实践法、探究法，以研学实践为载体，开展高中生家国情怀培养研究，将爱国这一宏观情感融入学生的学习与生活，内化于心，外化于行，真正培养起学生的家国情怀，为丰富新高考背景下的学生综合素质评价活动提供有效的、可操作的借鉴和参考。

关键词：新高考；研学实践；家国情怀

一、研究背景

2022年6月26日四川省人民政府印发的《四川省深化普通高等学校考试招生综合改革实施方案》（川府规〔2022〕4号）中明确提出要坚持立德树人导向基本原则，把促进学生健康成长和全面而多样化的发展作为改革出发点和着力点，践行社会主义核心价值观，深入推进素质教育，为新时代中国特色社会主义事业培养选拔高素质人才。要求将劳动与社会实践作为普通高中学生综合素质评价的重要内容。

2016年，教育部等11个部门联合发布的《关于推进中小学生研学旅行的意见》中，首次系统地提出将研学旅行纳入学校教育教学计划，促使研学与学校课程、德育体验、实践锻炼相结合。

家国情怀是政治学科素养的重要组成部分，目前仍有大部分学校的政治课教学只注重学生成绩，并未重视政治教学工作中对学生家国情怀核心素养的培养，以致部分学生缺乏爱国意识和责任感，新高考背景下要求政治教师进一步深入探究如何通过教学活动来培养学生的家国情怀。

四川省新津中学所在地域历史悠久、文化厚重，研学旅行有着得天独厚的优势，

[①] 作者简介：彭婷，中学一级教师，四川省新津中学教师。

笔者依据学生不同阶段的心理发展特点，充分利用所在地区的文化、自然和社会资源，组织学生走出校园，以常见的"项目式学习"（PBL）为主要形式，设计并实施了一系列以学生为中心的探究活动，在不断的传统文化感知、自然景观鉴赏、社会体验评价中，从实践层面帮助学生找寻文化认同、文化自信，并进一步培植学生的家国情怀。

为了更好地开展研学活动，笔者组织了高一年级约600人参与此次研学活动的行前调查，前期调研结果显示：有63.62%的同学从未参加过研学活动，有66.84%的同学非常希望参与研学活动，我们选取了新津县域的6个历史文化场所，综合起来有38%左右的同学对于县域文化不太了解，这一数据充分展示了高中生对于家乡文化的了解比较匮乏。

对于处在世界观、人生观、价值观培养关键时期的高中生，只有扣好人生的第一粒扣子，认识家乡、了解家乡、热爱家乡，才能于具体的生活中生发出对社会、对生活的热爱，才能在爱自己身边事物的过程中，自然而然地产生对祖国的热爱，才能在生活中培养起家国情怀。

二、以古蜀文明之根——宝墩遗址研学为例

宝墩遗址位于四川省成都市新津区宝墩镇宝墩村，是新石器时代晚期至夏代的古城，有4500余年的历史，与三星堆文化、金沙遗址等名胜同为古蜀文明之根，作为全国重点文物保护单位，是学生身边重要的历史文化遗址，展示出了丰厚历史文化底蕴，对学生认识家乡、培养家国情怀有重要作用。

宝墩遗址距离四川省新津中学仅10余公里，是见证古蜀文明发展的重要遗址，经过前期调查我们发现，有48.05%的同学对于宝墩遗址的历史、现状、影响都不了解。基于此，笔者团队决定组织学生参加宝墩遗址研学活动，以培养学生知家乡、爱家乡的故乡情，进而逐步升华为爱国情。

（一）研学课程设计

为了让研学活动区别于与小学的春游、秋游等娱乐性质的实践活动，笔者团队进行了精心设计，将研学活动按时间分成三个阶段：研学活动前的学生行前准备、研学活动中的学生任务设定、研学活动后的学生作业设计。

1. 活动准备

（1）储备相关知识。查阅县志，了解宝墩文化。走访新津名人，进一步了解宝墩，实地考察，多次前往宝墩遗址，参观遗址博物馆，走上宝墩古城墙，远眺考古发掘现场，询问考古工作人员，进一步增加对于宝墩遗址的知识储备和了解。

（2）组织编撰《寻根宝墩 忆来路知归处——新津地方文化"宝墩遗址"研学课程方案》。根据前期对于宝墩遗址的了解，结合高中生特点和知识储备，设置研学活动

课程题目。

①请简要阐述宝墩遗址的位置分布及产生的大致时间和历史沿革。
②请简要阐述宝墩文化与三星堆文化的关系、与古蜀文化的关系。
③根据宝墩的选址,分析古人在宝墩建城的原因,进一步思考影响城市布局的因素有哪些。
④分析宝墩古城墙的特点,查阅资料并思考古城墙一般有哪些功能或作用。
⑤古代城墙制作除了宝墩这种五花土的方式,还有哪些?请进一步了解夯土筑城墙的制作方式。
⑥分析在宝墩出现水稻种植业的原因。
⑦效仿古蜀先民,分组完成城墙模型搭建、竹骨泥墙式房屋搭建、弓箭制作、陷阱制作等任务。
⑧分享、点评城墙模型搭建、竹骨泥墙式房屋搭建、弓箭制作、陷阱制作的过程并做现场总结。
⑨按配方制作糯米灰浆。
⑩将配方中需要糯米的步骤跳过制作灰浆(即制作不含糯米的灰浆),并对两种灰浆做对比。进一步分析灰浆制作中加入糯米的原因。总结糯米灰浆（CaO）制作墙砖涉及的主要化学知识。

(3) 课程方案编撰结束之后,接续设计研学行前课程,在研学班级进行课程讲授,对宝墩遗址的历史地位做简单的介绍,引出宝墩研学的背景和意义,对比闻名世界的三星堆遗址,引发学生对宝墩研学的好奇心,在研学活动正式开始前,让学生通过查询或问询等方式对于宝墩文化有初步的了解。

2. 活动开展

提前联系宝墩遗址博物馆,约定好参观时间。在完成研学活动安全告家长书并得到家长和学生的支持后,组织学生来到宝墩遗址。

以小组为单位,每组安排一位组长负责现场组织,由博物馆老师进行内部现场解说,引导学生参观出土的古陶器、古水稻、古城墙遗址、象牙权杖等文物,让学生真切感受宝墩先民的生活,通过现场参观,增进学生对古蜀文明、家乡文明的了解。古蜀城墙建设的巧思,让现场学生无不感叹先民的智慧,同学们仿佛置身远古时代,纷纷进一步思考古蜀先民是如何与自然相处,并在艰难的环境中将文明延续的。

参观完宝墩遗址博物馆后,继续组织学生登上博物馆外的宝墩遗址古城墙,古城墙遗址经过4500年的变迁,从空中俯瞰,还隐隐呈现最初的"回"字型模样,走近后发现,城墙上长满了树木,高约3米的城墙在建造时定然是一项浩大工程,耗费了大量的人力与物力,4500年过后依然耸立在那里,既是当时宝墩城的守护墙,又在今天成为历史的见证。

学生们登上城墙后,有的在墙头高声呼喊,有的则若有所思地踱步,无不感叹沧海桑田、时间流逝、历史变迁,陷入了对个人与自然、个人与社会关系的思考。

3. 研学行后作业

在研学活动进行的过程中很多同学们还存有疑问,古蜀文明为何会消失?宝墩作为古蜀最大的城池,为何会衰落?借着同学们对这些问题的思考,笔者又在现场提出关于宝墩研学的系列问题:

①宝墩文化未来将何去何从?
②为什么世界上有的文化或文明会消失,而有的文明却可以延续至今?
③为什么四大文明古国只有中国的文明从未间断传承到了今天?
④如何以史为鉴,应对现今世界多极化对文化及文明传承的影响?
⑤在世界文明异彩纷呈的今天,作为中学生应该如何担当民族复兴的大任?

学生带着这些疑问回到学校,从通过行前调查增加对家乡的了解,到以宝墩文化为切入点深入对古蜀文明的探索,再升级为对于中国传统文化传承的思考、对于担当民族复兴大任的自觉,再次践行了我们此次研学活动的初衷。

4. 研学行后反馈

此次研学活动结束后,我们从学生处收到了大量关于宝墩遗址的调查报告、文化设计作品、书法作品、诗词作品和剧本创作,这里选择一个极具代表性的作品来介绍,具体如图1所示。

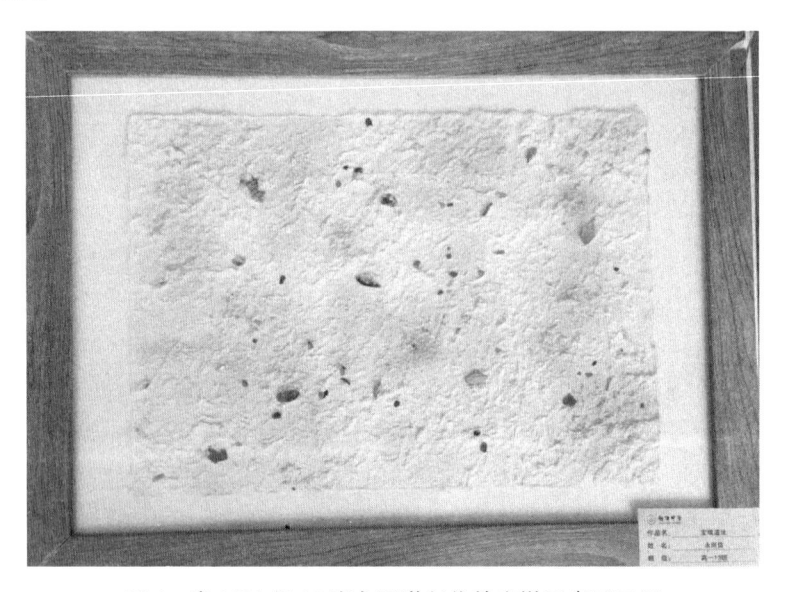

图1 高2021级13班永同学制作的宝墩元素手工纸

来自高 2021 级 13 班的永同学在研学中发现：宝墩遗址出土了 4500 年前的碳化水稻、黍、粟和其他植物遗存，以及数以万计的宝墩时期陶片和几十件石器，参观结束之后她即以此为灵感设计并用传统造纸术制作了手工纸。

在制作过程中，永同学将自身感悟与传统文化、民族文化相结合，运用藏族唐卡制作原理，将矿石研磨加入阿拉伯树胶、牛胆汁等原料，使颜料在具有流动性的同时也具有相对凝固性，同时也使作为原材料的颜料更具有光泽感和特殊的沉淀效果。

为了仿制古蜀先民使用的陶器碎片，永同学结合物理、化学知识和美术技巧制作了模拟石器。具体操作方式如下：用石塑黏土（含 SiO_2、Ai_2O_3、Fe_2O_3、Na_2O、K_2O、MgO、CaO 等及其他少量杂质）塑形后再刻上宝墩元素的纹路（多为条形纹路和水波纹路），等待石塑黏土自然风干后分别用自制水彩颜料和丙烯上色。再运用高分子材料的熵致形变原理，在热缩片上绘制宝墩元素并剪切制作，高温加热使材料微缩到想要的效果，并制作完成宝墩遗址模拟石器和模拟碳化种子。

后期，永同志运用传统造纸术原理，采用植物纤维原料搅拌并制作纸浆，用明矾将悬浮在水中的纸浆纤维凝聚，用筛网过滤纸浆，并加入前期准备的微缩石器模型、模拟碳化种子、仿真谷粒并烘干成形。一张凝聚着学生学科知识素养、研学活动感悟的手工纸制作完成。

这一制作过程不仅充分调动了高中生的物理、化学知识，同时也充分展示了中国传统文化唐卡制作、造纸技术的魅力。研学成为同学们了解、传承家乡文化乃至中华文化的活动载体，为同学们的情感升华提供了现实路径。

三、研学课程反思

宝墩遗址研学课程设计时着力于通过研学活动实现学科融合，增进对家乡文化的了解，课程实施结束之后，通过与参与研学活动的师生进行思维碰撞，发现还可以进一步挖掘研学课程。

（一）以宝墩遗址为例

进一步挖掘宝墩文化中先民水稻种植的历史沿革，引出我国的水稻种植历史故事及以杂交水稻之父——袁隆平为代表的新时代科学家精神，通过再现历史情境，将对历史的缅怀拉回对现实的思考，进一步挖掘研学旅行课程在传承中华文化、培养学生家国情怀中更多、更深刻的作用。

（二）就研学课程设计

第一，组建多学科教师搭建研学教师团队，进一步拓展研学课程的广度，挖掘课程内容深度，为学生搭建更好的研学活动平台。第二，不断丰富研学课程设计，设置开放性问题，拓展学生思路，搭建更为科学的课程模型，为今后编撰更多、更科学的研学课程提供借鉴与可能。

研学活动这一行走的课堂的现场效果及对于学生的影响可以弥补传统课堂单纯的知识传授的局限，有利于促进学生分门别类地对各科知识进行综合运用。现场研学可以让学生在现场生发问题、思考问题，更能让学生在观察和思考中学会如何学习，拓展了学生的思考空间，为学生综合思维能力的培养搭建了更便捷的平台。

参考文献：

[1] 周中亮，杜凤玲，杜红. 以全域研学实践打造特色教育品牌——山东省临沂市沂南县研学旅行的实践探索[J]. 教书育人，2024（29）：42－44.

[2] 李瑞江，马丽霞，曹丽红. 统整·共生："全域研学旅行课程"的核心理念与实施策略——以山东省东营市为例[J]. 现代中小学教育，2022，38（3）：6－8.

[3] 陆云，仲文，林洁. 全域研学：研学旅行的高层级样态[J]. 教育观察，2023，12（5）：1－5+32.

[4] 金开迪. 县域研学旅行课程开发的实践与思考——以滕州市中小学研学旅行课程为例[J]. 中学地理教学参考，2021（17）：73－76.

[5] 欧阳菊，陈洪平. 全域研学旅行：知行相生 研学相长[J]. 教育科学论坛，2020（2）：23－26.

基于深度学习的高中历史研学旅行活动设计与实施策略
——以小金县"四山、四桥、四遗址"红色革命资源开发为例

李林翰[①]

摘　要：本文以历史学科核心素养培养为目标、深度学习理论为基础、研学旅行为手段，深度开发新教材的课程资源，并充分结合本土文化资源，探索适合普通高中的研学旅行活动设计与实施策略，旨在为发展学生的思维认知、提升教师教学的深度、落实核心素养培育、深化课程改革提供有效参考。

关键词：深度学习；研学旅行；"三环十步"教学模式

随着新课程新教材新高考的深入实施，我国基础教育进入了"三新"时代，客观上要求一线教师及时对标对表，更新育人理念，探索课堂变革。2020年颁布的新课程方案中明确提出，要鼓励和支持教师创新教学方式，关注学生个体差异和学习过程，促进学生自主、合作、探究学习，不断提高教学质量。

作为人文社会科学的基础学科——历史，其主要价值是述往事、思来者，把握历史趋势，揭示历史规律，提升思想觉悟，塑造人文素养。而人文素养的塑造离不开个人的体验与参与。个人必须在丰富的材料、生动的事例、具体的历史问题情境中体验和参与，才能感悟、思考、内化。研学旅行正是这样一种充分体现参与性和体验性的学习方式。它关注现实世界中需要实践参与才能解决的问题，强调在真实或接近真实的情境中展开学习，也让知识在实际问题的解决过程中得到充分合理的应用。因此，它是打通校内外教育的创新形式，是落实实践育人的有效途径，是实现"立德树人"目标的重要手段。

为保证历史教学与研学旅行有机结合、有效实施本文以促进藏区学生全面发展为宗旨，成功立项了阿坝州级课题"'组团式'帮扶背景下基于深度学习的高中历史教学策略研究"，以西南大学深度学习研究团队的深度学习理论（觉知—调和—归纳—迁移）为支撑，充分利用历史教材资源，在深度挖掘当地深厚的红色革命资源的基础上，精心设计历史研学旅行活动，初步形成了学科融合、内外协同的"三环十步"教学模式。

---

① 作者简介：李林瀚，中学一级教师，四川省新津中学高级教师。

一、研学旅行活动的设计原则与思路

研学旅行是由学校根据区域的资源禀赋、学生的心理特点和学科的教学内容，以学生为活动主体，从自然、社会和学生自身生活中选定研究主题，在教师的指导下，主动地获取知识、应用知识、解决问题的学习方式。笔者支教帮扶的小金县是一片充满红色记忆的红土地，1935年，红军在小金县境内战斗生活了11个月，留下了许多珍贵的革命历史遗迹。这些红色遗迹凝聚着红军长征不畏艰险、浴血奋战的精神，蕴含着红军与小金人民鱼水情深的感人故事，是革命先辈留下的珍贵财富。

为了合理开发、有效利用这些丰富的红色革命资源，笔者在研学旅行设计之初制定了活动设计原则，其中包括根据国家大政方针和学科课程标准要求的"教育性原则"、切合学生身心发展特征的"科学性原则"、尊重学生主体地位的"体验性原则"、融合校内外资源的"整合性原则"。在此基础上，笔者又初步开发了以学生为主体、教师为主导、家校社联动的小金县"四山、四桥、四遗址"红色革命资源系列主题研学活动（其中"四山"是指中央红军翻越的第一座大雪山——"夹金山"，红四方面军翻过的最高雪山——"虹桥山"，红四方面军翻过的雪山——"巴郎山"和中央红军翻越的第二座雪山——"梦笔山"；"四桥"是指红一、四方面军胜利会师的"达维会师桥"，红军进城铁索桥——"马鞍桥"，与国民党军队展开激战的"猛固桥"和"三关桥"；"四遗址"是指提出"北上建立川陕甘革命根据地"战略方针所在地"两河口会议"旧址，红一、四方面军举行胜利会师庆祝大会所在地"达维喇嘛寺"，红军战斗、生活并展开革命宣传活动的地方——"抚边粮台老街"和红一、四方面军会师遗址——"同乐会"遗址），让学生在玩中学、学中玩，在实践中激发学习兴趣，掌握必备知识，发展关键能力，真实感受到自然美、社会美和人文美，最终达成德智体美劳"五育"融合。

为达成此目标，笔者在多次的研学实践中总结出设计思路，如图1所示。

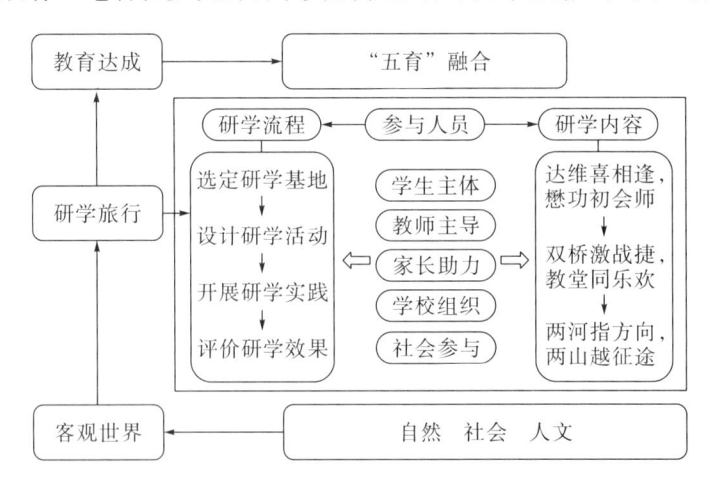

图1 研学旅行活动设计思路

（一）选定研学基地

研学基地的选定需要遵循典型性、可行性、经济性、兼容性和安全性等原则。小金县既是民族地区，也是革命老区。因此，将"四山、四桥、四遗址"红色革命资源作为研学基地，有助于民族地区的广大学生在研学旅行中感受祖国大好河山，感受革命光荣历史，厚植家国情怀，筑牢中华民族共同体意识。

（二）设计研学活动

研学活动要结合研学基地的特点和当地学生的学情，融合自然、社会和人文等跨学科课程内容，紧紧围绕活动主题来设计，开展寓教于乐的实践活动，让学生在研学中开展深度学习。同时，还要考虑研学目标、研学内容、研学进度等因素，合理设计具有内在逻辑的研学线路。因此，笔者设计了以下三条研学线路："达维喜相逢，懋功初会师"（夹金山—达维会师桥—达维喇嘛寺）、"双桥激战捷，教堂同乐欢"（猛固桥—三关桥—天主教堂同乐会遗址）和"两河指方向，两山越征途"（两河口会议旧址—虹桥山—梦笔山）。

（三）开展研学实践

基于深度学习理论，研学旅行以项目式学习的方式开展，主要流程是学生行前准备了解学习、行中自主探索、行后归纳升华。研学旅行让学生既充分感受到了家乡的美好，也能把课堂中学到的知识、情感、态度运用到实际生活中去，提高自身的综合素养和关键能力。

（四）评价研学效果

研学活动效果评价有助于客观、全面地反映学生在研学过程中的表现。通过构建恰当的评价标准，可确保研学旅行课程在开发和实践中的目标任务、研究内容、问题设置、活动方法和形式等更加科学、合理。

二、高中历史研学旅行活动的实施策略——"三环十步"教学模式

根据西南大学深度学习研究团队所提出的深度学习认知模式，结合调研分析与实践反思，笔者认为可从三个环节、十个步骤来构建高中历史研学旅行的教学模式（具体如图2所示），以研学主题活动"双桥激战捷，教堂同乐欢"为例，用具体的案例探索基于深度学习的高中历史研学旅行活动设计的基本路径，探讨如何运用深度学习理论，深挖教材知识，开展研学旅行，推动教学策略的更新和学生核心素养的培育。该主题研学活动需4课时完成，分别设计了教材新授课、研学实践课、主题探究课、作业评价课四种不同课型。

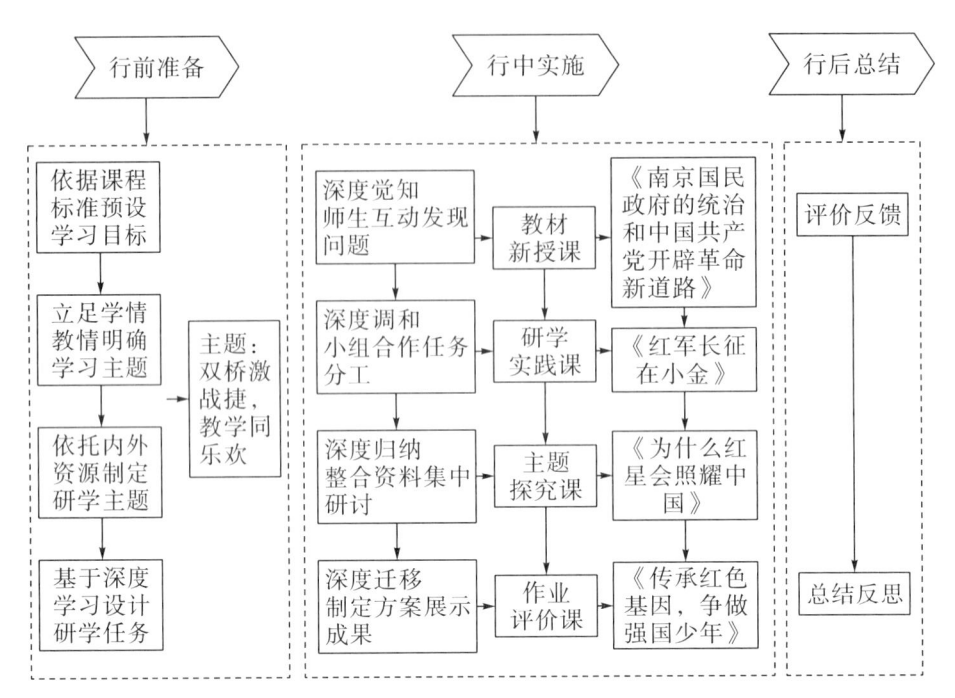

图2 基于深度学习的高中历史研学旅行"三环十步"教学模式

（一）行前准备

1. 依据课程标准，预设学习目标

有诗云："夹金六月寒，达维手相牵。猛固军情紧，三关战尤酣。懋功同乐会，抚边军民欢。两河运帷幄，乾坤大扭转。"红军长征在小金，长征精神代代传。关于长征的相关内容，教材主要集中在《中外历史纲要》（上）第22课"南京国民政府的统治和中国共产党开辟革命新道路"。通过对课程标准的研读和教材内容的梳理，明确本课主线为：1928年，南京国民政府通过北伐在形式上基本统一全国，民族工业也有较快发展；另一方面中国共产党吸取大革命失败的教训，建立井冈山革命根据地，最终找到了工农武装割据的革命新路。由于"左"倾错误，红军被迫长征。最终长征胜利结束，挽救了党，挽救了革命。笔者根据小金地域特色，着重突出了"红军长征的历史沿革"这一内容，预设研学的学习目标，最终确定为：中国共产党对革命道路的不懈探索；中国共产党开辟革命新道路的基本历程。

2. 立足学情教情，明确学习主题

笔者所在学校为民族普通高中，虽然生源质量较差，学生学科素养较低，但是其从小受红色革命文化熏陶，对中国共产党的发展历程如数家珍，尤其对红军长征在小金流传的那些故事非常熟悉。因此，要达成研学学习目标难度不大。笔者凝练了本课的关键词：南京国民政府统治、工农武装割据、红军长征等。为了充分挖掘地方本土历史资源，推动历史育人方式变革，笔者将教材知识和本土资源有机融合，选取小金县城的红色革命资源作为研学内容，确定本课的学习主题为"双桥激战捷，教堂同乐欢"。

3. 基于深度学习，设计研学任务

根据深度学习的教学理念要求，教师需要在教学中巧设认知冲突，引领学生走向深度学习。笔者以"现在小金交通便利、物资丰盈，为什么90年前红军长征会经过小金"这一问题作为驱动任务，设计研学手册，并设置了4课时来完成研学任务。这4课时内容如下。

第1课时：统编版新授课"南京国民政府的统治和中国共产党开辟革命新道路"。

第2课时：研学实践课"红军长征在小金"。

第3课时：主题探究课"为什么红星会照耀中国"。

第4课时：作业评价课"传承红色基因，争做强国少年"。

第1课时派发任务1，第2课时派发任务2，第3课时派发任务3，第4课时派发任务4，形成研学学习任务群（如图3所示），由浅入深、由易到难、层层递进、环环相扣。具体如表1所示。

表1 高中历史研学旅行学习任务

研学主题	任务1	任务2	任务3	任务4
双桥激战捷教堂同乐欢	根据教材《红军长征形势图》简要描述长征过程，阐述长征对中国革命进程的重要意义	从历史、地理、语文等学科角度进行资料收集、实地观察、主题探究，明晰红军长征为什么经过小金	以研学报告的形式呈现红军长征在小金的历程，充分认识领悟红军长征精神的真正内涵和"只有中国共产党才能救中国"的历史必然	以主题班会的形式展示小组研学成果并进行综合评价

（二）行中实施

1. 深度觉知：统编版新授课"南京国民政府的统治和中国共产党开辟革命新道路"

本课时以"现在小金交通便利、物资丰盈，为什么90年前红军长征会经过小金"这一问题引出新课，让学生产生认知冲突，进而带着问题预习教材相关内容。课前，老师将学生分为若干研学小组，要求学生以小组为单位，搜集资料、分工协作、完成任务。课中，小组展示学习成果。课后，对所学知识进行总结反思。在这一过程中，教师以组织者、指导者的身份参与，将更广阔的学习空间留给学生，使其在小组合作中提升自主学习能力、人际交往能力、语言表达能力、逻辑思维能力，进而提升自身的学科核心素养。全过程课程实施细则、小组合作学习分工细则与本课学案具体如表2、表3、图3所示。

表 2　全过程课程实施细则

课前准备	课中实施	课后探究
老师将学生分为若干小组，并发放小组合作学习分工细则表（见表1）和本课的学案（见表2），要求学生预习新课、合作学习	课中通过播放《觉醒年代》中陈乔年遇害前的片段，让学生思考"让我们的子孙后代享受前人披荆斩棘的幸福吧"这句话的深刻内涵，进而提问"现在小金交通便利、物资丰盈，为什么90年红军长征会经过小金"引发学生认知冲突，进而导入新课。接着，从对峙（南京国民政府的统治 vs 共产党武装反抗）、抉择（道路抉择·战略抉择）、自信（道路自信·文化自信）三个环节来完成本课教学内容，并穿插学生的课前成果，老师适时点拨，学生自主学习，理解新知，发现问题	老师对学生的学习状况进行跟踪调查，发现学生对本课知识掌握不牢、理解不够，尤其是运用两重证据法解决历史问题认识不足，因此设计第2课时研学实践课《红军长征在小金》，派发任务2，带领学生走进历史现场，感悟历史真相

表 3　小组合作学习分工细则

组别＼评价内容＼分值	小组内学生分工明确（20分）	小组内学生的参与程度（20分）	认真倾听、互助互学（20分）	合作交流中能解决问题（20分）	自主、合作、探究的氛围（20分）	总分（100分）
第1组						
第2组						
第3组						
第4组						
第5组						
第6组						

高一历史《中外历史纲要》（上）学案

课题：南京国民政府的统治和中国共产党开辟革命新道路　　课型：新授课

一、课程标准
1. 了解南京国民政府的成立。
2. 认识中国共产党开辟革命新道路的意义。
3. 认识红军长征的意义。

二、自我诊断（预习）

红军长征

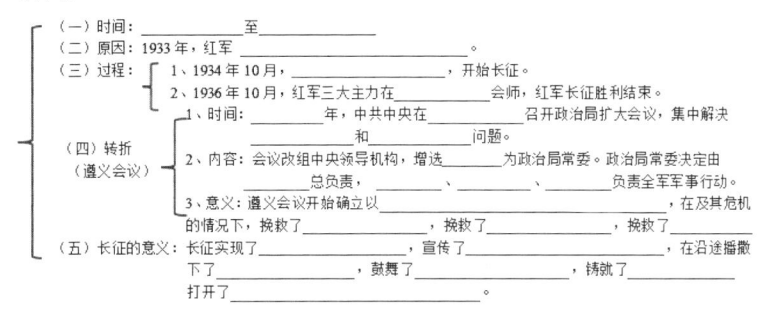

（一）时间：_____ 至 _____
（二）原因：1933年，红军_____。
（三）过程：
　1、1934年10月，_____，开始长征。
　2、1936年10月，红军三大主力在_____会师，红军长征胜利结束。
（四）转折（遵义会议）：
　1、时间：_____年，中共中央在_____召开政治局扩大会议，集中解决_____和_____问题。
　2、内容：会议改组中央领导机构，增选_____为政治局常委。政治局常委决定由_____总负责，_____、_____、_____负责全军军事行动。
　3、意义：遵义会议开始确立以_____，在及其危机的情况下，挽救了_____，挽救了_____，挽救了_____。
（五）长征的意义：长征实现了_____，宣传了_____，在沿途播撒下了_____，鼓舞了_____，铸就了_____，打开了_____。

请思考
1、东北易帜的原因和影响？
2、中国共产党建立农村革命根据地的原因？
3、开展农村土地革命的意义？

三、合作探究（重难点）

材料一

　　星星之火
　　可以燎原
　　　　毛泽东

——毛泽东手迹

材料二　红军不怕远征难，万水千山只等闲。五岭逶迤腾细浪，乌蒙磅礴走泥丸。金沙水拍云崖暖，大渡桥横铁索寒。更喜岷山千里雪，三军过后尽开颜。——毛泽东《七律·长征》(1935年10月)

(1)根据材料一和所学知识回答，中国共产党为点燃"星星之火"所创立的理论和摸索的道路分别是什么？
(2)根据材料二并结合所学知识回答，中国工农红军"远征"的原因是什么？"远征"途中召开的重要会议的历史意义是什么？

图3　本课学案（节选）

2. 深度调和：研学实践课"红军长征在小金"

研学实践课分为行前、行中、行后三个部分，具体如表4所示。老师首先在行前按照"双桥激战捷，教堂同乐欢"（猛固桥—三关桥—天主教堂同乐会遗址）（见图4）包含的不同学科类别将学生分为历史组、地理组、生物组、语文组、美术组，派发任务2（见图5），帮助学生了解红军长征在小金的历史沿革，汲取革命文化精华，提升思想觉悟水平，培养学科核心能力，坚定民族团结信念。

表 4　研学实践课堂实施明细

行前准备	行中实施	行后探究
老师在行前按照研学包含的不同学科类别将学生分为历史组、地理组、生物组、语文组、美术组等，分别布置研学任务：（1）历史组了解红军长征在小金的历史沿革，探究小金在红军长征中发挥的作用；（2）地理组根据小金的地形地貌，分析红军长征为什么途径小金，进而北上；（3）语文组通过分析革命遗址的诗词典籍，带领学生重温革命峥嵘岁月，接续发展力量；（4）美术组分析革命遗址的建筑特点，帮助学生认识中外建筑在功能方面的差异	学生分组参观猛固桥、三关桥、天主教堂同乐会遗址，通过合作学习、共同探究，在活动中得到锻炼，获得新知，并完成《探究项目报告》	根据研学中的发现和疑惑，进一步查阅、完善《探究项目报告》，并以小组为单位，撰写"为什么红星会照耀中国"的研学专题报告

3. 深度归纳：主题探究课"为什么红星会照耀中国"

本课时以"中国共产党发展历程"为线索，将历史上发生的重要事件的逻辑关系进行了深刻的剖析，回答了"中国共产党为什么要、为什么能、为什么行"的问题，让学生深刻认识到"只有中国共产党才能让中国站起来、富起来、强起来"的真正含义，真正做到学党史、感党恩、听党话、跟党走，做新时代的好少年。具体课程实施细则如表5所示。

表 5　主题探究课"为什么红星会照耀中国"课程实施细则

课前准备	课中实施	课后探究
根据研学中的发现和疑惑，进一步查阅、完善《探究项目报告》，同时预习教材中与中国共产党发展历程相关的内容，并以小组为单位，撰写"为什么红星会照耀中国"的研学专题报告	学生展示研学成果，老师以"不忘初心 重温党史"为主题开展"中国共产党为什么要、为什么能、为什么行"的主题教学活动，让学生深刻认识到"只有中国共产党才能让中国站起来、富起来、强起来"的真正含义，引导学生学党史、感党恩、听党话、跟党走，做新时代好少年	要求学生进一步完善研学报告，为主题班会课的成果最终呈现和综合评价做准备

4. 深度迁移：作业评价课《传承红色基因，争做强国少年》

本课时主要是围绕《纲要》（上）中国共产党的发展历程和"双桥激战捷，教堂同乐欢"研学活动的相关内容，各小组展示学习成果，并对其进行综合评价，选出优秀小组和优秀个人。学生通过设计时空地图、思维导图、研究报告、文创设计等创新型作业，展示各自的聪明才智，进而检验学习效果。通过分类别设计作业评价标准进行作业竞赛，变"形式单一"为"丰富多样"，变"沉重负担"为"高效优质"。变"无效评价"为"长效机制"。关注学生真实发生的进步，捕捉有价值的表现，全面推进核心素养的考试评价，促进教、学、评有机衔接。作业展示环节及"学科研学优秀小组""研学优秀之星"奖状具体如图4、图5所示。

图 4　作业展示环节　　图 5　"学科研学优秀小组""研学优秀之星"奖状

（三）行后总结

1. 评价反馈

笔者坚持普遍性和独特性相结合的原则，对基于深度学习的高中历史研学旅行活动建立了多样化的评价方式。

一是过程性评价与结果性评价相结合。过程性评价主要体现在研学实践和汇报展示两个阶段。在研学旅行过程中，教师以小组为单位，要求组长带头、分工合作，鼓励每个学生在自己的工作中认识到自我价值，同时注重团队合作、成果分享；每一项活动结束后，教师和学生进行讨论，在讨论中对学生的活动予以相应的评价，并积极地引导学生对自身的活动作出正确的评价和总结；在汇报展示中，教师公正理性地评价，鼓励每个学生发挥自己的特长，使他们在实践活动中形成成就感和认同感；而结果性评价则是在活动以后进行的总评。

二是自我评价、小组评价、教师评价相结合。学生根据实际情况填写《活动自我评价表》，及时总结、客观评价活动。小组组内互评，引导学生正确评估活动中自己和别人的表现情况，从中发现自己的成功和不足，明确自己在团队中的作用，培养团队的合作意识。教师对学生实践报告进行评定，及时发现问题，提出解决方案，促进学生提高参与社会实践的能力，形成正确的思维模式和积极的社会价值观念，为将来学生了解社会、融入社会打下基础。

表 6　小组研学活动学生互评

项目	细则	分值	得分（总分 100 分）
参与度	参与小组或班级讨论时，提供有效建议，积极建言献策	20	
合作性	能及时与组内成员沟通，并且交换意见，形成成果	20	

续表6

项目	细则	分值	得分（总分100分）
贡献量	按照前、中、后三时段划定小组活动贡献量	20	
成果展示	积极表现，主动参与成果展示	40	

表7 小组研学活动教师评价

项目	细则	分值	得分（总分100分）
课堂学习效果评价	课堂听讲认真程度	3	
	课堂知识掌握程度	3	
	课堂总结落实程度	3	
	阶段学习应用程度	5	
科学分组分配评价	小组划分方案议定	3	
	小组人员能力考察	3	
	小组人员兴趣考察	3	
	小组人员协调考察	3	
任务定量合理评价	任务目标的确定	3	
	任务内容的分解	2	
	任务内容的分配	3	
	任务内容的完成	5	
	任务内容的整合	5	
人员任务完成评价	小组人员任务完成度	5	
应用方式创新评价	材料文本分析能力	5	
	多渠道素材收集能力	5	
	多元材料整合能力	5	
	跨学科研究应用能力	5	
	信息技术应用能力	5	

续表7

项目	细则	分值	得分（总分100分）
组内统一协调评价	组长多方协调能力	5	
	组员主动配合态度	3	
实践活动总结评价	活动目的明确	5	
	活动过程流畅	3	
	活动展示表现	5	
	活动结果价值	5	

2. 总结反思

本文是笔者将研学旅行融入高一历史教学的初步尝试，由于篇幅有限，未系统展示基于深度学习的研学旅行在历史教学中的广泛应用。经过5个多月的实践研究，笔者发现，通过研学旅行，学生思维的敏锐度得到提高，表达能力、合作能力、自主学习能力也有不同程度的提升，说明这种教学形式有一定效果。同时笔者也发现，其存在一定的提升空间。

首先，教师需要有足够的精力与能力实施基于深度学习的高中历史研学旅行教学活动。要想在历史教学中开展研学旅行，就必须花费大量的时间搜集大量的文献资料并进行深入的实地考察，制定具有实效性、可操作性的教学设计。因此今后的教学实践中应思考如何发挥学生、备课组和教研组的集体力量，减轻备课负担。

其次，学生也并非全员参与，个别小组内的成员过分依赖学优生，缺乏独立思考的能力。笔者了解这一情况后，及时缩小小组规模，从8人一组变成4人一组，取得了一定的成效。因此，研学旅行融入历史教学实践，应具有阶段性与不可复制性，教师必须从本班学生的具体实际出发，及时把控过程中的生成性问题并不断做出调整。

最后，在现行高考升学指标要求下，学生素养评价机制的信效度值得商榷。学生在研学旅行中，是否真正培养了学科核心素养，并能提高自己的学习成绩，这需要时间的验证。

参考文献：

[1] 仇盼盼. 研学旅行课程知识的默会原理及其培养[J]. 中国教育学刊，2022（4）：74-78.

[2] 陈良瑞，曾宪光，王海丽，等. 研学旅行视域下学生创新素养的培养路径[J]. 人民教育，2022（Z1）：115.

[3] 吴俊和，赵中卫，肖丹. 基于地理实践力的高中地理研学旅行教学设计探析[J]. 地理教学，2021（19）：55-58.

[4] 吕玉刚. 全面加强县域普通高中建设[J]. 教育家，2021（38）：1.

[5] 袁一帆. 文旅融合背景下的博物馆研学旅行发展与思考[J]. 地理教学，2021（1）：54-58.

[6] 吴颖惠，宋世云，刘晓宇. 中小学研学旅行课程设计与实施策略[J]. 上海教育科研，2021（3）：67-71.

"双减"背景下初中数学作业设计的实践研究

刘 兵 贺 礼 李凌燕[①]

摘 要：作业是学生学习的重要载体，是家、校、生的共同话题。为贯彻落实国家关于"双减"文件精神的相关要求，切实减轻中小学生学业负担，必须在作业设计上下功夫，本文从背景、价值、理念及路径探讨初中数学作业设计，旨在转变学生教师家长的作业观念，达到减负提质的目的，从而彰显数学学科的育人功能。

关键词：双减；初中数学；作业设计；实践研究

一、初中数学作业设计的背景

2021年7月，中共中央、国务院印发的《关于进一步减轻义务教育阶段学生作业负担和校外培训负担的意见》中明确提出：全面压减作业总量和时长，减轻学生过重作业负担。2022年4月，中华人民共和国教育部制定的《义务教育课程方案》中指出，义务教育课程要反映时代特征，努力构建具有中国特色、世界水准的义务教育课程体系。聚焦中国学生发展核心素养，培养学生适应未来发展的正确价值观、必备品格和关键能力，引导学生明确人生发展方向，成长为德智体美劳全面发展的社会主义建设者和接班人。

研究发现，既要响应"双减"政策，又要保障教学质量不减，准确地把握学情成为其中关键。对于初中生而言，其自主学习能力和自律能力正处于成长阶段，意志力品质和抗干扰学习能力较弱，容易受其他无关信息的影响而分散注意力，严重影响学习效果。一份优质的作业设计能引导学生的思维逐步迈向高阶，进而激发学生兴趣，帮助其感受进步、集中精力。运用课前预习作业布置和检测、课中随堂作业及反馈、课后作业及考试检测等步骤，可以达到调动内驱、激发主动性、加强互动、提质增效、提升素养、赋能教学的效果。为此，我们聚焦研究作业设计，尝试以作业小支点撬动教学改革，回应"双减"号召。

[①] 作者简介：刘兵，正高级教师，四川天府新区教育科学研究院院长。贺礼，中学二级教师，四川天府新区合江中学教师。李凌燕，中学二级教师，四川天府新区实验中学教师。

二、初中数学作业设计的价值

作业作为学习活动的重要环节，不是可有可无的，其具有管理、形成、反馈、评价等诸多功能，而这些功能的发挥必须以师生的正确作业观和教师的科学规范实施为条件。作业能否被有效利用、科学实施，直接关乎教学目标的达成、教育目的的实现和党的教育方针的贯彻。在核心素养背景下，作为教师，必须正确理解"减负"的本意和实质，站在素质教育的高度，合理、合法、合情地重视教学中所遇到的作业问题，研究、优化作业，创设良好的教育生态。

进行高质量作业设计与实施，对切实落实"双减"政策，减轻学生过重的作业负担，提升作业质量，实现作业的育人功能有着重要意义，充分发挥数学作业在巩固课堂所学的知识与技能、培养学生学习的责任心和毅力、提升学生的学习兴趣和学习自信、增强学生认知、解决问题、创新实践和自主管理实践等能力的方面的积极功能。

系统研究作业设计与实施，能有效促进教师深入研习课标，解读教材，设计高质量作业，提升教学质量进而科学有效地选编、改编和创编作业，解决"学什么，怎么学"的问题，通过作业的管理和实施，解决"如何学得更好"的问题。

作业不只是教师的事情，解决作业难题不仅需要教师对作业进行优化设计，还需要将作业视为学校育人、学生学习与成长的关键日常，从学校管理层面进行系统设计，建立起年段进阶、学科协作、家校共育的完整机制。只有重新定位作业的价值，将之作为学校育人的关键日常，从学校甚至更高的层面进行管理和系统设计，才能优化作业机制，完善日常教学。

三、初中数学作业设计的理念

（一）素养导向，循序渐进

作业的过程，实际上是从有教师指导的课堂教学，到没有教师指导的自主学习或合作学习的过程，是学生学习兴趣、学习态度和习惯以及学业水平的综合体现。学生的作业表现是教师诊断学生核心素养发展水平、存在问题的重要载体，是后续改进教学和跟进指导的依据。新发布的《义务教育数学标准》（2022版）修订了基础教育阶段数学课程的总目标，其中对核心素养的描述为学生会用数学的眼光观察现实世界，会用数学思维思考现实世界，会用数学的语言表达现实世界（简称"三会"）。对应地，我们在进行作业设计时，注重运用数学作业为学生巩固"四基"、发展"四能"、培养"三会"服务，为学生体会数学知识之间、数学与其他学科之间、数学与生活之间的联系构建平台，为学生数学兴趣与信心的提高、良好习惯的养成、问题意识的形成、自我反思和勇于探索精神提供支持。

具体地，作业设计要遵循三个"注重"的原则，一是注重把准作业育人功能，按照

《义务教育课程方案和课程标准（2022 年版）》要求，注重长周期、合作性、实践性、探究性和跨学科作业的设计，强调通过作业应用促进学生的方法掌握、能力发展和习惯形成。二是注重体现大单元教学理念，各个学科都采用单元设计的方式，每个单元都明确了作业目标，不但关注基本概念的理解，而且注重对学生学习策略、学习习惯、学习品质等方面的培养，充分体现素养立意。三是注重整体设计，通过创设情境体现作业与现实社会、生活之间的衔接，注重学科作业自身开放性和思维深度的同时，又特别注重同一课时不同作业之间、不同课时作业之间以及不同单元作业之间的整体性，通过作业目标的逐级细化、作业题的逐步应用，引导学生循序渐进地深化理解、把握关联、感悟方法，从而减轻作业负担，提高学习效率。

（二）丰富类型，注重功能

2023 年 4 月，国家中小学智慧教育平台上线高质量基础性作业，要求将作业设计纳入教研体系，系统设计符合年龄特点和学习规律、体现素质教育导向的基础性作业。由此可见，作业分类对作业设计有定标的作用，比如基础型作业基于课程标准、体现核心素养导向、针对全体学生的共性要求。而初中数学作业除了巩固基础知识、熟练技能的数学习题外，还包含促进思想方法形成、数学能力提升的各类探究问题和活动任务，以及有助于培养学生创新精神与实践能力的综合与实践活动。

结合初中数学课程特点和作业目标，我们将初中数学作业分成基础巩固类作业、能力提升类作业和综合实践类作业。基础巩固类作业是以巩固概念、掌握方法、熟练技能为主要目标所设计的作业。它的主要功能是帮助教师及时诊断学生的课堂学习效果，为后续教学活动的实施与改进提供必要的参考，是面向全体学生的共性作业。因此，基础巩固型作业的设计尽量源于教材，服务于课堂，以在教材的例题、习题或教材配套练习的内容基础上适当"变式"设计为主。能力发展类作业是指在基本知识技能巩固的基础上，侧重于凝练思想方法，提升思维品质和发展关键能力的数学作业。因此，能力发展型作业多以一系列与活动操作相结合的问题探究或基于真实情境的问题解决的形式呈现，也提倡引导学生整理某些学习内容，提炼思想方法，发展自主学习能力。综合实践类作业是指以培养学生创新意识、应用意识与现实情境下的综合实践能力等为主要目标的数学作业，我们的综合实践类作业分为学科内跨领域作业和跨学科作业两类，以项目式作业呈现。跨学科作业通常与物理、化学、信息技术和音体美相融合进行设计，主要有作业问题驱动、持续探究、重视真实情境、学生自主发言和注重成果交流等特点。此外，在设计过程中，综合实践型作业也要求明确作业目标和呈现活动要点，并给出作业的实施要求、指导方案和评价建议。

（三）学科融合，多元评价

跨学科作业是对学习资源的重新整合，是打破学科边界壁垒的重要途径，是对各学科核心素养的检验与体现，是新课标对学科教学的要求，也是时代对教育的要求。在作业设计中，我们在关注数学学科综合与实践的同时，引导学生运用信息技术，提高信息素养。跨学科作业的综合性决定了其完成时间与课时常规作业是不同的，一般采取设计长作业，以项目式学习来推动的途径。从真实的情境或问题出发，设计符合最近发展区的综合性任务，搭建有助于学生持续探究的平台，把发言权和选择权交给学生，为其提供展示机会，并引入多元评价和多主体评价，还要设置利于学生反思改进的环节，发展学生的学习能力、实践能力和创新意识。

作业评价是诊断学生学习情况和教学效果的重要途径之一，同时也是教师进行教学优化、调整教学的重要依据。跨学科作业、长作业等项目作业是革新作业评价的重要载体。遵循"教学—作业—评价"三位一体的教学观，注重实现"教—学—评"的一致性。作业评价的类型可以多主体、多角度、多方位进行，比如自评师评、组内互评和整体评价。作业评价的方式可以定性与定量相结合，即采用百分制或等级制进行定量评价，同时以评语辅助进行定性评价。作业评价的对象主要是学生的基础知识和能力发展，还有学习习惯、学习意志等非认知因素水平。

四、初中数学作业设计的路径

（一）需求导向，逆向设计

好的作业在设计上需要遵循与学习目标一致、与学习内容一致、与学习水平一致的原则，以育人为本、目标一致、设计科学、难度适宜、时间合适、设计新颖、体现选择、结构合理为质量标准。

1. 预设作业的选择性

调研表明，学生完成作业的时间越长，学习的效果越不明显。通过作业设计引导学生根据自身的学习特点补充适合自己的学习任务，在此基础上分层次发放作业，为学生自编自创自主安排提供空间。

2. 关注作业结构

对于一个课时的作业而言，需要关注题组的针对性（巩固率）、覆盖度（综合性）、难度分布、容量、题型及类型等几个方面。此外，我们还应该跳出课时，关注作业设计的单元向内结构、学科纵向结构和跨学科横向结构。

（二）单元整体，分步落实

为保证作业设计的规范性和体系性，首先应规范设计流程，形成高质量成体系的初中数学作业模式。其一，在研读课程标准教学基本要求和相应教材的基础上，对数学教材的教学内容进行整体规划，从全局视角厘清知识脉络。其二，以单元教学为目标，基于教材和学情，在考虑目标、类型、时间、内容、难度、差异性和结构等多元素的基础上，确定作业目标，开展单元作业设计。其三，作业实施后，根据教学效果来分析反馈，对作业设计进行反思并逐步优化。设计流程如图1所示：

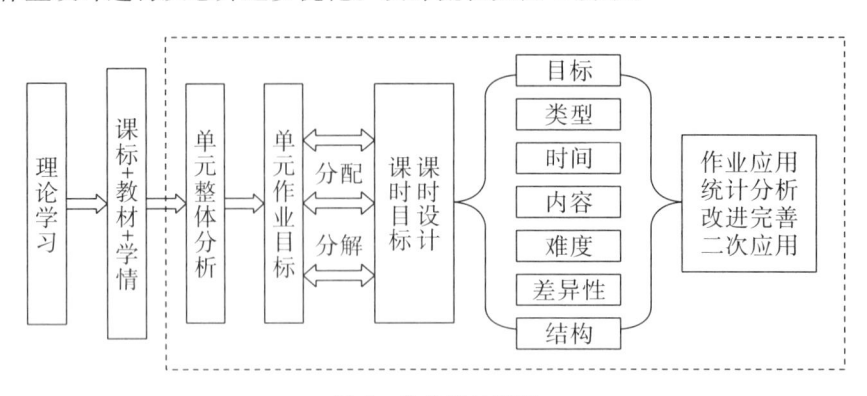

图 1 作业设计流程

（三）科学布置，高效批改

布置作业是作业实施的起点，对作业效果起着决定性作用。课题组经过研究，形成了"54323"的作业布置模式，现简述如下。

"5"是指时间上，作业要考虑课前、课中还是课后，还要考虑是否为节假日，最后还有基于长假的寒暑假。"4"是指布置方式上，有整体布置法、分层布置法、个体布置法、小组布置法。"3"是形式上，分为口头作业、书面作业、综合实践作业。数学口头作业的呈现方式为说题、说史、说人物等，以此引导学生通过说题提升思维，通过说史了解数学的发展历程，通过说人物向数学家学习。"2"是指布置策略上的两种分层方式，分别是作业分层和学生分层。以上则都应该在3个要求下进行：控制数量、控制时间、提高质量。

作业批改是教师了解学生作业完成情况、反馈教学效果的主要途径，是作业设计与实施中不可缺少的一环。课题组从批改方式、批改评价、批改要求方面分别进行探讨，形成了"532"的作业批改模式。

"5"是指在批改方式上，具体有全批全改、学生互批、面批面改、学生自批、抽样批改。"3"是指在批改评价上，分为符号批改、语言批改、等级批改。"2"是指批改要求，要求教师对学生的作业进行二次批改。

（四）双环讲评，撬动课堂

作业讲评课是数学教学中出现频次比较高的课型，出于数学的学科性质，抽象的数学经常是以作业题的样态出场。为此，我们聚焦了作业讲评课的研究，形成了如下框架的"五步双环"模式，即作业设计—作业布置—作业批改—教师讲评—总结反思五个主要步骤，以及班级整体和学生个体的二次作业闭环巩固。

教师在作业设计时要明确作业目标、作业内容和作业要求，再将设计好的作业布置给学生。学生完成上交后教师进行批改，并进行统计分析。在作业讲评课上，教师先呈现对本次学生作业的整体评价，然后交由学生改错，先是学生自己独立改正，再在小组内进行修改，之后把小组不能解决的题目提交给教师，教师指派其他小组帮忙或者由教师进行集中讲评。讲评不能就题论题，教师需要提炼方法并组织学生进行变式练习，学生通过变式练习内化、诊断学习状况。课后师生共同对作业和课堂进行总结反思，学生可能会产生新问题、新需求，教师可以根据反思改进教学。对所获所得，学生可以分享给同伴或进行自主学习，还可以自主设计作业，与教师、同伴合作互助，进行二次讲评实践。

（五）全面反思，系统提升

凡诲人者，必先自省。作业设计之于教师正如作业之于学生。自省是舵，把握教与学的方向。在实践中，我们形成了作业设计反思的简要纲领，具体如下。

1. 把握前沿，紧扣时代

作业内容反映时代性和前沿性。结合本土学校特色和个人研究课题，融入时事热点问题、更新最新研究数据，根据学生学习特点对作业进行重新划分。既关注作业内容的时效性，也有利于加强数学基本知识与基本技能的认知。

2. 注重系统，设计多样

作业形式体现系统性和多样性，在作业设计上，既要把握数学知识的形成和巩固，又要考虑数学的应用、实践和创新。构建基础巩固、能力提升和综合实践三位一体的作业设计模式。同时，结合物理、化学、信息技术和音体美等多学科特点，对作业的设计逻辑和形式进行适合该学科特点的局部调整，从而使作业设计跃升至系统详尽、深度融合与实践的新高度。

3. 引发探究，关注差异

作业呈现具有探究性和个性化。通过丰富的作业附录拓展材料，增强学习者的自主学习能力。通过具有操作性的课后习题，促进学习者的实践能力提升。通过开放性的问题讨论，培养学习者的创新思维。通过激励学生深入情景、参与社会调查，助力学习者关注国家发展，关注国家动态，增强爱国情感，不断促进学生知识、能力、素质的有机融合，培养学习者解决复杂问题的综合能力和高级思维。

4. 强化评析，改进教学

认真、及时、规范、有效地批改学生每一课时的作业，加强反馈，根据需要进行面批，给予学生针对性的指导，并注意记录学生的典型问题，积极探索和运用信息技术等多种手段，对学生作业结果进行归类，整理学生日常作业评改结果，整体把握学生单元学习情况，针对学生存在的问题及时调整教学进度和教学内容，优化教学方式，改进日常教学评价，充分发挥作业对教学的诊断改进功能。

参考文献：

［1］黄根初，任升录，等. 数学作业的设计与评价［M］. 上海：华东师范大学出版社，1970.
［2］李静. 初中数学作业设计的现状调查及策略研究［D］. 长沙：湖南科技大学，2019.
［3］李俊彪. 核心素养背景下初中数学作业的设计［J］. 中学教学参考，2021（1）：27－28.
［4］王月芬. 重构作业：课程视域下的单元作业［M］. 北京：教育科学出版社，2021.

整全育人

基于重叠影响阈理论下的家校社协同育人实践探索
——以四川师范大学附属临枫小学为例

梁　静　陈亚玲[①]

摘　要：健全家校社协同育人机制是建设高质量教育体系的重要组成部分，基于重叠影响阈理论，家校社三方在各自发展的基础上，着力实现家校、家社、校社交互重叠影响的价值。本文结合新建学校及新建社区的实际情况，关注家校、校社、家社协同育人的难点，通过构建体系、厘清路径，搭建平台、促进成长，融合资源、协同推进的方式，以学校影响为主导，推动家庭影响模式和社区影响模式，逐步构建家校社协同育人体系，推进家校社三方重叠着力于学生成长的实践探索。

关键词：学校影响模式；构建体系；搭建平台；融合资源

《中华人民共和国国民经济和社会发展第十四个五年规划和 2035 年远景目标纲要》提出"建设高质量教育体系，健全学校家庭社会协同育人机制"，《家庭教育促进法》要求通过分工形成"三位一体"育人机制。家校社协同育人出现"诉求对冲"，原来是教师主动反馈学生在校情况，教师是一对多的管理模式，随着家长意识的觉醒、亲子关系的变化，家长开始主动与老师进行沟通；社区育人功能被唤醒，儿童友好社区作为协同育人的重要部分成为新的期待。

根据 Joyce Epstein（2001）的重叠影响阈理论模型（见图 1），从外部结构来看，家校、校社、家社既有两两间的交互作用，更有三方之间的重叠影响；从内部结构来看（见图 2），着力家校社三方中所涉及核心人员（教师、父母等）的关注，有助于学生中心育人机制形成良性的互动循环。

[①] 作者简介：梁静，中小学一级教师，四川师范大学附属临枫小学教师。陈亚玲，中小学二级教师，四川师范大学附属临枫小学教师。

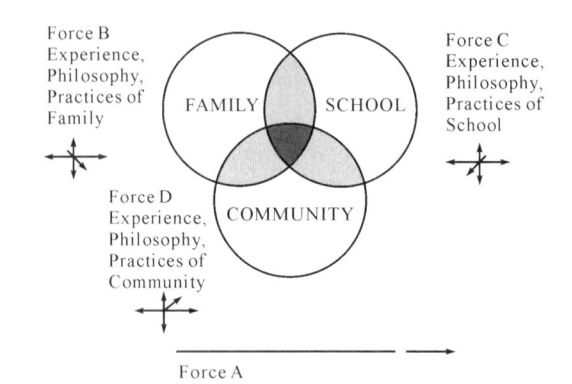

Force B
Experience,
Philosophy,
Practices of
Family

Force C
Experience,
Philosophy,
Practices of
School

Force D
Experience,
Philosophy,
Practices of
Community

Force A
Time/Age/Grade level

FIGURE 2.1 Overlapping Spheres of Influence of Family, School, and Community on Children's Learning(External Structure of Theoretical Model)

图 1　重叠影响阈理论模型

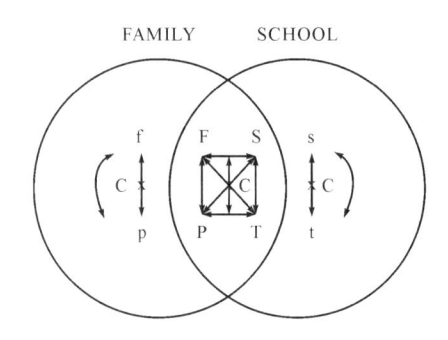

KEY：Incra-institutional interactions(lowercase)
　　　Inter-institutional interactions(uppercase)

f/F=Family　　　c/C=Child
s/S=School　　　p/P=Parent
　　　　　　　　t/T=Teacher

Note：In the full model the internal structure is extended, using the same KEY to include;
co/CO=Community
a/A　=Agent from commuity/business

图 2　家校社三方内部结构

一、基于重叠影响阈理论，明晰协同育人现状

临枫小学是华润新社区的一所新建学校，新社区、新学校、新组建的管理团队和教师团队，使家校社协同育人工作充满挑战。

（一）家校协同方面

1. 学校运行机制与管理体制有待完善

麻雀虽小，五脏俱全，由于新建学校学生人数少，老师仅 20 余人，在抓学校内涵管理的同时需要对接外部事务，学校各部门管理也处于建章立制阶段，运行机制和管理体制都在不断完善中。

2. 教师团队需磨合与提升

作为四川师范大学领办的一所新建"两自一包"学校，四川师范大学附属实验学校（集团总校）派出了3名骨干教师作为管理人员，其余教师均来自社会招聘。老师们身上有着来自不同学校的育人思想，对于家校协同的认知还需要进一步厘清、融合甚至重构。

3. 家长育人水平有待提高

临枫小学现有一、二年级，学生296人，其中华润社区业主子女仅58个，随迁子女238个，家长受教育程度总体不高，部分家长在三方共育中出现"在场缺失"，不能清晰地认识到自己在家校合作中的角色、任务和意义，参与意识和能力都不足。

（二）校社协作方面

当下学校教育与社区教育存在协作认识不足的问题，学校所在的华润社区是同步建立的一个新社区，社区管理仍在进一步完善中，还没有富余的人力、物力、财力来开展协同工作，社区与学校之间也需要在沟通中磨合协调。华润社区正处于在修在建阶段，其中完全交房的只有两期，且入住率较低，适龄儿童入学人数少，周围大型活动场所还未完全开放，社区各项配套尚未完全呈现，所呈现的教育资源相对匮乏，不能积极辅助、推动学校教育。

（三）家社协力方面

根据教育部提出的"一站式"学生社区建设方案，通过构建"一核多方"的组织管理体系，在制度规范、运行机制等方面提供良好的资源与条件配置。目前，家庭与社区联结程度较低，相关制度尚未健全，社会关注度也比较低，此项工作开展缓慢，存在发展与提升的空间。

二、构建体系，厘清协同路径

基于以上情况，可以从搭建家校、校社、家社两两交互平台入手，在两两交互中渗透三方交叠，构建以学校影响为主导，同时具备家庭影响和社区影响的体系，着力家校社三方中所涉及核心人员的育人意识和素养提升，最终逐步明晰家校社协同育人的实践路径。

（一）家校协同方面

成立班级、校级家委会，让家长在参与学校管理的同时也有机会向学校建言献策；

建立家长学校，开展各种形式的家长培训活动，多维度指导家长的育儿水平；组建家长志愿者团队，激励其参与学校大型活动或特色课程，增强对学校的认同感。

（二）校社合作方面

主要以学校为主导，带动社区根据自身实际情况有目的、有计划、有步骤地在政策支持、物理空间、文化氛围等方面着力推进儿童友好型社区建设。

（三）家社协同方面

仍然由学校主导，着眼于家庭和社区之间的价值认同和情感链接，逐步形成"社区为我，我为社区"的意识，为家社协同奠定坚实的基础。

三、搭建平台，促进协同成长

（一）提升教师育人水平

为教师提供各种培训和学习机会，参加家庭教育研讨会、讲座、工作坊，建立导师制、教研组等支持系统，帮助教师不断提升自己的家庭教育指导水平。为教师提供交流与合作的机会，与专家学者共同探讨家庭教育指导的困惑；选择骨干教师，组建家庭教育讲师团，在新教师培训、家长培训、社区家庭教育咨询过程中开展基于育儿问题的小切口微型专题讲座，在实践中提升教师家庭教育指导的信心。

（二）指导家长育儿实践

内容上，整体优化家长培训课程，逐步形成诸如幼小衔接篇、小学低段篇、小学中段篇、小学高段篇的系列课程。课程主要围绕家长在参与孩子成长的过程中所需要的知识，在品德培养、学习指导、身心健康、安全教育、媒介素养、性教育、家庭沟通、父母成长等方面对孩子进行指导与培训，构建起属于临枫小学的完整而独立的家庭教育课程体系。形式上，注重灵活多样。大众与小众相结合，组建不同需求的家长学习团队，常态化、模块化、针对性地开展家校共育活动，提升家长的家庭教育能力；建设线上家长学校平台，丰富家庭教育资源，采取在线辅导、网上答疑等多种形式为家长提供家庭教育指导服务。

（三）鼓励学生发现自己

构建从儿童立场出发的育人文化，为学生提供温暖的关怀与支持，帮助他们发现自己的优势和闪光点。设置丰富的教育教学活动课程，着力学生综合素质的培养。提供形式多样的展示平台，让每一个学生都能在班级和学校里找到自己的位置，增强自信心和自我认同感。

四、融合资源，着力协同推进

（一）集中学校资源

设立家长开放日，逐步丰富活动内容和形式，从食堂监管、课堂参与、设施检查等多维度全方位建立家校互通渠道；定期召开全体或部分学生家长会，深化家长会内涵，创新家长会形式，打造家长会品牌活动；积极开展家访活动，建立健全以班主任为主，学校管理人员、教师广泛参与的个别家访活动；以学科为载体，学科实践性作业为主线，开展亲子美育、体育、劳育等家校共育活动；开设家长"慧课厅"系列课堂，发放问卷收集家长育儿困惑，并开展基于问题的家庭教育讲座、同一困惑的父母沙龙、家长读书会等，帮助家长在意识、能力上全方位提升育人水平；开展特殊儿童研判会和特殊儿童"闪光的父母"亲子心理团体辅导，提升诸如确诊为多动、狂躁等儿童父母的育儿信心，加强亲子之间的相互理解。

（二）整合家长资源

组建多元的家长志愿者团队参与学校建设，为学校发展建言献策。发掘家长特长，成立项目式家校合作工作坊，深度参与学校教育，如强化亲子运动会中的班级形象打造，设置艺术节风采展中的特色摊位展，推动劳动实践教育中劳动过程的指导和劳动物化成果的分享，激励各行各业的家长走进课堂为孩子们讲述自己所在行业的相关知识，用好各类自媒体平台，提升学校的美誉度。

（三）挖掘社区资源

以学校为主导，开发社区功能，带动新建社区发展。根据社区的实际情况，利用已有的设施，发掘教育支持与服务功能。比如将社区图书馆升级为校社联动的图书馆，通过更新读物，不定期组织家校社活动来提高图书馆在社区的知名度，让家长和学生愿意走进社区图书馆去坐一坐、看一看。组织学生、家长到社区电影院观看爱国电影，在社区中建立"红领巾"实践基地，开展学生职业体验、劳动实践、传统文化体验等活动，比如，"当好大运东道主，争做最美十陵人"社区活动中的包粽子活动、社区里的非遗剪纸传承人活动，消防员叔叔也在校园艺术节和119消防疏散演练时走进校园，开展校社联动活动。此外，社区还为学生提供社会实践的相关岗位，鼓励家长带领孩子参与到各项实践活动中，如体验保安、清洁工人、园林工人、维修工人、楼栋管家等工作，丰富孩子们的实践经历。同时，组织家长、学生积极参与社区志愿服务活动，让学校艺术节的优秀节目走上社区文娱活动的舞台，为社区文化的发展建设贡献力量。

同时，借助社区的力量和平台进行宣传，有利于提升新建学校的口碑和社会美誉度；另一方面，学校也为社区提供家庭教育咨询、社区文艺活动支持等，逐渐紧密校社联系，稳步推进协同育人。

从立德树人到"双减"、五育并举，无一不要求学校、家庭、社区贡献自己的力量。以学校影响为主导，推动家庭影响模式和社区影响模式的建立，逐步实现家校社三方重叠着力于学生成长的实践路径，一方面推动了新建学校的内涵管理，另一方面也为家庭和新建社区提供了指引，让这两方在具体实践中不迷茫，更具方向性和实效性。

参考文献：

[1] 张永. 构建教育责任共同体 迈向儿童友好型社区［J］. 上海教育，2023（11）：38-39.

[2] 张俊，康丽颖，顾理澜. 不只课程教学：教师家校社协同育人对儿童学业成就的作用研究［J］. 教育学术月刊，2023（4）：11-18.

[3] 叶海波，魏超燕. "双减"背景下家校社"三元循环"的协同育人策略［J］. 教育科学论坛，2022（13）：37-40.

[4] 丛中笑. 构建家庭教育视角下的家校社协同育人机制——《家庭教育促进法》实施的新趋势［J］. 中华家教，2022（2）：13-19.

[5] 王萍. 新时代"家校社"协同育人的实践困境与突破［J］. 中小学德育，2022（2）：40-43.

[6] 周来娣. 基于重叠影响阈理论对江阴市农村初中家校沟通的调查研究［D］. 苏州：苏州大学，2011.

中学德育有效衔接问题研究
——以四川新津中学为例

张艳霞[①]

摘　要：德育作为各级各类学校教育的核心内容，与时俱进是其最鲜明的时代特点。改革开放后，各级德育逐步走上了规范化、科学化的道路，但因教学标准独立规划和设定，一直存在有效衔接不佳，甚至目标倒挂等问题，成为影响德育有效性的重要因素。面对百年未有之大变局，我国发展新的历史定位对学校德育的有效性提出了新使命和新任务，党和国家近年来在深化新时代学校思想政治理论课改革创新的有关政策中提出了统筹思政课一体化建设的要求。本文以四川新津中学为例，从"现行中学德育课程标准"出发，深入剖析中学德育有效衔接中所存在的问题，最后提出中学德育有效衔接的优化对策。

关键词：中学；德育；衔接教育

当前，高质量发展的世界经济社会、形势多变的国内外环境对培养德才兼备的时代新人提出了新的挑战。人才培养是育人和育才相统一的过程，在构建高质量教育体系的路上，无论是"德智体美劳"还是"立德树人"，德育已然成为新时代教书育人的风向标，在学校教育和青年成长中的重要地位和作用不言而喻。美好的德性、健康的品质、正确的价值观无疑影响学生终身发展，促进社会进步乃至国家富强和民族复兴的核心素养。学校是开展德育活动、发挥德育实效、实现育人功能的重要场所，中学思政课是德育育人的重要渠道，德育有效衔接问题更是备受关注。中学德育有效衔接是把握教育规律和学生成长规律，有效开展德育工作的重要途径，对落实立德树人根本任务，整体规划新时代高质量教育体系具有重要意义。

学校教育是社会个体受教育、逐渐社会化的重要途径，初高中学段的德育应当遵循社会个体身心发展规律，满足整体性、连续性、递进性等特点，保障中学德育相互影响、循序渐进、螺旋上升、有效衔接，只有这样，才能增强德育的实效性，更好地促进社会个体的健康成长。但在实践中我们发现，部分大学生对思政课兴趣不高、道德认知不到位，此外还存在中学思想政治理论课内容重复倒挂等问题，这往往让德育工作陷入困境，大大影响了德育工作的效果，引发了研究者对中学德育有效衔接问题的思考和关注。

---

① 作者简介：张艳霞，中学高级教师，新津中学副校长。

一、四川新津中学德育衔接现状

（一）四川省新津中学简介

四川省新津中学坐落于风景秀丽的岷江、南河交汇处，是四川省重点中学之一、四川省国家级示范性高中。学校始建于 1933 年，2000 年被评为"四川省重点中学"，2002 年被评为"四川省示范性普通高中"，2006 年被评为"四川省国家级示范性高中"，2014 年 1 月首批通过四川省一级学校验收。截至 2022 年底，新津中学占地 135 亩，建筑面积约 41000 平方米，有 44 个教学班、学生 2257 人、专职教师 200 人。其中省、市县各级名师 29 人、中级以上教师 163 人、硕士研究生 21 人、进修研究生课程结业者 44 人，合计 65 人。"砺志、勤学、求实、创新"的校训，激励着新津中学一代代学子。学校自创办以来，为社会培养了 4 万名合格高中毕业生和大批优秀学子。悠久历史积淀厚重文化，八十载人世沧桑，磨砺出"天行健，君子以自强不息"的刚毅性格，陶冶出"落花无言，人淡如菊"的清雅淡定。

（二）德育一体化的必要性和迫切性分析

1. 必要性

德育体现国家意志，在实现国家教育目的、促进人的发展与完善方面起着基础和核心作用。因此，聚焦德育活动，要不断强化各个学段德育活动之间的系统性，有机衔接各个学段之间的理念、目标与内容，以德育活动为突破口，推动学校德育一体化建设。

2. 迫切性

2022 年，新津中学正式恢复初中部，基于学生的成长规律，在中学德育一体化视域下来看待和设计德育活动，让德育活动在时间具有全程性、在空间上具有全面性，让初中和高中学段之间的独立性、连续性及整体性达到辩证统一，不会因为学段变化出现人为的"隔离带"，是满足学生成长需求的必由之路。

（三）德育有效衔接现状

1. 德育课程目标和内容衔接

中学德育课程目标是对课程实施过程与结果的预设和期待，是德育有效衔接的原点与归宿，规定着中学德育课程的价值走向，对提高德育的实效性有着十分重要的统领作用。新津中学德育课程总体目标如表 1 所示。

表1　德育工作总体目标

《初中德育指南》	
总论	培养学生爱党爱国爱人民，教育学生理解、认同和拥护国家政治制度，增强中国特色社会主义道路自信、理论自信、制度自信、文化自信，形成良好的政治素质、道德品质、法治意识和行为习惯，促进学生核心素养提升和全面发展，为学生成长奠定坚实的思想基础
初中学段	教育和引导学生热爱中国共产党、热爱祖国、热爱人民，继承革命传统，理解基本的社会规范和道德规范，培养公民意识，养成热爱劳动、自主自立、意志坚强的生活态度，形成尊重他人、乐于助人、善于合作、勇于创新的良好品质
高中学段	教育和引导学生热爱中国共产党、热爱祖国、热爱人民，弘扬民族精神，增强公民意识、社会责任感和民主法治观念，学会正确选择人生发展道路的相关知识，初步形成正确的世界观、人生观和价值观

德育内容是德育目标的具体表现，德育内容的落实应该紧跟时代发展的步伐、紧扣社会的实际需要，融入学生的生活经验。新津中学以《初中德育指南》为准则，秉持为每一个学生创造主动发展的无限空间的原则，以"胸怀祖国、任当世界"为育人终极目标，以"五爱"责任教育为主线，以"责任阳光、智慧担当"为培养目标，关注学生全面发展，构建以学生发展为主体的德育目标。

"五爱"即爱自己、爱学校、爱集体、爱家乡、爱祖国。初高中学生德育维度差异与学校德育目标与内容具体如表2、表3所示。

表2　初高中学生德育维度差异

维度	学段	
	初中	高中
行为规范	被动、他律	主动、自律
心理发展	预防	培育发展
能力发展	感知、领悟、评价	观察、分析、解决
地方文化	深入了解、文化认同	理性认识、文化自信
生涯规划	感知探索	选择实践

表3　学校德育目标与内容

目标	内容
思想	责任担当
道德行为	诚信乐善
个性品质	启智尚美

学校根据初、高中每个年级学生的不同发展特点，围绕总目标，按照"纵向衔接、

横向贯通、分层递进"的原则，架构各年级分目标，形成"3+3"德育分层培养脉络，满足不同年级学生的真实需求。年级德育目标与内容具体如表4所示。

表4 年级德育目标与内容

年级	目标	内涵
初一	自控+规范	适应初中生活，培养初中学习生活习惯
初二	自尊+养成	自主发展，完善自我，学会合作，培养同情、宽容、合作、感恩的品格
初三	自信+责任	认识自我，增强自我规划意识，明确未来发展方向
高一	自律+创新	适应高中生活，培养高中学习的生活习惯，丰富养成教育内涵，推动生涯教育，为了未来发展奠基
高二	自觉+责任	强化学习实践，全面深入培养学生的责任意识，使其提升自我认同感，磨炼学生意志，逐步探索未来，反思自我
高三	自强+成才	加大理想教育的延伸，以理想教育唤醒学生潜在成长需要，激发奋斗意识，提升责任感和使命感

2. 德育课程实施体系衔接

初中阶段：注重情感体验和道德实践。在小学生的道德认知发展到一定水平的基础上，初中阶段德育课程将培养道德情感和锻炼道德实践列入教学活动的重要内容，注重发挥课程的实践性，锻炼学生的道德践行能力；此外，活动内容"有机整合道德、心理健康、法律、国情等内容"，要求"加强与其他课程的有机联系和融通"。相比小学阶段，初中阶段德育课程学科知识面逐渐扩大，内容展现更加突出了课程的综合性；学生通常会以调查、参观、讨论、访谈、项目研究、情境分析等主题活动方式开展课程学习，教学活动更加关注学生的主动意识、创新精神和实践能力。

高中阶段：以"议题式"教学打造深度学习课堂。关于如何将中国社会主义理论体系、马克思主义哲学基本观点等集学科性、思想性、理论性、系统性为一体的课程内容毫无保留地呈现在课堂上，高中德育课程在"活动型学科课程、辨析式学习过程、综合性教学形式、系列化社会实践活动"等实施建议中给出了相关的解决办法。在高中课程标准中，"议题"是教学提示的高频词，主要呈现为高中教师在课堂教学中引入以活动方式呈现且承载学科内容的"议题"开展教学。新津中学初高中德育课程实施衔接如下。

（1）一体化课程。

以弘扬社会主义核心价值观为纲领，构建德智体美劳综合育人的德育校本课程体系。目前，我校"地方文化"研学课程趋于成熟。基于此，构建基于校本特色的初高贯通德育课程，对于落实《初中德育工作指南》要求，促进学校德育管理一体化发展具有重要意义。新津中学"润心育德"校本课程具体如图1所示。

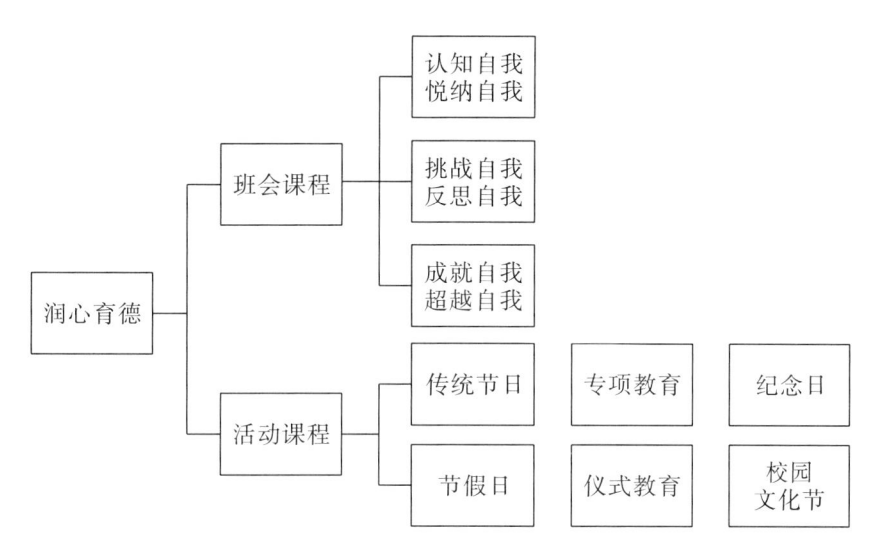

图 1 新津中学"润心育德"校本课程

(2) 一体化活动。

活动是学校开展德育的重要途径,以社会主义核心价值观为统领,设计序列化的德育活动,主题明确,内容丰富,形式多样,促进学生全面而有个性的发展。一体化活动、"润心育德"主题活动、仪式活动主题教育、综合实践活动具体如表 5~8 所示。

表 5 一体化活动

学段	年级	课程	内容及目标
初中	初一	入学教育 安全教育 规则教育	校园研学—感恩立志 乡土研学—知新津 主题教育—沁润传统文化
	初二	劳动教育 安全教育 心理健康	乡土研学—知新津 生涯教育—职业初体验 主题教育—个性品质培养
	初三	安全教育 生命教育 健康教育	乡土研学—爱家乡 生涯教育—职业启蒙 主题教育—励志
高中	高一	入学教育 安全教育 青春期教育 规则教育 荣誉教育	校园研学—感恩立志 乡土研学—创未来 生涯教育—职业启蒙 主题教育—励志
	高二	安全教育 责任教育 法制教育 挫折教育	课本剧表演——致敬经典 乡土研学—创未来 生涯教育—职业规划
	高三	理想教育	生涯教育—爱我所选

表6 新津中学"润心育德"主题活动（1—12月）

学月	活动	活动目标	活动形式
1月	寒假生活	家国情怀	本土研学春节元素文创
		生涯唤醒	职业体验
2月	开学典礼	新学期 新形象 新气象	室内氛围营造优秀班主任、优秀班集体表彰
	高考励志	厉兵秣马 砥砺前行	高三"百日誓师"大会
	慧成讲堂	文化自信	"省博进校园"专家讲座
3月	"3.5学雷锋"	与雷锋同行 扬奉献精神	义务清扫、义务交通员
	"我是歌王"	唱响青春 唱响未来	首届校园歌手大赛
	家长学校	家校共育	如何构建良好亲子关系
4月	清明节	缅怀英烈 明志图强	志愿者烈士陵园扫墓
	社团嘉年华	校园开放 多彩发展	精品社团展示与互动
	书香校园	书香润人生	"世界读书日"系列活动
5月	劳动节	责任担当	我们的节日——劳动节
	母亲节	学会感恩	我与妈妈换角色
	成人礼	责任担当	"五四"成人礼活动
	合唱比赛	红色经典催奋进	"五四"红歌会
	心理健康节	我心向阳	"5.25"心理健康节活动
6月	父亲节	学会感恩	我与爸爸换角色
	端午节	文化传承	传统美食与手工制作
	毕业仪式	感恩母校 展望未来	今天，我毕业了
8月	暑假生活	研学求真知	走近新津本土知名企业
		文明精神 野蛮体魄	制订并执行假期健身计划
		家国情怀 责任担当	新生入学军训
9月	校园文创大赛	知新津 爱家乡 创未来	校园研学
10月	庆祝国庆 综合运动会	强国复兴有我 强健体魄	国庆节爱国主义教育活动 一年一度综合运动会
11月	走进敬老院	厚德仁爱 感恩奋进	重阳节系列活动
12月	纪念"一二九"活动	弘扬爱国精神 培养责任感、使命感	纪念"一二九"系列爱国活动

表7 新津中学仪式活动主题教育

仪式主题	举行时间	教育目标	主要活动
升旗仪式	每周一及重大活动开幕	增强家国意识 强化家国情怀	国旗班升旗 奏唱国歌 国旗下演讲

续表7

仪式主题	举行时间	教育目标	主要活动
退队仪式	6月	培养感恩意识 树立责任担当	国旗班升旗 奏唱国歌 退队活动
入团仪式	5月	培养政治素养 增强责任担当	国旗班升旗 奏唱国歌 入团活动
入学教育	9月	增强学校认同 培养立志感恩	学习校规 军训校园研学 走进法治基地和初心书院
开学典礼	2月、9月	增强目标意识 树立学期目标	国旗班升旗 奏唱国歌 国旗下演讲
国旗班换届	11月	增强爱国意识 培养家国情怀	国旗班升旗 奏唱国歌 交接仪式
十八岁成人礼	5月	理想教育 责任担当	国旗班升旗 奏唱国歌 成人仪式

表8 新津中学综合实践活动

	社会实践内容	目标
社会考察	走进企业《产城数智》 文化认同《叩古问津》 亲山近水《观山乐水》	了解家乡 热爱家乡 厚植家国情怀
公益劳动	校园保洁、食堂值勤、运动会服务、 新生报到引导、家长会接待、 上下学重要路段值勤等校内志愿活动 校外志愿服务	增强服务意识 锻炼综合能力
安全实践	消防安全演练 应急疏散演练 地震防灾演练	增强安全意识 加强安全教育 提高自救能力 增强突发事件的应急处置能力
社会实践	扫墓、学雷锋活动、看望帮助残障儿童、 到敬老院看望帮助老人等	

（3）一体化制度。

1）制度管理。

进一步梳理学校现有的规章制度，根据学校德育工作的整体设计，对原有制度进行增补、删减、梳理和归类。如《新津中学学生管理制度》《新津中学惩戒制度》《住校生周末留校制度》。制度汇总具体如表9所示。

表9 制度汇总

制度类别	制度内容
学生管理制度	一日常规、中学生行为规范、社团管理制度、学生会（团委会）管理制度、安全管理制度、社会实践活动管理制度、研学旅行管理制度、家委会管理制度等
德育考核制度	学生成长手册、综合素质评价管理制度、班主任工作量化考核制度、班级绩效考核制度、学生评星管理制度
德育科研制度	德育科研管理制度、德育科研评比奖励制度
经费保障制度	德育工作经费使用及管理制度、学生活动经费使用及管理制度

2）一体化管理网络。

学校全员德育一体化管理网络具体如图2所示。

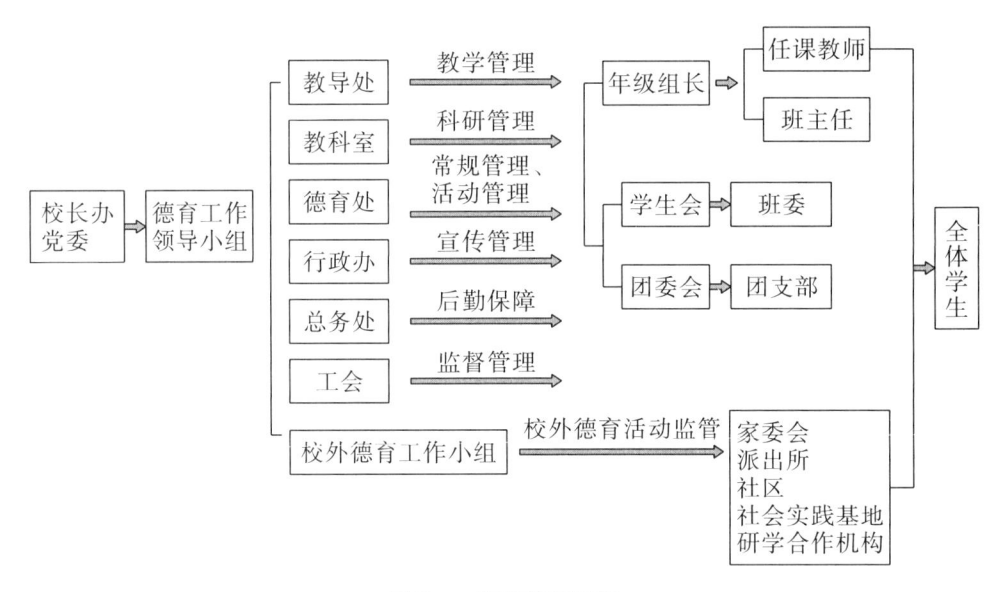

图2 一体化管理网络

二、新津中学德育有效衔接存在问题

（一）德育课程内容结构有待完善

德育课程内容设置与教学设计和学生的学习获得有直接的关系。结合中学德育课程标准中课程内容文本来看，除了"社会""活动""学校""中国"等环境名词和"发展""了解""知道"等行为动词，中学德育课程内容文本中的高频词是"政治"。其中，初中阶段德育课程内容中，"政治""思想"依然位居前列，理论课次之。高中阶段除此之外，则出现"社会主义""制度""价值"等内容名词。虽然各学段的德育课程内容能够尊重学生的成长认知和思想发展规律，但在现实的教学实践中，一线教师也分享了不同的教学体会。如对于初中学生而言，理解太过于深奥的国家政策、国家机构等问题，还是比较有难度的。高中阶段必修一、必修二课程内容容量大，教学时间非常紧张，也有学生反馈必修一内容与实际生活相距较远，如"科学社会主义常识"这一章节。综合教与学的现实情况可见，目前中学德育课程内容体系缺乏整体规划，部分内容理论性太强，上下学段跨度大，课程内容设置与学生现有的认知水平也存在一定的差距，影响教学效果，从而影响中学德育课程内容体系的有效衔接。

（二）教学方法流于形式

活动是中学课程常见的教学形式之一，但由于这门课不像语数英要统考，平常上课都是比较轻松的，一般是熟读教材，结合生活中的例子进行讲授，很少组织课堂外的实践活动。一是因为教学老师人手不足，二是因为没有经验。调查中发现，教师的授课效果不是特别理想。综合教师和学生的实际反映，也说明德育课程教学方式受应试教育、教师教学经验和创新意识等因素的影响。

（三）评价机制尚未完善

一是"过程性评价"缺乏指导性建议。学生在活动中学习，活动过程很难量化评价，初中德育课程标准文本结构中制定了教学和评价建议，相对于高中阶段的德育课程标准来说，缺乏详细的评价维度和指导标准，评价结果的运用也变得"可有可无"，教学和评价"散漫、随意"，从基础上影响德育课程构建"教、学、评"一体化的成效，从而影响中学德育课程实施的有效衔接。二是"应试教学"的氛围依旧浓厚。应试教育背景下，"唯分数""唯考试"评价机制的教学安排、教学和评价容易忽视学生的身心发展规律和成长需要，导致过程性评价没有得以充分的实施，评价机制在实践中无法真正落实落地。

（四）课程资源开发利用有待改革

在互联网时代，"互联网＋"开发利用资源技能必不可少。基于德育课程的综合性和思想性，如何结合教学所需、学生所需挖掘整合有用的资源，透过资源表面挖掘本质内涵，发挥育人功能，是当前急需解决的问题。此外，资源整合不是资源堆积，责任主体有效整合、创新创造能力有待加强。例如对于时间长远但依然核心的文明精神类资源，责任主体未能结合具有时代特色的方式手段来"包装和改造"，导致课程资源跟不上潮流从而降低其本身的育人价值。科研成果、学生建议等在课程建设、教学实践中动态发展的德育资源未得以加强利用和创造，导致德育资源相对流失。总而言之，当前多主体开发利用德育课程资源的能力有待提高，共建德育资源的机制和平台尚未建立，还没有实现共建共享课程资源的格局。

三、优化新津中学德育有效衔接的对策

德育作为保障学校德育功能发挥的关键课程，在推动中学德育有效衔接、整体构建德育教育体系方面发挥重要作用。本部分综合上文对德育衔接中存在问题，围绕德育实施过程环节和相关责任主体，进一步对中学德育有效衔接提出相应的优化对策。

（一）加强德育课程体系建设

1. 设计纵横贯通的课程内容

纵观我国德育课程发展的演变历程，德育内容主要涵盖理想信念教育、社会主义核心价值观教育、中华优秀传统文化教育、法治教育、生态教育、心理健康教育、职业规划教育等。在设计德育课程内容时，要确保中学课程内容的纵向衔接和横向贯通。

中学德育课程内容要以理想信念教育、社会主义核心价值观等德育内容模块为基础，体现德育内容的连贯性和层次性。不同学段基础内容的递进式重复正是中学德育课程内容纵向发展的衔接点。依据不同学段不同年级学生的身心发展规律呈现不同模块的德育内容，是课程内容层次性的具体表现，从而满足中学生各自的成长需求。

中学德育课程基础内容由几个模块的基础内容组合而成，虽然各个学段会有不一样的侧重点，但是中学德育课程原本就是一个融合思想政治教育、法学、教育学、哲学等多学科发展的课程，设计课程内容时要以其本身的综合性和关联性确保横向贯通，进而增强德育有效衔接的实效性。

2. 构建相互衔接的课程框架

德育课程与其他学科课程不同的地方在于既要传授知识，也要培养情感，还要引导践行。德育课程在各个学段和各个层面的结构框架应该是一致的。

一是构建德育课程框架要确保以中学德育课程为一个整体，通盘规划每个学段、每个层面的内容。搭建中学一体化课程框架，坚持立德树人根本任务，以学生的实际生活为基础，根据学生不同年龄阶段身心发展的特点和自身思想品德的发展规律，以融合认知取向、行为取向和人格取向为一体的德育内容为架构，从纵向学段的发展到横向知识层面的贯通，搭建相互衔接的德育课程结构，实现课程体系整体性、阶段性、层次性的有机统一。

二是要正确处理好不同类型德育课程的系统设置，因此在构建中学德育课程框架时要注意体验、常识等类型的课程内容，使其框架分明、融通一体。

（二）重视深入教育实践研究

1. 坚定思政教育学科自信

在学科发展过程中，由于德育工作者较为匮乏的精神获得，受教育者缺失的思想和实践认同让思想政治教育学科自信受到一定程度的冲击，从而影响了思想政治教育学科建设和研究的信心与决心。目前相对于初中而言，中学思想政治理论课教师的学科意识较强，深入开展学科研究的主动性较高。只有加强课程体系建设，统一强化广大中学德育学科教师的学科意识，主动钻研学科理论，才能真正弄懂做实思政教育学科的知识规律和价值原理，更加坚定思想政治教育学科自信，增强开展德育教学和管理工作的底气和勇气。加强学科建设，完善德育课程体系，有利于充分把握规律，结合实际，创新德育课程实施的方式方法，充分发挥学科建设成果和学科理论研究的衔接育人功能。

2. 加大思政教育研究力度

从教育行政主管部门到学校都要重视德育教育研究，坚持课程教学与学术科研相结合，促进德育教育研究的良性循环。加大对中学德育教育与实践、德育有效衔接与一体化发展、课程建设和学科建设等课题研究的支持力度；健全中学德育工作者协同研究机制，鼓励德育工作者积极参与各学段德育课程教学、德育工作的研究，为德育学科课程教师和其他德育工作者提升理论功底提供机会和平台，以学术研究的优质成果进一步增容提质，提升中学德育有效衔接的成效。

（三）加强德育评价体系建设

当前，中学德育评价依然存在期末以"知识性考试"为主、过程上"看着好就是好"等形式与认知方面的弊端，亟需构建全面科学的评价体系，以改善德育评价体系"若有似无"的现状。

1. 构建德育过程性评价体系

构建以学校德育工作评价体系、德育课程建设标准体系、教师思政课教学工作评价体系和学生综合素质评价体系为一体的中学德育过程性评价体系，将德育中学德育有效衔接工作纳入过程性评价体系中，可以从主体、内容、途径、成效等方面设定较为全面的评估指标，整体评价德育工作成效、教师教学水平和学生学习成效。

2. 完善思想政治学科学业质量体系

基于思想政治学科核心素养，依据不同学段学生认识发展水平构建相应学段的学业质量水平评价维度，完善中学思想政治学科学业质量体系，有效指导德育学科课程教师更好地落实评价，整体系统地了解德育的成效，及时调整德育有效衔接工作的重点，以德育评价的实质成效提升德育有效衔接的有效性。

（四）加强德育资源体系建设

1. 提升对德育资源的主观转化力

依据教学内容、教学设计、学生身心发展规律及特点，发挥教师的主观转化力，将丰富课程资源有效转化成教学所需和德育所需的教学素材，让课程资源充分服务于教学实践，发挥资源育人的作用。中学课程资源侧重点各有不同，为了更好地发挥各学段德育有效衔接的成效，开发主体的主观转化能力，需要将同一种德育课程资源转化为符合不同学段学生成长需要的学习资源，使得课程资源满足中学德育有效衔接的需求。

2. 提升对德育资源的创新创造力

提升开发主体对德育资源的创新创造力，就是将资源有效整合，再次开发利用，最后创造出新的德育资源，从而满足更多的课程需求和学生需求。中学德育衔接本身就是一个继承与创新的过程，提升开发主体对德育资源的创新创造能力，能充分满足这一过程的发展需求，有利于实现中学德育有效衔接，提升德育的实效性。

结　语

德育有效衔接问题历来受到教育界的关注。中学德育有效衔接是学校德育工作研究领域的重要问题之一，是学校充分发挥德育功能的重要途径，对促进学生成长成才具有重要意义。本文从中学现行的德育课程标准文本出发，通过综合分析新津中学德育有效衔接存在的问题，提出合适的优化对策，对提高中学德育有效衔接的成效有一定的参考价值。

参考文献：

[1] 夏梦颖，陈代波，张智强. 大中小学德育教师队伍衔接问题研究 [J]. 思想理论教育，2014（5）：63-66.

[2] 刘颖. 试论"中国梦"引领下高校德育与中学德育的有效衔接 [J]. 学校党建与思想教育，2014（12）：21-22.

[3] 张露红. 再探中学与大学德育课的有效衔接 [J]. 学校党建与思想教育，2014（22）：40-41.

[4] 唐顺利. 论中学与大学德育的有效衔接 [J]. 思想政治课教学，2015（2）：4-6.

[5] 唐景莉，卢丽君，韩晓萌. 加强大学中学衔接：中国教育体制改革的突破口 [J]. 中国高等教育，2016（Z2）：22-25.

[6] 卢晓中，杜燕锋. 大中小学德育课程衔接认同差异的实证分析 [J]. 大学教育科学，2016（6）：41-49+123.

[7] 李晓燕. 大中小学德育衔接的困境与出路 [J]. 学术论坛，2016，39（12）：177-180.

[8] 严黎炜. 初、高中生命科学学科德育衔接研究——以"病毒"一节为例[J]. 生物学教学, 2017, 42 (10): 31-33.
[9] 郑娟. 中学语文德育教育体系的创新——评《语文德育渗透艺术》[J]. 语文建设, 2020 (21): 86.
[10] 崔铁成. 九年一贯制合并校如何"无缝衔接"？[J]. 中小学管理, 2022 (11): 54-56.

感恩教育在小学德育教学中的实施策略

赵 君[①]

摘 要：感恩既是中华民族的传统美德，也是我们每个人必须具备的基本素养。小学阶段的学生具有较强的可塑性，这一阶段是学生各项价值观念与精神品质培养形成的黄金时期。为了让学生成长为德智体美劳全面发展的优质少先队员，教师在开展德育教育时一定要注重感恩教育的融入，让学生深刻感知感恩的价值与意义，增强自身的感恩意识，学会运用实际行动表达自己的情感。本文基于感恩教育对于小学德育教育的重要价值，深入分析感恩教育在小学德育教学中的实施策略，希望能够为小学生创造更优质的学习生活环境，进一步升华学生的精神品质，促进学生在小学阶段的全面发展。

关键词：小学；感恩教育；德育教育

感恩教育就是教师运用相应的教育方法与手段，对学生进行识恩、知恩、感恩、报恩和施恩的人文教育，让学生学会尊重他人，感激他人的善行，并潜移默化地形成主动帮助他人的意识。在小学德育教育中，教师根据小学生的成长特点合理地开展感恩教育，可以规范学生的行为习惯，丰富学生的精神情感，增强学生的责任意识和自尊意识，从而助力于学生健全人格与和谐人际关系的形成。

一、在小学德育教学中实施感恩教育的重要意义

（一）培育学生良好的精神品质

在我国现阶段的教育中，很多家长对于孩子过分娇惯，对孩子有求必应，这就导致相当一部分孩子在日常学习与生活中沾染以自我为中心、不考虑他人感受、自私自利的坏习惯，严重影响学生的健康成长。小学阶段是学生精神品质培养的关键时期，在这个阶段的德育教育中，教师合理地开展感恩教育，可以让学生感知到他人对自己的帮助与付出，能够心存感激地与他人相处，形成主动帮助他人的意识，从而助力学生良好品格的形成，提升小学德育教育的实效性。

---

① 作者简介：赵君，中小学一级教师，成都市温江区成都实验外国语学校附属小学教师。

（二）增强学生的交往能力

良好的人际交往能力是学生正常学习生活所必须具备的基础性能力。目前，小学生的人际交往能力较为薄弱，在日常学习与生活中往往受到家长和教师无微不至的关心与爱护，久而久之便容易将这些呵护当成理所当然，导致在与他人交往过程只会要求他人为自己付出，而自己从来不会为他人考虑，从而严重影响正常的人际交往。在小学德育教学过程中，教师合理地开展感恩教育，可以增强学生的感恩意识，让学生心怀感恩之心与他人相处，自觉用实际行动回报他人的付出，从而提升人际交往能力，促进自身的全面发展。

二、感恩教育在小学德育教学中的实施策略

（一）通过自身的榜样作用，增强学生的感恩意识

在目前小学德育教育中，很多教师开展感恩教育时，更多的是口头上对学生进行教育引导，这样的教育方法虽然目的明确，但是对于思维活跃的小学生而言，容易形成厌倦、抵触的负面情绪，从而导致感恩教育无法达到理想的教学效果。对于学生而言，教师就是他们的榜样，对他们具有潜移默化的影响与教育作用，为了让学生更好地接受感恩教育，教师在实际教学开展中，首先可以发挥自身的榜样作用，用自己的实际行动感化学生，让学生在这种无声教育中感知感恩的意义。

在日常教学开展中，教师需要学会"看见"学生对班级、对自己的付出并主动提出表扬。比如帮助教师整理教具、完成值日、主动擦黑板等，都是学生在为班级付出，针对这些表现，教师可以由衷地向他们表示感谢，并将他们的事迹向班级其他学生进行宣导。教师以身作则，以自己的实际行动对学生进行感恩教育，不仅更利于学生接受，还可以强化学生积极帮助他人的意识，从而进一步升华感恩教育的价值。

（二）创建浓厚的感恩教育环境，增强学生参与感恩教育的积极性

"孟母三迁"的故事告诉我们，环境对于孩子的影响非常大。在小学德育教育开展的过程中，为了最大限度地提升感恩教育质量，教师一定要注重良好感恩教育环境的创建，通过营造极具感染力与教育意义的学习生活氛围，引导学生直观地感知感恩教育的独特魅力，增强学生参与感恩教育的积极性与主动性。例如，教师可以设计感恩文化墙面，向学生分享一些关于感恩的传统小故事，如子路借米、一饭千金、循环草结等，都非常适合让学生去感知感恩的意义。

除此以外，教师还可以引导学生为自己想感恩的人制作贺卡并粘贴在感恩文化墙面上，让学生更清晰地感知感恩所带来的快乐。通过为学生创建浓厚的感恩教育环境，可以让感恩教育变得润物无声，激励学生自觉挖掘身边值得感恩的人和事，有效调动学生参与感恩教育的积极性与主动性。

（三）开展家校合作，提升感恩教育质量

家庭与学校是学生接受教育的两个重要场所，对于学生的全面发展具有同等重要的作用。在小学德育教育开展过程中，为了让学生得到全方位的感恩教育引导，教师可以将家庭教育与学校教育紧密结合，与家长携手，共同为学生创造全方位的感恩成长环境，进一步增强学生的感恩意识。例如，教师可以通过邮箱、钉钉、微信等沟通工具，将现阶段的感恩教育内容发送给家长，让家长清楚地了解学校感恩教育的进程，在家也可以对学生进行有效的感恩教育引导。

同时，教师还可以引导家长反馈感恩教育的成果以及目前学生所存在的问题，以便在今后做出针对性的改善。通过家校合作，不仅可以让感恩教育在家长的支持下，得到更高效的落实，还能让教师及时了解目前感恩教育所存在的不足，从而有效保证感恩教育的质量。

（四）开展感恩教育实践活动，升华感恩教育价值

感恩教育最主要的目的就是激励学生运用实际行动来表达自己的感恩之情。为了避免感恩教育仅仅停留在口头教育层面，教师在德育教育开展过程中，可以根据感恩教育内容组织学生开展相应的实践活动，从而更深刻地感知感恩的内涵意义。例如，在小学德育教育中，教师可以先引导学生回顾身边的人都给自己带来了哪些帮助。如清洁工人冒着严寒酷暑打扫卫生，为我们创造干净、舒适的环境；保安叔叔冒着生命危险，守护我们的人身安全；交警叔叔严守岗位，为我们指挥交通，保证道路通畅；等等。之后进一步引导学生思考，可以通过什么样的方式回馈这些帮助我们的人，并付诸实际行动。通过实践，不仅可以让学生深刻地了解身边人给予我们的帮助，增强学生的感恩意识与情感，还可以让学生了解正确表达自身情感的方式，让感恩教育实现教、学、做合一，从真正意义上发挥感恩教育的价值。

结　语

总而言之，感恩教育对于学生的全面发展具有至关重要的作用。教师在开展德育教育时，一定要深刻地认识到感恩教育的教学意义，并结合学生的实际成长特点与需求，采取有效的教学方法，增强学生的感恩意识，优化学生的精神世界，让学生成长为知恩图报的社会主义接班人，从而更好地服务社会、建设社会。

参考文献：

[1] 庄永芳. 让感恩之心，照亮前行之路——浅谈感恩教育在小学德育中的重要作用与实施策略[J]. 当代家庭教育，2021（9）：156－157.

[2] 米文娟. 感恩教育视角下的小学德育实施策略[J]. 学苑教育，2022（22）：14－16.

[3] 娄桂红. 小议实施课题管理策略——"在小学生中实施生命与感恩教育"管理策略[J]. 现代教育科学（小学教师），2013（1）：21+19.

[4] 马芳. 同心同德，协同育人——新时代家校社合作关于德育的实践探索[J]. 阅读，2022（47）：59－60.

[5] 谢锦林. 学会感恩智慧育人——小学德育教学中感恩教育的实践开展[J]. 人文之友，2018（6）：206.

"双减"背景下巴蜀文化资源育人体系的构建与实施

杜雪红　吕思文[①]

摘　要：文化是民族的根基，文化自信是对本民族文化的认同，是对文化生命力的坚定信心。在"双减"背景下，校园文化建设中以巴蜀文化为依托，让学生热爱、继承和弘扬本土文化，实现"以文化人，以文育人"，从而达到德智体美劳五育并举、全面提升。本文分析了地方文化育人的需求，阐述了巴蜀文化育人的重要意义，精选了巴蜀文化育人的具体内容，提出了巴蜀文化育人体系的构建策略。

关键词："双减"；巴蜀文化；文化育人；五育并举；育人体系

一、"双减"背景下地方文化育人的需求

（一）地方文化育人的时代教育需求

2021年1月，《成都教育现代化2035》关于"全面落实立德树人根本任务"的论述中指出，要"加强校园文化建设，提高校园文明水平"。2021年10月，中国共产党成都市温江区第十五次代表大会报告中关于"让人人有可获得优质教育"的观点中也指出，要"培育学校文化特质，涵养城市书香气质"。2021年，中共中央、国务院印发《关于进一步减轻义务教育阶段学生作业负担和校外培训负担的意见》，将"双减"工作提升到国之大计、党之大计的战略高度。双减落地是当下教育的首要任务，教育需要回归本真，回归教育规律和人才成长规律，注重"以文化人，以文育人"，就要大力加强学校文化建设，努力探索学校文化育人的路径和策略。《义务教育语文课程标准（2022年版）》中指出："调动多元主体，丰富课程资源类型，即包括地域文化特色资源。"综上所述，加强校园文化建设，以文化育人为载体，通过地方文化的浸润，有利于促进学生热爱地方文化，继承和弘扬地方文化，形成开阔的文化视野和丰富的地方文化底蕴。

（二）地方文化育人的学校发展需求

学校是不断发展的，学校文化建设应该与时俱进，不断增添新的内涵。建设校本文

[①] 作者简介：杜雪红，中小学高级教师，成都市温江区光华馨城中学校校长。吕思文，中学一级教师，成都市温江区光华馨城中学校教师。

化体系绝非一朝一夕之功，庞大的师生群体能否知悉和接受自己的成员身份，充分认识到自己的主体地位，从而对学校产生认同感、归属感和自豪感，是建设和谐严谨、开放创新、具有自身特色与时代特点的学校的重要评价指标，是教育质量的充分体现。把传播学生们熟知的地方文化的过程变成育人过程，实现二者的统一，需要不断地探索、创新和发展。以本土文化为载体来传递育人理念，既可以彰显学校核心理念和精神，也能为学校的发展注入生命力。

二、"双减"背景下实施巴蜀文化育人的意义

"双减"背景下巴蜀文化育人校本策略的实施，突破了校园文化与文化育人策略原有的单一独立的研究，有利于探索特色的"巴蜀"文化体系，依托文化育人，实现学生德智体美劳五育融合融通发展。

（一）有利于促进学生的全面发展

丰富"双减"背景下巴蜀文化育人的校本策略和相关理论，有利于在学校课程、活动、环境等文化建设过程中构建良好的教育生态环境，使教育回归本真，用灵活多变的方式让学生在趣味中理解文化、感知文化，学习传承和弘扬本土文化的魅力，进而实现文化育人，促进学生的全面发展。

（二）有利于激发学生对巴蜀文化的学习兴趣

通过各种活动，为学习者提供多种实践机会，满足学生的需求和爱好，调动学生的学习兴趣，激发学习动机。在交流汇报巴蜀文化的过程中，无论是老师还是同学，都给予汇报者以恰当的反馈和评价，来自老师和同学的正向评价与鼓励，无疑有助于提高学生对巴蜀文化的学习兴趣，促进他们保持学习的主动性和积极性。

（三）有利于传承巴蜀文化，提升语文核心素养

《义务教育语文课程标准（2022年版）》要求学生掌握科学的学习方法，发展思维能力，全面提升语文素养。对于初中生而言，巴蜀文化阅读材料的有效输入可以扩大学生的阅读面，拓宽其文化视野，提升学生的语言运用能力和写作能力，使之形成良好的思维品质。

三、"双减"背景下巴蜀文化育人内容的选择

将巴蜀文化粗略划分，可分为"巴蜀名人""巴蜀名胜名迹""巴蜀美食文化""巴蜀民俗风情""巴蜀地方方言""巴蜀历史典故"。巴蜀大地，地方名人众多，如杨雄、诸葛亮、杜甫、李白、郭沫若、巴金等，既有坚持不懈、豁达洒脱的文人墨客；也有智勇双全的学者大家，他们身上的乐观、坚定与执着是初中生应不断磨炼和学习的意志和

品质。以古人的智慧和毅力为"德育"教育的素材，可以提升学生运用多种学科知识和技能进行综合探究的能力，将校内外多种要素有机结合，有利于实现学习的有效迁移，促进学生的全面发展，实现跨学科融合、五育并举的育人目标。

四、"双减"背景下巴蜀文化育人体系的构建策略

人文和自然从来都不是分割的独立体，巴蜀地方文化的学习，只有在语文、历史、地理等学科紧密结合的基础上，才能充分迸发原本的活力和精彩。本部分主要从课程体系的建构和育人环境的创设等角度入手进行分析，初步提出了巴蜀文化育人体系的构建策略。

（一）聚焦学科融合原则，优化课程体系建设

基于学科融合（语文、历史、地理等）的巴蜀文化课程资源的开发与应用，应本着"从学科中来，到学科中去"的原则，以语文、历史、地理等学科课程为支点，进行拓展延伸。如历史学科中的"安史之乱"不仅表现为唐朝争夺统治权的内战，也是唐由盛而衰的转折点，也因此造就了在艰苦潦倒的境遇中影响后世的诗人，留下了一首首名垂千古的诗词歌赋。了解了当时的社会背景，更能读出文章背后的情感和深层含义。地理学科课程标准中指出，要培养学生认识地图的能力点，领会途中自然环境对长征难度的影响。八年级语文的阅读任务为《红星照耀中国》，学生可以根据文本内容梳理长征的路线，结合地理相关知识进一步理解长征路的艰难以及革命胜利的艰辛与不易。综上所述，以语文、历史、地理等学科课程为支点，拓展延伸，既能够丰富学生的文化视野，又能够激发学生对本土文化的兴趣。

基于学科融合的巴蜀文化课程体系的构建，不仅要结合教师的兴趣爱好以及自身的潜力，同时也应结合巴蜀文化特色，挖掘身边的巴蜀文化资源，从而丰富课程体系，实现课程内容的构建和学校的价值理念与育人目标。因此，基于学科融合的巴蜀文化课程资源不是简单的课程堆砌，而是学校育人体系建设的主要载体，促进学校整体的育人模式向链条化、一体化、整体化迈进。学校的课程体系建设应该成为一个动态的管理过程。在原有基础上，课程设置将进一步丰富其内涵，拓展其宽度，使其动静结合、益智有趣，让不同层次的孩子都能在多样化的课程中找到兴趣点，从而有更多的学习选择。

（二）营造文化育人环境，建设巴蜀文化载体

校园不仅是莘莘学子求知上进的场所，也是帮助孩子们提升品位、陶冶情操的地方。以巴蜀文化构建学校文化育人的环境，可以充分借助教学楼走廊、墙面文化等，使其成为学校校园文化建设的重要一环。班级和学校的地方文化学习角也是浸润、感染、陶冶文化情操的好地方。可以在走廊文化墙上张贴巴蜀名人海报，为"偶像"代言；为拍摄的巴蜀文化名景照片配上说明文字，装饰在文化墙上；在文化角展开巴蜀文化方面

的文创活动，介绍家乡的美食；再或者以班级为单位，以巴蜀文化为主题开展连续多期的板报设计；也可以让学生在参观游览名胜名景后，带回一个可以象征文化的纪念品装饰在楼梯护栏上。如陶行知先生所讲："要把教育和知识变成空气一样，弥漫于宇宙。"要积极推动校园建筑、道路、景观等融入巴蜀文化建设，从而实现使用、审美、教育功能的和谐统一。

（三）丰富巴蜀文化活动，实施分层育人计划

丰富的活动是创设真实情境下最好的学习方式，比如可以召开"巴蜀名人故事会""巴蜀诗歌大赛""巴蜀文化推介会"。以"巴蜀名人故事会"为例，围绕"锲而不舍的巴蜀名人""乐观豁达的巴蜀名人""智勇双谋的巴蜀名人"等来认识巴蜀名人，每学期召开6期，不仅可以丰富学科知识，同时也能够发挥深远的德育效应，让学生充分感受巴蜀名人的坚定、执着与乐观。与此同时，每学期可以召开一期"巴蜀诗歌大赛"，通过诗词的意象感受巴蜀文化的魅力，"飞花令""诗词对对碰"等活动也能够激发学生的兴趣，使其乐于挑战，善于积累，感受文化。每学期活动实践周也可以召开"巴蜀文化推介会"，每学期确定不同的主题为文化代言。如以三年为一个整体性规划周期，设定一个大主题，七年级推介巴蜀名胜名景；八年级推介巴蜀名人；九年级推介巴蜀文化习俗。每学期和每周围绕大主题，设定小主题，层层展开，层层推进。

除此之外，鼓励学生进行实地的游学探访也是学习感知文化重要的途径。比如，去杜甫草堂实地看一看，感受一下当年杜甫生活的艰难与困窘，将其与课内杜甫所作的文段联系起来，真正实现以活动为载体，打通课内与课外。不仅如此，巴蜀文化的学习也绝不仅限于学校，社区和社会也是学习巴蜀文化的一个非常有代表性的、生动的课堂，可以让学生进行实地感受，以文化为主题开展实践探索活动，通过视频、手抄报、书签等多种形式来展示学生对巴蜀文化的理解。

结　语

人文的探索与思考如若离开自然环境，便只会永远浮于表面；而自然环境的探究如果偏离人的角度，研究就会寂于意义。基于学科融合的巴蜀文化课程资源开发，既厚植学生乡土情怀，又培育学生世界视野；既关注学生当下成长，又着眼学生未来发展；既传承了巴蜀文化，又增强了民族文化自信。后期我们将继续着力于把巴蜀文化的学习延伸到家庭和社区，让学生在生活中也能学习和感受巴蜀文化的魅力，开发更多的巴蜀文化活动，探索更高效趣味的学习路径，激发学生的学习兴趣。

参考文献：

[1] 熊丙奇. 成都教育发展报告［M］. 北京：中国人民大学出版社，2017.
[2] 郑国民. 强化语文课程的育人价值取向——《义务教育语文课程标准（2022年版）》的四个重要

变化[J]. 人民教育，2022（Z2）：21－23.

[3] 贾应锋. 例谈实践型德育模式的具体内容——中学学校文化建设研究系列论文之三[J]. 广西教育学院学报，2016（3）：216－220.

[4] 邱发见. 边远地区农村中小学开展校园文化建设的实践研究[J]. 中国教育学刊，2020（S2）：9－11.

[5] 程武山. 传统文化传承与校园文化建设融合发展[J]. 中国教育学刊，2018（S1）：17－19.

[6] 王伟建. 优秀传统文化的精华及教育渗透[J]. 中国教育学刊，2017（6）：79－82.

[7] 薄官昌. 特色文化建设：提升学校办学境界的关键[J]. 中国教育学刊，2011（S20）：40－42.

挖掘京剧德育资源，助力戏曲艺术传承
——以《龙里格龙》一课为例

姚佳云[①]

摘　要：中国优秀传统文化蕴含着积极的精神意蕴，传达了一种真善美的观念，具有洗涤人心、启发心智的作用。京剧是我国传统文化中的一种，它是一种将文学、音乐、舞蹈、美术、武术等多种元素高度结合在一起的古老戏曲形态，是一种载歌载舞、写意传神、凝聚着我国人民大众审美观点和道德观念的艺术。2022年颁布的《新课标》中明确将戏剧（含戏曲）分为了一个重要的学习板块，并对每个学段的学习目标提出了明确的要求。将京剧引入音乐课堂，不仅使学生充分领略到了传统戏曲艺术的魅力，而且能转变教学理念，为素质教育开辟一条新路。

关键词：京剧；德育；戏曲；音乐课堂

2023年3月，我们学校举办了一场京剧文化展演，有一位家长提出了这样一个问题："欣赏和学习传统的戏曲，对我们的孩子有什么样的影响呢？"展演之后，我与同事就这一问题展开了讨论：过去，在开展京剧进校园这个活动中，我们仅仅是引导学生学习了一些唱段，欣赏了京剧华丽的服饰，模仿了它的唱腔，但是并没有将所应学习的内容融入学生的思想道德教育。近年来，随着京剧艺术的不断深入，我们已经开始有意识地、有针对性地发掘出其中蕴含的德育元素，并对学生进行相应的道德教育。通过"京剧进校园"和"京剧进课堂"的实践，我们发现，京剧在小学生德育方面发挥了很大的作用。

一、从京剧中挖掘德育元素，丰富德育方法

在"京剧进课堂"中，我们从京剧剧目中的戏剧矛盾冲突、京剧人物的思想道德品质、京剧唱词中所包含的传统文化精髓，以及京剧布景配乐、唱念做打等方面入手，发掘出这些内容中所包含的能够产生精神陶冶和审美感染的道德因素，从而引导学生形成正确的价值观。

京剧中有很多道德教育的成分，比如"忠孝诚信礼义廉耻""为天地立心""为众生

[①] 作者简介：姚佳云，中小学二级教师，成都市龙泉驿区第一小学校教师。

立命""为往圣继绝学""为万古开太平"等。这些具有正面价值的传统文化理念既可以培养学生的道德品质，又可以塑造他们的语言表达能力，从而使他们的精神得到升华。例如，著名的戏曲理论家、剧作家马少波所创作的《正气歌》，就用生动的画面再现并颂扬了南宋末期民族英雄、"宋末三杰"之一的文天祥"保国抗元"忠愤慷慨、气势豪放之举。在这部戏里，文丞相宁死不屈，表现了他崇高的人格品质和民族精神，令人钦佩感动。《沙家浜》《红灯记》《红色娘子军》等近代京剧作品中都蕴含了"爱国"的道德色彩，欣赏和学习这些经典作品，能够使同学们充分体会到德育力量的强大，并在同学们的心里种下"爱国"的种子。

二、将京剧融入学科课程，拓展德育路径

"课程整合"，从狭义上说，指的是将两门或更多门学科结合到同一门课内来进行教学。京剧综合了美术、音乐、舞蹈、文学等多个品类，所以对其进行学科整合，有着独特的意义和优势。

在课程内容的整合方面，将京剧本身所包含的美术、音乐、舞蹈、文学等方面的知识充分利用起来，进行相应学科的综合教学，并对学生展开道德、美育、体育等方面的教育。在整合方式上，通过对国家课程和地方课程的调整、增加、删除、修改和充实，使学校课程和地方课程在实施过程中更具特色。美术老师往往会通过京剧的脸谱、服装等来达到教学目的。以京剧脸谱特有的艺术特点为切入点，引导学生识脸谱、画脸谱，并对他们的是非观进行培养，这就是德育的核心——价值观。在将京剧与语文课程相结合的过程中，教师可以讲述京剧中的故事，让学生尝试写一些学习京剧的感受和趣事，这样就可以将道德教育、京剧与语文课程有机地结合起来。在将京剧和《道德与法治》结合起来方面，教师可以通过介绍国粹、认识京剧、欣赏京剧、体验京剧，引导学生参与到演唱和聆听中去，增强学生对京剧表演的信心，让他们自觉地对京剧产生浓厚的兴趣，让浓厚的中国文化不知不觉中深入他们的心中。

朱熹曾说过："涵养、致知、力行三者，便是以涵养为首，致知次之，力行又次之。"将京剧教育与道德教育有机结合，既能拓宽学生的成长之路，为其未来打下坚实的基础，又能促进学校的内涵发展和教师的专业化发展。要让京剧艺术与德育结合起来，以文化人、以文育人，充分挖掘、整理和利用国粹京剧和优秀文化的育人价值，并在实践中进行探索，让优秀的传统文化对人格塑造起到更加积极的影响，从而弘扬传统美德，培育和践行社会主义核心价值观。

三、音乐文化理解下的戏歌教学设计策略

在音乐教学应该符合教学对象的发展特点这一点上，教师的教学手段和方法起着决定性的作用，只要方法运用得当，其效果就必然会朝着预期的目标前进。当然，在音乐教育的过程中，一定要将作品的风格作为主要考虑因素，针对不同年龄段的学生的不同

思维模式来进行教育，从而提高教学效率。总而言之，在进行教学内容和方法的设计时，音乐老师一定要将教学对象的思维方式、教材特征、教学内容的先后次序和与教学情境间的各种关系都考虑进去。

以人音版小学四年级音乐唱歌课《龙里格龙》为例，具体如表1所示。

表1 《龙里格龙》教学环节、教学过程及设计意图

教学环节	教学过程	设计意图
组织教学情境导入	教师：同学们好，京剧中有四大行当，你们还记得是哪些吗？ 学生：生旦净丑。 教师：对了，请你们把手拿出来，我们一起来做一做动作。今天我们将继续我们的京剧之旅，认识一下京剧的四大功夫	良好的开始是成功的一半，这堂课一开始，老师就应该引起学生的注意，这也是最难的一堂课。在讲授《龙里格龙》时，因为学生对京剧四大行当有了一定的了解，特别是能够分辨出生旦，所以，老师可以适时地指导他们，使他们对这四大行当有更深刻的了解
新课讲授	（观看一段京剧唱腔表演片段） 教师：做一个京剧演员可还真是不容易，我们先来感受一下四大功夫的第一种：唱。 这是京剧卖水当中的一个部分，丫鬟正在帮小姐解闷儿，我们一起来看一看丫鬟的演唱有什么特点？ 学生：声音很夸张、尖、细、亮…… 教师：丫鬟的角色是旦角中的哪一种，你们知道吗？ 学生：花旦。 （模仿京剧唱腔的特点唱《龙里格龙》旋律。） 教师：她的演唱极具特色，刚才我们听了人家唱的，咱们也来学一学，好吗？ 4/4 5 3 6 5 0 1 0 | 6 5 3 6 5 0 | 　　Yi - - - - 　　5 3 6 5 0 1 0 | 6 5 3 6 5 0 | 　　Yu - - - - （感受京剧中的"念"） 教师：刚才我们感受了京剧当中的"唱"，那么接下来是？ 学生：念。 教师：我们一起看课件，上面有两段话，刚才我们听到的是前半部分的问句，是用唱表达出来的。我们继续来看看丫鬟是怎样帮小姐回答问题的。观看视频中的回答部分，请大家说说自己的感受。 咦？她的念白有什么特点？你觉得哪一句最有特点呢？我们全班一起来模仿一下好吗？ （教师敲击双响筒带领学生按节奏读）	通过观看京剧表演片段，感受四大功夫之"唱"的特点，使学生对京剧唱腔形式的魅力有更深刻的了解；通过模范唱腔的特点模唱《龙里格龙》旋律，让学生亲身体验京剧唱腔的艺术魅力。 通过观看丫鬟的表演片段，感受四大功夫之"念"的特点，使学生对于京剧的念白形式有更深刻的了解，通过集体模仿丫鬟的念白节奏，让学生感受京剧念白的特点，增强学生的参与感

续表1

教学环节	教学过程	设计意图
新课讲授	（了解京剧中的"做"） 教师：京剧除了唱和念，还有做，什么是做呢？有同学能试着回答一下吗？ 学生：做动作。 （体验京剧四大功夫中的"打"） 组织学生观看《三岔口》片段，之后请学生做即兴的"打斗"动作，并以歌曲《龙里格龙》中二声部2组旋律为动作配乐，帮助学生熟悉旋律。 4/4　1 6 2 1 0 3 0 ｜ 2 1 6 2 1 0 0 ｜ 　　 龙里格龙 咚， 龙格里格儿龙。 4/4　1 6 2 1 0 3 0 ｜ 2 1 6 2 1 0 0 ｜ 　　 龙里格龙 咚， 龙格里格儿龙。 先分再合，待熟悉后把反复部分的渐慢唱出来	了解京剧四大功夫中的"做"指的是舞蹈化的形体动作，并分男女生分别模仿生角和旦角动作。 通过观看《三岔口》片段和即兴做出"打斗"动作，让学生感受京剧中的"打"并通过配乐熟悉旋律，增强学生的参与感和学习兴趣
歌曲学唱	（完整初听歌曲） 教师：歌曲给你怎样的感受？歌曲中出现了哪些演唱形式？ （师生共同分析歌曲演唱形式） 齐唱，合唱，轮唱，合唱加反复、渐慢。 （重点解决合唱加反复、渐慢的部分） 学生选择自己喜欢的演唱形式部分分别聆听，分声部学唱合唱加反复、渐慢的部分。 （跟随钢琴分别唱高低声部） （再次完整聆听） 提示学生可以根据自己的喜好自由选择演唱高声部或者低声部。 （重点解决轮唱加合唱并渐弱、渐慢的部分） 教师引导学生找出低声部轮唱出现的节拍（第三拍），范唱低声部。 学生听辨后演唱低声部旋律。 （跟随钢琴合唱歌曲） 教师将学生分成高低两个声部完整演唱。单独解决有问题的部分	让学生感受歌曲，了解歌曲的整体形式和演唱形式，培养学生的音乐欣赏能力。 分析歌曲演唱形式并板书，让学生了解和掌握歌曲的演唱形式和乐曲结构，为学生的后续学唱打下基础。 聆听感受各个部分，重点解决合唱加反复、渐慢的部分，让学生逐步掌握歌曲的演唱技巧和节奏感。 分别跟伴奏演唱高低声部，让学生学会跟唱不同声部的旋律，提高学生的音乐表演能力

续表1

教学环节	教学过程	设计意图
歌曲表演	（1）小组练习，分别模仿生、旦、净、丑四大行当的动作。 （2）分组展示，评选最佳表演组。 （3）全体统一动作，配合音乐加上行当动作表演歌曲	通过模仿四大行当的动作，让学生更加深入地理解戏曲表演的特点，加深对角色的认知。同时，有利于培养学生的动作协调性和团队合作精神。分组展示环节，让学生将自己的表演呈现出来，可以增强学生的表演自信心，同时也可以促进学生之间的交流与合作，通过评选最佳表演组，可以激发学生的竞争意识，提高他们的表演水平
拓展延伸	（1）歌曲运用京剧元素结合现代创作手法而成，也称"戏歌"。 （2）欣赏《贵妃醉酒》。 （3）了解京剧的伴奏乐器和服饰	通过了解戏曲与现代创作相结合的形式，让学生对传统文化有更深入的了解。同时，让学生掌握更多的戏曲剧目，可以拓展他们的视野，培养他们的文化素养。 通过了解京剧伴奏乐器和服饰，让学生掌握京剧表演的细节，加深他们对京剧表演的认知。同时，让学生了解京剧的伴奏乐器和服饰，可以帮助他们更好地理解京剧的文化内涵和历史渊源
课堂小结		教师播放歌曲《说唱脸谱》，学生在音乐声中哼唱着走出教室

四、研究成效

戏歌是京剧文化的重要组成部分，曲调简单易学，更适合小学生学唱。近两年，我们注重对学生文化理解的基础上也对戏歌进行了一系列的实践研究。令人欣喜的是，学生对戏歌的喜爱程度越来越高，对所学戏歌曲调、京剧知识、戏曲特点等都有了更多的了解，用戏曲唱腔风格来判断剧种、人物行当的准确率也在不断提高。同时，他们的学习能力和演唱的表现力也得到了很大的提升，对歌曲的体裁和风格也有了很好的掌握，唱起歌来充满了自信。如此一来，大多数学生都能做到手、眼、身、法、步每一个动作都像是在演戏，就连那些高段的男生也能做出一些漂亮的动作，这说明他们已经具备了一定的综合艺术表现能力。从这一点来看，只要学生们从心底里喜欢上了我们国家的传统戏剧，就可以说实现了在潜移默化中对学生进行德育了。

参考文献：

[1] 赵宏，王玉萍. 习近平总书记对中华优秀传统文化的传承［N］. 天津日报，2018－11－12（009）.

[2]《思想道德修养与法律基础》编写组. 思想道德修养与法律基础［M］. 北京：高等教育出版社，2018.

[3] 习近平. 习近平谈治国理政：第一卷［M］. 北京：外文出版社，2018.

以"情绪经验链"开展项目式学习促进幼儿社会情感能力发展的实践研究

王 倩[①]

摘 要：围绕社会情感能力开展项目式学习，一直是本园本课程构建的主要研究内容，基于儿童、关注情绪情感等综合思考培养幼儿的情绪素养成为我们的重要课题。结合本园"情绪管理"主题课程前期经验的梳理和"项目活动"理念的影响，笔者提出"情绪经验链"这一新型创生项目实施模式，将教师预设、幼儿生成及社会情感能力三者有机结合，通过立足项目式学习，指向幼儿的社会情感能力，探索多元化的教学策略，创新教育内容，形成系统的课程方案，为今后开展促进幼儿社会情感能力发展的主题活动提供一定的依据与实践参考。

关键词：情绪经验链；项目式学习；社会情感能力

一、问题的提出

幼儿阶段是社会情感发展的启蒙阶段，培养良好的社会情感能力对于保持幼儿积极的情绪、培养健全的人格、应对学习与生活工作中的多重任务，以及构建良好的社会人际关系等方面尤为重要。尤其是在人工智能快速发展的时代，幼儿的幸福感的获得以及自我效能的实现，将更加取决于社会与情感能力的发展水平。基于此，加强社会与情感能力培养已成为当今世界教育发展的重要认识和改革趋势，很多国家将其纳入教育政策议程并采取有力措施推进实施。在长期的探索和实践中，我们发现，社会情感能力渗透在幼儿生活的各个方面，其社会情感经验也是一个循序渐进积累的过程，因此需要打通社会情感学习与幼儿学习生活间的通道，促进课程整合，才能真正发挥其促进社会情感学习的协同作用。其中项目式学习是以幼儿的兴趣为出发点，强调自身需求和自主学习实践，是实现幼儿情感经验与行为转化的最佳路径之一。幼儿在项目式学习中经过递进、拓展、深化和重组的动态过程，呈现一种"链条式"的发展样态，厘清幼儿情绪经验链脉络，有助于搭建幼儿实现聚焦性、连贯性、螺旋式的社会情感学习的经验发展体系。本文以幼儿社会情感为切入点，以情绪经验链为桥梁，通过强调经验和内驱力激发

---

① 作者简介：王倩，高级教师，成都市温江区启文幼儿园园长。

的"项目式学习",促进幼儿社会情感能力的发展,为当前幼儿教育尤其是幼儿社会情感教育提供一定的实证和理论支持。

二、核心概念的界定与关系

(一)概念的界定

1. 社会情感能力

社会情绪学习联合会(CASEL)认为:社会情绪学习是为了发展相应的情绪能力,而这些情绪能力包括自我意识、自我管理、自我尊重、社会意识、人际关系管理、解决问题和做出负责任的决定等关键要素。其中良好的自我意识、自我管理和自我尊重是社会情绪能力的基础;社会意识和人际关系管理的技能属于社会情绪能力与环境互动的层面;创意地解决问题和做负责任的决定是社会情绪能力的最终落脚点。以上五种情绪能力的发展是一个相互联系、相互作用的过程,它们共同构成了社会情绪学习的基本内涵。

2. 情绪经验链

幼儿学习的过程本质上就是经验递进、拓展、深化、重组的动态过程,在这个过程中,新旧经验交织、同化和顺应,逐步生成和建构螺旋式上升的、环环相扣的链条式的经验发展样态。本文为促进幼儿社会情感能力发展所设计的纵深式主题实施路径,是指以社会情感发展特点的教学目标为指引,通过幼儿亲身经历和参与项目中的探索、观察、表征等活动形成的递进的学习链条,有利于获得社会情感能力的发展。

3. 项目式学习

项目式学习由 Project-Based Learning 翻译而来,简称 PBL。项目式学习是幼儿主动对某个主题进行深入探究的一种活动方式。它是一种教学模式,即围绕真实问题,幼儿发现并解决与真实情境相关的问题,其在解决问题的过程中被赋予一定的角色,并以此进行持续性的开放探究,完成设计、计划、问题解决、交流汇报等一系列学习任务,不断建构自身知识体系和提高综合能力,最终获取和整合经验,使幼儿的心智得到充分的解放与发展的过程。

(二)社会情感能力与项目式学习的关系

关于社会情感能力与项目化学习之间的关系,早期 CASEL 的专家也强调了高质量的设计和教学离不开社会情感能力的嵌入,Mike Kaechele 围绕两者之间进行了关系对应(如表1所示),为我们后期以"情绪经验链"为媒介,链接两者之间的关系,设计螺旋递进式的主题内容提供极大的参考价值。

表 1 社会情感能力与项目化学习技能关系对应

社会情感能力	社会情感能力具体内容	项目式学习要求
自我意识	识别情绪、自我觉察、认识长处、自信、自我效能	多种选择、赋予角色、及时反馈、自我导向学习
自我管理	情绪管理、自律、自我激励、目标制定、组织能力	了解自身起点、制订计划、自我评估
社会意识	同理心、包容、尊重他人	尊重观点、设计开放性问题、与他人合作
人际关系技能	交流、社会参与、关系处理、团队合作	小组交流、给予和接受同伴反馈、互动结果
负责任的决策能力	知道问题所在、分析外部环境形势、解决问题、评价反馈、明晰伦理责任	提出驱动问题、调查、反馈调整、展示产品、反馈技能和行为

幼儿学习是一个经验不断生长的过程，每一种经验都建立在前期经验的基础之上。社会情感的学习也是由近及远、循序渐进的过程，而项目式学习重在激发幼儿进行主动学习，强调直接经验的获得，因此两者之间以经验搭桥，搭建连续性、递进式的经验链，形成一个"了解自己已有经验—扩展经验—获得新经验"的完整过程，实现经验的螺旋式上升，从而促进幼儿全面和谐发展。

三、"情绪经验链"的设计与实施

（一）链接《指南》，在目标设计上关注"情绪经验链"的延续和拓展

本研究结合《3-6岁儿童发展指南》中的社会和健康领域涉及"社会情感"方面的关键经验，同时参考《3-6岁儿童发展观察评估指导》中评估细则，提供递进式、可视化的"经验链"水平的行动支架，提供目标设计指向。（如表2所示）。

表 2 社会情感能力中关键经验及层次对照（节选）

社会情感能力	《3-6岁儿童发展指南》关键经验	《3-6岁儿童发展观察评估指导》经验链水平
自我意识	自尊、自信、自主，认识自我与他人	认识自我与他人： 经验水平1：幼儿能使用人称代词"我"来回答问题。 经验水平2：幼儿能谈论、扮演家庭成员或自己熟悉的角色。 经验水平3：幼儿能用具体的措辞定义自己。 经验水平4：幼儿能识别出每个人特点的异同。 经验水平5：幼儿能比较自己的家庭和他人家庭的特征。

续表2

社会情感能力	《3-6岁儿童发展指南》关键经验	《3-6岁儿童发展观察评估指导》经验链水平
自我管理	情绪安定愉快，能够遵守基本的行为规范	情绪安定愉快： 经验水平1：幼儿通过与他人身体接触表达自己的情绪。 经验水平2：幼儿用简单语言表达情绪，并能说出产生的情绪原因。 经验水平3：幼儿能够用适宜的语言和行为调节自己的情绪。 经验水平4：幼儿能调节自己的情绪并用更具体和准确的词汇来表达自己的情绪和感受
社会意识	能与同伴友好相处，懂得关心尊重他人	能与同伴友好相处： 经验水平1：幼儿直接同另一个幼儿说话。 经验水平2：幼儿对一个或多个朋友表现出喜爱之情。 经验水平3：幼儿与两个或更多幼儿合作，他们会贡献想法，并将他人想法采纳入游戏中。 经验水平4：幼儿与一个朋友进行一段长时间的私人交谈。 经验水平5：幼儿继续讨论或询问他的朋友之前分享的私人话题
人际关系技能	愿意与人交往，能与同伴友好相处，喜欢并适应群体生活	愿意与人交往： 经验水平1：幼儿请求一个成人和他一起玩或参与同一个活动。 经验水平2：幼儿与成人交谈并有两次以上的对话。 经验水平3：幼儿让一个成人在相当长的时间参与一项活动并分配任务或角色。 经验水平4：幼儿问成人问题，拓展知识自身储备。 经验水平5：幼儿与成人继续之前的交谈以获取或分享更多的信息
负责任的决策能力	能够解决问题，懂得反思与解释，亲近自然、喜欢探究、具有初步探究能力	解决问题： 经验水平1：幼儿对感兴趣的事物能够仔细观察，尝试用多种感官探索物体，并初步识别问题所在。 经验水平2：幼儿能根据观察结果提出问题，收集各类信息并不断尝试，用自己的方法解决一些简单的问题。 经验水平3：幼儿通过观察、比较、分析一些潜在的问题，并用一定的方法进行验证，在探究中能与他人合作与交流

注：由于篇幅有限，仅进行部分展示。

（二）注重融通渗透，在内容设计上关注"情绪经验链"的多维统整

"情绪经验链"的内容选择决定了项目学习的目标能否达成。本文的项目式学习是基于"经验"出发，并抓住每个阶段的情绪点，以儿童为中心，由近及远螺旋式递进，因此内容的遴选都有一个明显的特征，就是围绕幼儿的生活中的各种兴趣、经验，从自我、他人、社会维度进行选择。具体见表3。

表3 "情绪经验链"的项目式学习内容梳理（节选）

维度	社会情感	关键词	学习主题
自我	自我意识	自知、自尊、自信	入园成长类："最棒的我""喜欢我自己""我是小学生"
自我	自我管理	自我服务 自我激励 情绪管理	自我服务类："我长大了"：我会洗手、自理达人…… 自我激励类："我真能干""向目标迈进" 情绪管理类："忍一忍我能行"、排队玩滑梯、新玩具投放、"生气大作战"、"我的情绪城堡"、"再见了不开心"
他人	社会意识	同理共情、尊重合作	尊重合作类："我们都是好朋友"
他人	人际关系 交往技能	交流合作、化解矛盾	同理共情类："生日会"分享成长、"团结有爱我能行"
集体及社会	负责人的决策	融入集体、维护荣誉 遵守规范、合作领导	班级服务类："我是班级小管家"、"班级我的家"、布置新年教室、筹办新年庆祝会

（三）主张身体力行，在组织实施上支持幼儿"情绪经验链"的自主建构

通过梳理幼儿认知和社会情感经验发展规律，根据幼儿的最近发展区，搭建以情绪经验链为主线的项目式学习活动实施范式，即"从幼儿的原有经验出发—初步感知是什么—在直接感知、亲身体验和实际操作中深入理解—再回归游戏（生活）中检验"。

1. 项目学习开始阶段

教师对幼儿前期经验进行梳理和分析，通过幼儿的对话、行为和问题，了解幼儿现有经验水平，做好各种准备。比如在"疫苗接种区"项目学习活动开始前，通过团体讨论，了解孩子对核酸的初步认知，并鼓励幼儿自己分组，从设计、收集等搭建几个维度幼儿核心经验，以问题为线索逐层推进，形成了从"疫苗接种是什么—疫苗接种区搭建—疫苗接种我不怕"的情绪经验链，实现新旧经验的递进和深化。

2. 项目学习实施阶段

幼儿在项目学习过程中会出现经验零散的情况，这时需要教师考虑各个活动的连续，考虑幼儿经验的连续性。比如在"皮影的故事"中，以幼儿的一个线索"光影游戏"展开话题，孩子们观看皮影视频，老师以问题链接幼儿经验，从发动家长带孩子去

观看皮影戏，到园内采访调查做皮影等一系列活动，随时关注幼儿情绪点，开展"在皮影馆害怕怎么办—皮影是什么—皮影大家读"研习活动，形成了经验链。同时根据幼儿喜爱的话题及趣味的情境及时捕捉幼儿兴趣，还形成了皮影表演的新主题，使得活动层层链接，形成环环相扣的学习内容。具体见图1。

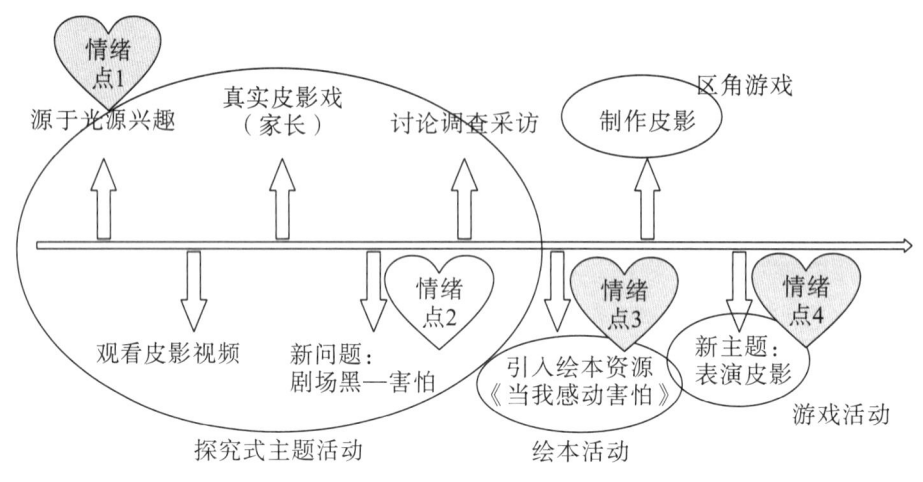

图1 "皮影的故事"递进式"情绪活动链"实施过程

3. 项目结束阶段

教师在幼儿项目学习即将结束时，思考项目的推进情况并思考与新主题的经验链接，使幼儿将本阶段的活动经验应用于下一个活动，从而形成循序渐进、层次递进的经验链，促进完整经验的不断更迭、重组与整合。比如，中班的一次项目活动就由"同伴争抢玩具"的情绪事件所引发，幼儿展开了"玩具分享会—玩具分享真开心—玩具交换日—玩具大家玩"的情绪活动链，项目活动进行到最后，孩子们通过"玩具大家玩"的活动体会到了分享的快乐，也收获了好朋友，这时教师聆听到幼儿要去朋友家做客的对话，并给予积极的支持和回应，将"如何去朋友家做客"作为下一次项目活动的话题，而前期分享的经验也为后面留意去朋友家做客的礼仪、给朋友制作礼物、如何关心朋友等一系列同伴交往经验奠定了基础。

四、基于"情绪经验链"的项目式学习来促进幼儿社会能力发展的思考与展望

适宜科学的"情绪经验链"需关注幼儿经验生长的连续性，同时也离不开项目式学习中驱动问题链的设置的递进性。基于幼儿的"情绪经验链"需把握不同年龄段幼儿的经验水平层次，项目式学习是幼儿学习的一种方式，要充分考虑多元学习方式之间的匹配与整合，注意实施中各种手段之间的联系和作用。"情绪经验链"的搭建要求关注幼儿情感发展的心理逻辑，进一步丰富幼儿情感学习的可视化和过程化，深度研究幼儿项目化学习中具有可操作性的学习策略。总而言之，在接下来的项目学习中，我们将从尊

重幼儿、以幼儿为中心的教育立场出发，继续追随幼儿的经验，发现、引导和支持幼儿，紧跟幼儿节奏，真正走进幼儿心灵，与幼儿共同成长。

参考文献：

[1] 李志宇，原燕，席小莉，等. 3-6岁儿童发展观察评估指导[M]. 北京：北京师范大学出版社，2022.
[2] 袁振国. 高度重视社会与情感能力培养为人生的成功和幸福奠基[J]. 中国教育学刊，2021(2)：5.
[3] 邱红燕. 幼儿社会情绪学习的内涵、价值与路径[J]. 学前教育研究，2021(10)：91-94.
[4] 郑晓双，汪洁萍. 基于项目式学习的活动实践研究[J]. 上海托幼，2022(Z3)：38-41.
[5] 张曼琳. "情绪活动链"促进5-6岁幼儿情绪能力发展的实践研究[D]. 杭州：杭州师范大学，2021.

论中小学教师的教育实践智慧

李 继[①]

摘 要：教师的实践智慧是教师在教育实践中逐步沉淀而成的，其主要内容包括理解的智慧、平衡的智慧、转化的智慧以及创造的智慧。教师的实践智慧需要立足于教师所承担的教育实践和教师的身份角色，以教育实践中所面临的基本问题切入教师实践智慧的基本内容，把握教师实践智慧的基本品质，由此探寻教师实践智慧的培养之道。

关键词：中小学教师；智慧；实践智慧

雅斯贝尔斯说，教育是人的灵魂的教育，而非理智知识和认识的堆砌。康德说，人只有通过人，通过同样是受过教育的人，才能被教育。教育是培育人的事业，是用一种智慧点燃另一种智慧。教师被誉为人类灵魂的工程师。因此，教师要提升个人的整体素养，实现专业素养与身心发展和谐统一，促进教育智慧的生成。

人之事与人之心无法相分，心既制约事，也在事的展开中丰富、深化、发展，这一过程具体表现为历事以练其心。教师在实践中所生成的智慧是教师能力与素养的综合体现，培育智慧型教师是适应新时代信息快速发展、信息膨胀、技术迭代、教育变革加速的必然取向。

（一）理解的智慧

教师在教育实践过程中表现出对所涉的人与事一种透彻的理解，包括对教育实践和教师自我的明智的理解，无不体现出一种理解的智慧。在他们看来，处于生长期的学生所呈现出来的"现象"，未必就是他内心的现实表现。关于这一点，杜威也曾告诫："认识到生活的就是生长，这就使我们能避免把儿童期理想化……不要把生活和一切表面的行动和兴趣混为一谈。"他们的爱好和兴趣的萌发、增长、固化和衰退处于不断的变化之中。

教育实践从根本上是引导生命成长的活动，教育实践的中心是人，教师理解的智慧，根本上是对人的生命的理解。它包括对人的本质理解，对生命的生理、心理、情感、道德成长的规律的理解。可以认为，有什么样的生命理解，就有什么样的教育实践。教师对教育的理解的智慧，在教师的反思记录中有所体现。

[①] 作者简介：李继，成都师范学院教育与心理学院副教授。

"教育的智慧性是一种以儿童为指向的多方面的复杂的关心品质。"就如肖奕玫老师，她对学生，总有一份坦然和理解。她没有因偶尔的"错误"不加研判地恶意抹杀或否认孩子们，而始终能在纷繁复杂的教育情景中保持敏锐的视角，于细微中发现孩子们的个性特点，因材施教，关注他们的成长变化，引导其积极健康成长。这是她长期投身教育实践并不断经历与反思探索后凝聚而成的教育智慧。

教师的职业角色要求教师必须理解人的生命，尊重每一位学生的生命成长，把握学生成长的规律。很多老师往往从利于管教出发，眼中只有集体，而缺少对个体学生的关注。一个班集体是由年龄相近，思想性格、家庭背景各异的学生组成。每个学生在成长的过程中，都会出现各种各样的问题，作为班主任，只有怀揣一颗宽容和真正关爱的心，理解包容学生的生命个性，耐心和学生沟通交流，认真探寻每个学生行为背后的原因，理解呵护学生的内心，才能真正赢得学生的尊敬和信任，帮助孩子获得真正意义上的成长与蜕变。

教师对教育的理解、对学生的理解都生发于教育实践中，并在实践中得到拓展和升华。生命型教师把教育当作实现生命意义的历程，追求有意义的教育人生，他对教育已经从外在的敬业转化为内在的乐业。作为教师，教育好学生的前提就是关心关爱学生，而教师对学生的关心与关爱，则源自他们在教育实践中对学生的理解。每一个学生都渴望能得到教师的关心呵护。教师要主动接近、关心学生，尊重他们的情感、人格和人性，让他们感受到温暖，享受被尊重的喜悦，这样学生才愿意敞开心扉向老师倾诉，教师也才能更好地进行有效的教育。有的学生在课堂上会有不同寻常的举动，这就需要老师仔细观察并找到背后的原因，适时对学生进行疏导；有些学生在学业上或许有困难，并非一句"不聪明，不努力"就能敷衍了事，这就需要老师耐心帮助点拨；有些学生天赋异禀，能力非凡，也更需要老师的鼓励与支持，帮助他们将兴趣特长发挥到极致。

教师要秉持"每一位学生都是天使，他们自有待发掘的禀赋，缺少的只是善施教化的伯乐"的教育信念，理解关爱每一个学生。在成长过程中，学生都会面临各种各样的问题，但他们所遇到的困惑、问题都只是暂时的，他们的禀赋或被家庭原因、情感原因、性格原因、行为习惯等这些外在的障碍所制约和遮蔽未能显现，为此，教师要做的就是与学生心贴心，成为他们的心灵捕手，理解、尊重、倾听他们内心的律动，协助他们冲破遮蔽，调动他们最大的潜力，让每个学生得以人尽其才。

（二）平衡的智慧

在东西方文化中，中道与中庸均被视为最重要的智慧或美德之一。这是因为在世界错综复杂的多种因素关联中，矛盾的双方彼此依存。教育的实践也是在多种因素的相互依存促进中展开的。教师需要在这多种因素中保持一种相对的平衡，避免偏误。例如，在实践中，教师主导与学生主体、知识与素养之间，自主与控制、模仿与创造、集体与个体、公平与效率之间，这些在教育实践中是永恒性的问题，这些相互依存又相互对立的方面共同构成教育实践的基本特征，教育实践的智慧在很大程度上正是要把握这些矛盾之间的平衡。而这之所以需要智慧，在于它的动态平衡性和情境依存性。即这种平衡往往无法像清晰的语言逻辑那样进行普遍性的论证,或者说不像语言叙说那样简便,而是需要在教育实践的情境中,根据对所涉因素的综合性判断和选择及取舍而进行一种动态性平衡。在学生自主性稍弱的阶段,教师的主导性更为明显,随着学生自主能力的增强,教师的主导作用在强力、频率和方式方面逐渐改变。这是一种时间上的平衡。在面向不同的教育对象和教学内容时,教师更倾向于引导学生自主探究;而对于认知能力和经验水平稍低、具有一定难度的教育内容,教师的主导作用更加明显。教师在发挥主导作用的过程中,不忘对学生自主能力的培育,学生自主能力的逐渐提高并不意味着教师主导必要性的丧失,而是表示需要在方式和内容上不断提升。

所以,平衡是实践过程中的智慧,只有不断地在实践中去把握与体悟,才能够依据教育情境的变化,动态地调整这种平衡。这种平衡的智慧、所需要处理的问题,永恒地、普遍地存在于教师的实践中,教师只要在承担着教师实践,就必然地需要处理教育中相关要素的平衡。

(三)转化的智慧

教育实践的中心任务之一是转化,即将学生的未知转化为已知,将学生认知中的可能转化为现实,将学生生命中的阴影转化为幸福的阳光。底特利希·本纳认为,人是唯一"未完成"和"不完善的生物",而人的这一"不完善性"(Imperfektheit)或"未完成性"(Unfertigkeit)虽然是实践的规定性,但不等于人的确定性,人还存在一种不确定、开放的"可完善性"。教师教学实践智慧的核心内容之一即转化的智慧,只有拥有高水平的转化智慧,教师才能演绎出卓越的教育实践。

在人的生命成长过程中,总有着不够幸福与美好,或者阻滞幸福与美好的因素。教师要排解这些因素,往往就是要控制其不利的一面,并扩大其积极的一面。其中利与弊本是辩证的关系,特定视野和情境下的弊,可能转化为积极的因素。教师在教育实践中则需要为着实现立德树人,为着学生生命成长得更加幸福完满而进行辩证的转化。

如当年陶行知先生对教师们的告诫:"你这糊涂的先生!你的教鞭下有瓦特,你的冷眼里有牛顿,你的讥笑中有爱迪生。"可见,每一位学生都有其闪光点。作为教师,要摒弃对"差学生"的偏见,努力帮助学生发现自身的闪光点,找回信心,找到成长的方向。"十年树木,百年树人",对"差生"的转化也需要教师投入更多的心力。只要教师用心浇灌,花自开放!

(四)创造的智慧

教师的实践智慧包括创造的智慧。如今的教育工作,在新的经济形势下面临着新的挑战。在党的十九大报告中,习近平总书记明确指出:"要全面贯彻党的教育方针,落实立德树人根本任务,发展素质教育,推进教育公平,培养德智体美全面发展的社会主义建设者和接班人。"进一步明确和发展了"立德树人"的目标、任务与使命。落实"立德树人"的根本任务,发展素质教育,其本质就是创新。对此,我们要不断创新,以应对巨变的教育环境,这也就要求我们的教师要成为实践中的创造者。

教育本身是一项充满创造性的活动，因为教师面对的是一个个鲜活的生命体。要想成为有尊严的人，就应该选择富有创造性的职业，付出创造性的劳动从而实现自己的生命价值。在创造性的劳动中，我们可以享受因过程本身而带来的自身生命力焕发的快乐。一方面，学生的先天禀赋、成长轨迹不同，由此造成的认知倾向、兴趣爱好、道德情感、意志水平、生活观念具有显著差异；另一方面，我们的社会条件以及为适应社会发展需要而确立的人才培养目标也处于不断的变革之中，由此造成的教师教学实践也一直处于动态的变化之中。不断面对崭新的实践问题，成为教师教学实践的常态。

　　新时代背景下，教师要将不断创造的精神根植于心，需要且乐于去发掘学科特点，只有积极创新，才能为高效课堂打开一扇新的大门。我们从教师职业对于社会而言的外在价值，与对于从业者教师而言的内在生命价值之间统一的基点出发，找到了教师可能从工作中获得外在与内在相统一的尊严与欢乐的源泉，那就是赫然两个大字——创造。对学生的激励，更需要我们的教师不断地去创新教学方式，用有趣的方法把知识系统梳理归类，将困难枯燥的知识变得生动有趣，易于接受和吸收。只有这样，才能帮助学生逐渐培养起学习的自觉意识和行动力，逐步养成良好的学习习惯，重燃对学习的乐趣，从而提高学习成绩。

参考文献：

[1] 杨国荣. "事"与人的存在［J］. 中国社会科学，2019（7）：27－42.
[2] 杜威. 民主主义与教育［M］. 王承绪，译. 北京：人民教育出版社，2001.
[3] 马克斯，范梅南. 教学机智——教育智慧的意蕴［M］. 李树英，译. 北京：教育科学出版社，2001.
[4] 冯建军. 论教师生命发展的策略［J］. 当代教育科学，2006（10）：27－30.
[5] 本纳. 普通教育学［M］. 彭正梅，徐小青，张可创，译. 上海：华东师范大学出版社，2006.
[6] 陶行知. 陶行知全集：第2卷［M］. 成都：四川教育出版社，2005.
[7] 叶澜，等. 教师角色与教师发展新探［M］. 北京：教育科学出版社，2016.
[8] 怀特海. 教育的目的［M］. 张佳楠，译. 北京：教育科学出版社，2020.

课程教学

"双新"背景下基于深度学习的高中历史PBL型单元教学实践研究
——以统编版《中外历史纲要》(上)第一单元为例

李林翰　唐　婷　方小梅　赵颖月　李　燕[①]

摘　要：本文以历史学科核心素养为目标、深度学习理论为基础、单元教学为核心、PBL项目式学习为手段，深度开发新教材的课程资源，并充分结合本土资源文化，探索适合普通高中的单元教学策略，为发展学生思维认知结构、推进教学深度、落实核心素养、深化课程改革提供参考。

关键词：双新；深度学习；PBL型单元教学

近年来，随着中学育人方式改革的不断推进，新课程新教材的深入实施，学科核心素养的逐渐渗透，学科教育要求一线教师及时对标对表，更新育人理念，探索课堂变革。尤其是部编版高中历史教材存在总体容量偏大、内容涵盖面广、知识点密度大、叙述过于浓缩等状况，迫切需要高中历史教师改变教学思路，更新教学观念。

2022年以来，我校历史教研组以省级课题"'双新'背景下基于项目式学习(PBL)的高中历史大单元教学实践研究"申报立项为契机，通过理论学习和教学实践，逐步形成了基于项目式学习的高中历史大单元"三环十步"教学模式。

具体来说，以历史学科核心素养为目标、深度学习理论为基础、单元教学为核心、PBL项目式学习为手段，深度开发新教材的课程资源，并充分结合本土资源文化，注重对学生思维进阶的培养，将学科知识与生活实际进行高度关联，让"深度学习"在学生身上真实发生。

一、问题及调研分析

基于此，为了进一步认清目前历史教学存在的问题，笔者从教学经验和生源现状出发，设计了"高中历史深度学习现状问卷调查表"。经分析，存在以下问题。

[①] 作者简介：李林翰，中学一级教师，四川省新津中学教师。唐婷，中学一级教师，四川省新津中学教师。方小梅，中学一级教师，四川省新津中学教师。赵颖月，中学二级教师，四川省新津中学教师。李燕，中学一级教师，四川省新津中学教师。

（一）四层目标总体落实不够，课堂氛围相对沉闷

《中国高考评价体系》提出"四层"即核心价值、学科素养、关键能力、必备知识作为素质教育的目标。但由调查反馈可知，学生认为我校大多数历史教师仍采用传统的授课方式，以基础知识和解题技巧为主要教学内容，学生参与度不够，课堂气氛沉闷，学习效果较差。

（二）学生学习自我效能感低下，历史学科素养不足

在高考的重压下，老师往往更强调知识灌输，过分看重学习成绩，导致不少学生只关心学习成绩，忽视学习过程，逐渐丧失了学习的兴趣，很难在学习过程中体验到快乐感和成就感，容易形成厌学情绪。经课堂观察发现，学生以机械地背诵零散的历史知识为主要学习方式，存在浅表性学习、表演性学习、虚假性学习现象，无法适应新高考、新课程、新教材的学习要求。

（三）教师对"深度学习""单元教学"的认识比较粗浅，教学策略有待更新

经调查发现，不少老师面对新课程、新教材采取"旧瓶装新酒"的方式，认为其只是新教材通史体例下进行专题教学的翻版，而对于"新"背景下"教什么""怎么教""为什么教""教到什么程度""是否培养核心素养"等问题认识不足，对如何巧妙结合教学内容、教学主题拓宽教学场域，触动思维的"爆发点"，拓宽教学的"生长点"思考不够。

二、基于项目式学习的高中历史大单元"三环十步"教学模式

根据西南大学深度学习研究团队所提出的深度学习认知模式，结合调研分析与实践反思，笔者认为可从三个环节、十个步骤来构建基于项目式学习的高中历史大单元"三环十步"教学模式，具体如图1所示。

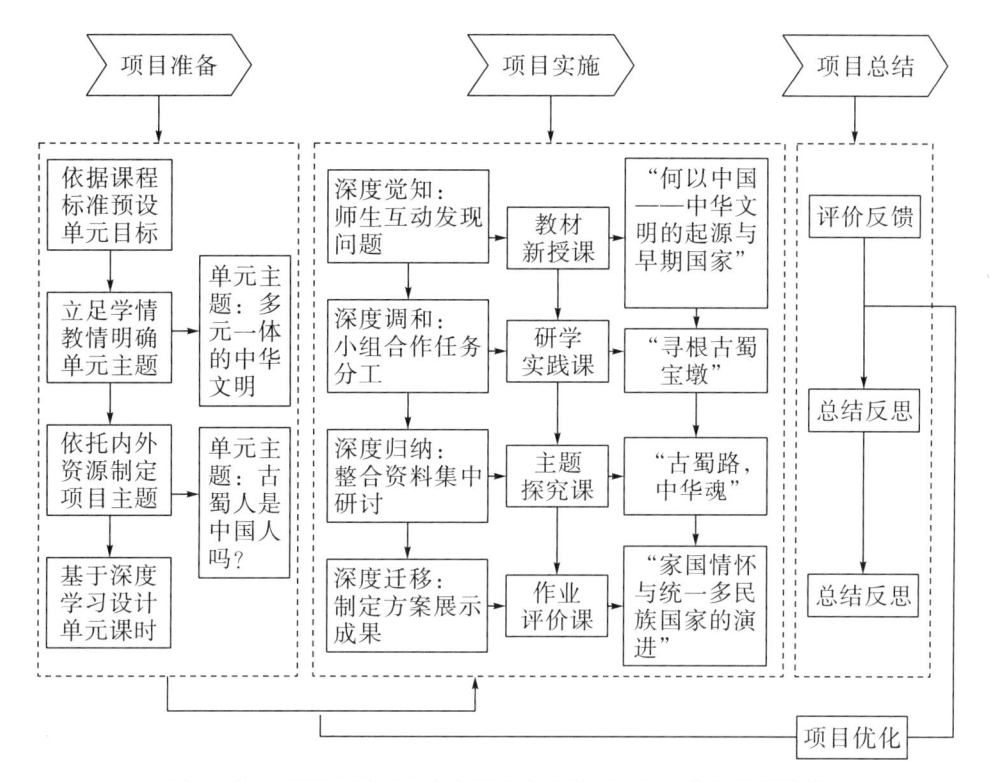

图 1　基于项目式学习的高中历史大单元"三环十步"教学模式

笔者以高中历史统编教材《中外历史纲要》(上)第一单元"从中华文明起源到秦汉统一多民族封建国家的建立与巩固"为例，用具体的案例探索基于项目式学习的高中历史单元设计的基本路径，探讨如何运用深度学习理论开展 PBL 型单元教学，推动教学策略的更新和学生核心素养的培育。

(一) 项目准备

1. 依据课程标准、预设单元目标

通过对课程标准的研读和教材内容的梳理，明确本单元的主线为："从满天星斗的松散部落，到传说中的炎黄部落联盟和华夏始祖；从春秋战国时期的华夏认同与融入，到秦汉时期统一多民族国家的建立与巩固。"笔者根据本单元的重难点，预设单元目标，最终确定为"了解私有制、阶级、王权与国家产生的关系，理解人类社会演进的规律；了解宗法制和分封制的基本内容，认识中国早期政治制度的特点；知道始皇帝的来历和郡县制建立的史实，了解中国中央集权制度的形成及其影响"。

2. 立足学情教情、明确单元主题

笔者所在学校为省一级示范高中，生源质量较好，学科素养较高，他们通过初中历史知识的学习，对石器时代、青铜时代和秦汉大一统时代有一定的认识，但时空跨度大，知识容量多，要达成单元目标存在一定难度。通过凝练本单元的关键核心词：文明起源、早期国家、诸侯纷争、变法运动、统一多民族国家等,初步确定了本单元的主题为"多元一体的中华文明"。为了充分挖掘地方本土历史资源,推动历史育人方式变革,笔者基于项目式学习的教学理念,将教材知识和本土资源有机结合,选取了新石器时期的代表宝墩遗址作为研究对象,对本单元的主题进行了调整,最终确定为"古蜀人是中国人吗"。

3. 基于项目式学习、制定单元任务群

根据项目式学习的特点,笔者以"何为中国人"这一核心问题驱动任务,将本单元设计为4课时,分别为第1课时:统编版新授课"中华文明的起源与早期国家"、第2课时:研学实践课"寻根古蜀宝墩"、第3课时:主题探究课"古蜀路,中华魂"、第4课时:作业展示课"多元一体的中华文明"。在第1课时派发了任务1、第2课时派发了任务2、第3课时派发了任务3,形成大单元任务群,由浅入深、由易到难、层层递进、环环相扣。具体如表1所示。

表1 高中历史大单元任务群——以《中外历史纲要》(上)第一单元为例

单元主题	任务1	任务2	任务3
古蜀人是中国人吗	从文献与实物两个层面梳理早期国家形成与发展历程,了解私有制、阶级与国家产生之间的关系	从历史、地理等学科角度进行资料收集、实地参观、主题探究,明晰古蜀文化与中原文化的关系	以研究报告的形式呈现早期中华文明起源的历程,认识古蜀文明是中华文明的重要组成部分,理解中华文明多元一体的内涵

(二)项目实施

1. 创设情境,引入任务

在第1课时"中华文明的起源与早期国家"的授课中,笔者在课前将全班分为实物小组和文献小组,派发任务1。实物小组结合教科书第2~4页内容,依据时间顺序设计表格梳理石器时代、青铜时代的发展历程(建议包括阶段划分、时间、典型遗址、生产力发展情况、阶级关系、社会形态等内容),研究早期中华文明起源的特点与私有制、阶级和国家产生之间的关系;文献小组则是搜集甲骨文、青铜铭文和相关文献记载的史料,解释王位世袭制、宗法制和分封制的内涵,探究古代中国"家国同构"的政治特点。

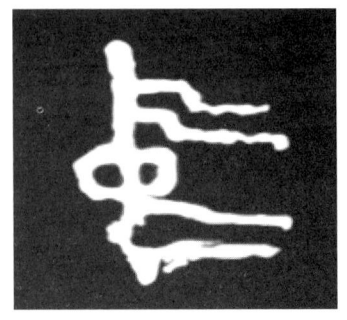

在课中,首先呈现上图,提出问题"大家认识这两个字吗",引出主题。接着,呈现西周青铜器"何尊"上的中国金文图片,营造探秘中华文明起源的学术情境,进一步追问:"如果在商周时期,古蜀人会认为自己是中国人吗?""如果在今天,四川人会认为自己是中国人吗?""为什么会出现这种认知差异,让我们带着疑问进入'多元一体的中华文明'的单元学习。"通过学术情境的创设,导入新课,激发学生学习的主动性和积极性,让学生在问题的解决中理解和运用知识。

2. 师生互动,发现问题

笔者从国之出现、国之形成、国之扩大三个环节构建本单元的知识结构。在此过程中,学生以小组为单位,展示课前预习成果,老师适时点拨,学生自主学习,理解新知,发现问题。笔者发现,学生对如何运用两重证据法解决历史问题认识不足,因此设计第 2 课时研学实践课《寻根古蜀宝墩》,派发任务 2,带领学生走进考古现场,感悟历史真相。

3. 小组合作,任务分工

研学实践课分为行前、行中、行后三个部分。笔者首先在行前按照宝墩遗址包含的不同学科类别将学生分为历史组、地理组、建筑组、综合组,派发任务 2:(1)历史组了解宝墩遗址的历史沿革,研究宝墩文化与三星堆文化、宝墩文化与古蜀文化的关系;(2)地理组从宝墩的选址,分析古人在宝墩建城的原因,进一步思考可能影响城市布局的因素有哪些;(3)建筑组分析宝墩古城墙的特点,查阅资料并思考古城墙一般有哪些功能或作用;(4)综合组广泛涉猎各方面的知识,整体完善宝墩文化的内容。然后完成《研学手册》前置作业,并互评完善。具体如表 2 所示。

表 2 《中外历史纲要》(上)第一单元任务 2(1)

	历史沿革	地理特色	后世影响
宝墩			

《中外历史纲要》(上)第一单元任务 2(2)

	方法一	方法二	方法三
古城墙的制作方法			

在行中,学生分组参观宝墩遗址,效仿古蜀先民,利用给定的材料分组完成城墙模型搭建、竹骨泥墙式房屋搭建、弓箭制作、陷阱制作等任务,并完成《探究项目报告》(具体见表 3)。

表 3 高中历史研学实践课——《探究项目报告》

探究时间	
探究小组	
指导老师	
探究过程	1. 收集并列出宝墩遗址的基本信息。 <table><tr><td>位置</td><td></td></tr><tr><td>来源</td><td></td></tr><tr><td>规模</td><td></td></tr><tr><td>生存方式</td><td></td></tr><tr><td>技能</td><td></td></tr><tr><td>象征</td><td></td></tr></table> 2. 贴出你拍摄的宝墩遗址的相关图片并进行简单描述。 3. 分享下你收集到的宝墩遗址的相关传说以及你对它消失的猜想和看法。 4. 写出宝墩文化与中华文明的关系。 5. 写出研学收获。联系实际，讨论保护优秀古代文明的措施。

4. 整合资料，集中研讨

研学实践课后派发任务 3，要求学生根据研学中的发现和疑惑，进一步查阅、完善宝墩文明与三星堆文明、宝墩文明与金沙文明、宝墩文明与中华文明之间关系的论证，各小组以研究报告的形式呈现早期中华文明的演进历程。在主题探究课"古蜀路，中华魂"上，学生进行主题汇报。再围绕古蜀文明的迁徙之路、融合之路、复兴之路，引导学生小组合作探究古蜀先民迁徙路线，论证史学界关于中华文明起源的不同观点，撰写古蜀文明的解说词，在古蜀道路发展的过程中寻找天府文化的内涵，进而以小见大，帮助学生认识中华文明多元一体的发展趋势，厚植家国情怀。

5. 制定方案，展示成果

为了进一步巩固统编版《中外历史纲要》（上）第一单元的学习成果，笔者开设了第 4 课时作业展示课"多元一体的中华文明"，要求学生针对这一单元所完成的相关作业（如时空地图、思维导图、研究报告、文创设计等），分类别设计作业评价标准，评比优秀作业并全班展示。通过这一过程，学生的学习过程从"形式单一"变为"丰富多样"，从"沉重负担"变为"高效优质"，从"无效评价"变为"长效机制"，有利于切实关注学生状态，捕捉真实表现，全面推进核心素养的落实，促进教、学、评有机衔接。

（三）项目评价总结

1. 评价反馈

笔者坚持普遍性和独特性相结合的原则，对基于深度学习的高中历史 PBL 型单元教学建立了多样化的评价方式。一是过程性评价与结果性评价相结合。过程性评价主要体现在研学实践和汇报展示两个阶段。在研学旅行过程中，教师以小组为单位，要求组长带头、分工合作，鼓励学生从工作中认识自我价值，同时注重团队合作、成果分享；每项活动结束后，教师和学生进行讨论，在讨论中对学生的活动作出相应的评价，并积极地引导学生作出正确的评价和总结；在汇报展示中，教师公正理性地评价，鼓励每个学生发挥自己的特长，使他们在实践活动中形成了成就感和认同感；而结果性评价是活动以后进行的总评。二是自我评价、小组评价、教师评价相结合。让学生根据实际情况填写《活动自我评价表》，帮助学生及时总结、客观评价活动小组组内互评，引导学生正确评估活动中自己和别人的表现，从中发现自己的成功和不足，明确自己在团队中的作用，培养团队合作的意识。教师对学生实践报告进行评定，发现学生问题，提出解决方案，促进学生提高参与社会实践的能力，形成正确的思维模式和积极的社会价值观念，为将来学生了解社会、融入社会打下基础。综合实践活动学生自我评价及历史研学活动评价量表分别见表 4、表 5。

表 4　学生自我评价

活动主题			
评价内容	非常符合	符合	一般
我对想从事的职业了有更深的了解			
我知道了实现理想职业的努力方向			
参加职业体验对我帮助很大			
为研究的职业推广设计很有意义			
我在本次活动中表现的最好的方面			
我在本次活动中需要加强的方面			
我在本次活动中的收获			

表 5 历史研学活动评价

姓名（班级）					
评价项目	具体内容	评价维度			
		优秀（10分）	良好（7分）	一般（3分）	较差（1分）
情感态度	①活动参与程度				
	②抗挫能力强度				
合作交流	①合作交流意识				
	②团队协作能力				
	③小组贡献程度				
处理分析	①信息处理能力				
	②交流分析能力				

2. 总结反思

本文是笔者将项目式学习融入高一历史单元教学的初步尝试，由于篇幅有限，文章未系统展示项目式学习教学模式在历史教学中的运用。经过2个多月的实践研究，笔者发现，通过项目式学习，学生以小组为单位分工合作、实施项目、总结评价，这一系列过程有助于提高学生思维的敏锐度，也使学生的表达能力、合作能力、自主学习能力获得不同程度的提高。在整个活动过程中，教师以组织者、指导者的身份参与，将更广阔的学习空间留给学生，使其得以在项目式学习中获得专业技能的锻炼和历史素养的提升，但也存在一定的局限性。

首先，教师需要有足够的精力与能力实施基于深度学习的高中历史 PBL 型单元教学。要想在历史教学中熟练运用项目式教学模式，就必须花费大量的时间搜集大量的文献资料并进行深入的实地考察，制定具有实效性、可操作性的教学设计。因此，在今后的教学实践中应思考如何充分发挥学生、备课组和教研组的集体力量，从而减轻教学备课负担。

其次，学生也并非全员参与，个别小组内的成员存在过分依赖学优生的情况，缺乏独立思考的能力。笔者了解这一情况后，及时进行调整，缩小小组规模，将学生从8人一组变成4人一组，取得了一定的成效。因此，基于项目式学习的单元教学在教学实践中应具有阶段性与不可复制性，教师必须从本班学生的具体实际出发，及时把控过程中的生成性问题，并不断做出调整。

最后，在现行高考升学指标的要求下，基于项目式学习的单元教学评价机制的信效度值得商榷。学生在项目式学习过程中是否真正培养了学科核心素养并能提高自己的学习成绩，这需要时间验证。

参考文献：

［1］赵笑梅. 教育心理学［M］. 北京：北京师范大学出版社，2017.
［2］布鲁纳. 布鲁纳教育文化观［M］. 宋文里，译. 北京：首都师范大学出版社，2012.
［3］布鲁纳. 布鲁纳教育论著选［M］. 邵瑞珍，等译. 北京：人民教育出版社，1989.
［4］陆有铨. 皮亚杰理论与道德教育［M］. 北京：北京大学出版社，2012.
［5］罗伯茨. 跨学科主题单元教学指南［M］. 李亦菲，译. 北京：中国轻工业出版社，2005.
［6］郝文武，龙宝新. 教育学原理［M］. 北京：北京师范大学出版社，2012.
［7］叶澜. 教育研究及其方法［M］. 北京：中国科学技术出版社，1990.

从主题到议题
——群文阅读带来的理念转变

代 中[①]

摘 要：群文阅读把阅读教学由"单篇"引向"群文"，这一形式变化带来的是阅读教学理念的变革。传统阅读教学在文本组合、课堂教学上多以"主题"为架构原则，与之相较，群文阅读中的"议题"反映出对阅读策略的关注度提高、对"课堂语境"的控制减弱、更追求阅读效率的理念变化。通过议题架构起的群文阅读课堂对于学生阅读兴趣培养、阅读方法掌握、语文素养提升都有极其重要的意义。

关键词：群文阅读；议题；主题教学；文本

群文阅读教学实践来源于多文本阅读教学尝试，这种尝试在形式上被划分为"教材单元整合""一篇带多篇""一本带多本""主题阅读""由课内到课外"五个层级。尽管已有大量专家名师对群文阅读教学进行了实践或研究，但现今群文阅读教学还处于一种浅层体验状态，多数尝试者只是把群文阅读看作与单篇阅读相对应的一种阅读教学，过度关注五个层级中的形式变化，对理念变革还缺乏深入探讨。本文立足于传统教学中的"主题"到群文阅读中的议题这一变化，探讨群文阅读带来的理念转变。

一、议题辨析

生活中，"议题"一词常用在有必要对某事进行商讨的会议场合，会议中的"议题"是指各参会人员围绕某一件事或某一活动进行讨论研究的对象。与之相似，议题一词被引入群文阅读教学，指的是一组选文中所蕴含的可以供师生展开讨论的话题。从这一概念来看，议题应具有以下几个特质。

（一）可讨论性

按照"议题"二字的字面意思，可讨论性应该是议题最根本的特质，要想学生参与对议题的探索并取得良好效果，议题本身要给学生留下思想和表达的空间，并且这个空间应该有足够大的体积。建构起空间之"大"可以为问题解决方法的多样性提供可能，

[①] 作者简介：代中，成都市温江区第二中学教师。

也可以为问题答案的多样性提供可能，这两点在传统阅读教学上是较容易把握的，这里不再赘述。需要强调的是，群文阅读教学中的议题还应该为产生多种切入点提供可能，这有助于延伸出更多可供学生思考的新的子议题，也是群文阅读鼓励学生进行自主架构的要求。如古诗词中的"月"这一事物，在多数课堂上，它被当成一种意象来解读，指向于感受或分析古人通过月抒发的思想感情，其实在不同古诗词中，月的形态不尽相同。诗人词人为什么喜欢以月抒情，寄托于月的情感也不尽相同等等，这些思考方向都可以作为教与学的切入点，这便是"古诗词中的月"这一议题为不同的教学切入点提供了可能。

（二）随意性

这里的"随意"是针对课堂教学过程来说的，在传统阅读课堂上，教师与学生一般都是谨慎对待文本，由文本重点细节与文本整体去解读文本内涵，形成了一定的解读规律，如王荣生教授所说的从文章"炼字炼句处"和"章法考究处"解读文本，才能更好地把握文本深层含义，就是文言文教学中一种很好的解读规律。然而在议题的引导下，群文阅读教学却显得不那么谨慎，这些议题常引导学生提取每篇文本中极少的信息，往往关注不到整篇文章的章法考究，甚至放弃单篇文本中的一些重要元素，传统解读规律有时也不复存在。相应地，课堂评价多关注于议题是否引发了学生自主的有价值的思考，而不是关心思维的走势是否符合一定的路线。如蒋学晶老师组合《阿贵只有九岁》《打过架那天的夕阳》《等待》《赠汪伦》几篇文本，提炼出"什么是朋友"这一议题，从而最大化地丰富学生对"友情"的理解，可以看出，这样的议题指向于让学生关注几篇文本中人物是如何对待朋友的，学生稍稍对文本部分内容加以提炼即可对议题加以探究，而每篇文本的结构章法、"夕阳""桃花潭水"这些事物蕴含的情感、忽闻岸上踏歌声中的"忽"字等重要元素，因为有议题的存在，是可以暂时旁置的。

（三）延展性

议题带来的思考或者讨论可以纵向深化议题本身，也可以产生横向延展，有时甚至会出现跨学科的学习，议题拓宽了语文学习和应用的领域，通过不同内容的交叉融合，课堂教学可以迁移到相似情境中解决实际问题或满足某种现实需要。因此，议题应开放而有活力，既可以调动学生兴趣，又可以引导学生自由思考，得出自己的答案，从而激发学生的想象力和创造潜能。如蒋学晶老师"创世神话"一课，学生从各创世神话之间的相同与不同中发现了神话的很多秘密，如"英雄崇拜""宇宙卵母题""垂死身化母题"等等，学生的这些认知早已超出每篇文本中文字本身留下的既定信息，议题带给了学生超越本文的可能。

二、由主题到议题带来的理念变化

对"主题"的理解存在广义和狭义之分，有的西方文艺评论家认为，主题阅读就是阅读两本以上的书，这些书的相关之处，也就是所有书都谈到的东西，就是所谓的主题。这属于广义的理解。对传统阅读教学中主题的理解更倾向于狭义层面：主体应该是一种思想、一种精神，或是一种情感，如《珍珠鸟》中的相互信赖、《秋天的怀念》中生命的坚韧、《小狗包弟》中的灵魂拷问等。群文阅读与传统主题阅读在形式上都涉及多文本的阅读教学，二者似乎同样有一个贯穿多篇文本的主题。然而，根据对主题的理解以及上文对议题的辨析，我们可以看到，从"主题"到"议题"的过程中，蕴含了一些理念上的转变。

（一）对阅读策略的关注度提高

最近两三年，随着 PISA、PIRLS 等阅读测试的引进，我们明显看到学生在把握阅读策略上的不足，越来越多的人由注重"引导学生读"到开始关注"教学生怎么读"。在传统主题阅读教学实践中，也常常体现某些阅读策略，但始终存在一些硬伤。

在传统主题阅读教学中，学生运用的阅读策略往往是比较单一的。传统主题阅读教学由于有"大主题"的存在，学生运用某种阅读策略解决问题的目的几乎一致：利用文本得出主题。于是我们在教学过程中常常发现这样的现象：学生在阅读时过度关注于一篇文本中不太重要的部分，导致重要信息提取不全，有时由于这些不重要文本的字面含义太过深奥，学生在阅读过程中会产生挫败感，从而影响对文本的整体性把握。如这样一段文字："为建设好城市地下管网，让城市整体有面子的同时更有'里子'，应该注重建设理念的变革，A 城市运用××法……B 城市运用××法……都取得了较好的效果。"这段话中 A 城市 B 城市各自的做法是不重要的，读者只需要知道两座城市是在建设好城市管网方面，成功通过理念革新取得了成功，重点应该是"理念变革"四个字，除此之外，过度关注两座城市的具体做法是没有意义的。在传统阅读教学中，为了由文本得出主题，学生常被引导对某些部分进行精读，有时甚至会被要求精读全文，长此以往，学生哪还有果断放弃某些文本内容的勇气，这便是关键信息统整意识还不强的体现。有时我们看到，学生虽然能把握好文本主题，但是一旦教师或试卷出题人提出一些需要脱离文本进行思考的问题，学生便觉得无从下手，称自己"没有什么想法"。这种现象的出现与阅读课堂的延展性不够有关，更与没有掌握好"辨析"这一阅读策略有关。

在群文阅读教学中，不同文本的观点不同让学生训练了"辨析"，议题的具体指向让学生训练了"统整"，文本的相似性让学生训练了"联结"等等，相比于传统主题教学，引导学生运用的阅读策略是多样的。并且，群文阅读相比于单篇阅读，文字数量明显成倍增多，思想观点也变得更加丰富，当然更需要师生采用多种合适的阅读策略来准确提炼文本信息，形成自己的看法。

（二）教师对"课堂语境"的控制减弱

有人认为，传统阅读教学强调每一篇课文有一个明确的主题思想，还被强制规定了"正确的文本理解"，这样的课堂被正确的思想、正确的知识充斥，抹杀了阅读自身充满多元理解、精神建构的本性。这样的理解是过于绝对的，从杜威凭借实用主义教育思想构建起现代教育体系开始，多数课堂早已不再以教师的教为核心，在传统阅读教学中，只要充分尊重学生的主体地位，一样可以很好地把建构的权利交给学生，形成多元化的理解，传统阅读教学与群文阅读教学的区别不在于此。我们认为，在知识建构层面，传统阅读教学中的主体与群文阅读中的议题比起来，区别在于教师对"课堂语境"的控制。

"语境"即语言环境，指的是说话时人的状况和状态。语言环境有多种，一般地说，有自然语言环境、局部语言环境和自我营造的人工语言环境。在传统主题教学中，教师无形中营造的课堂语境实际上会对学生的理解产生极大的影响。相比于群文阅读中"主题"的退隐，传统阅读教学中的主题是显性的。在课堂开始阶段，主题就在一定程度上控制了课堂语境。如在诗歌教学中，多数教师会让学生做到"知人论世"，即在课堂开始阶段介绍诗歌创作背景，并常要求学生理解诗歌中的意向，反复朗诵重要诗句等等。这些教学行为无不指向一个共同方向：理解诗人想要抒发有一定倾向性的思想感情，于是在这样的课堂中，学生的大多数思考逃离不出"分析有倾向性的思想感情"这一范围，即使最后学生会根据自己的理解得出不一样的答案，但整个课堂的语境也算是确定的，而不是自主建构的。前文中提到的"一般解读规律"，实质上也可以反映教师对教学语境的控制。

群文阅读教学当然也有主题，但主题不再是既成的和强制的，被怎样的"课堂语境"引导，对于学生来说是有架构的权利的。如在"创世神话"一课中，学生发现每一个神话中有不同的民族元素，这便是进入了分析神话创作主体这一语境；学生进一步发现创世都和"蛋"有关，就进入了分析古人世界观这一语境；当引导学生分析为什么各国的创世神话有相似之处时，课堂语境就变得不那么明显了，学生可以根据自己的理解谈到"垂死身化"、大陆漂移说、史前文明等等。在这样的课堂中，教师没有在课堂开始阶段就急于控制整堂课的教学语境，很多问题都是靠学生生成的，学生建构的空间很大，最终掀起课堂的思维风暴就比较容易了。

因此，不能说群文阅读教学开创性地鼓励学生表达自己的想法，而是进一步减弱了对"思考环境"的控制，为不同的建构方向提供了自由宽松的场地。

（三）对阅读效率的追求

这一点与前文中提到的教学策略有一些联系，但群文阅读教学对阅读效率的追求是更加明显的，所以单独列出来分析。传统主题教学倾向于让学生以理解文本主题为目标，更着重对重点文本的精读；群文阅读教学中的议题本身具有随意性，具体表现为文本组合线索多样化。

现行教材文本组合线索偏人文化和体裁一致化，如对自然的关爱、对弱小的同情，这些是人文的；把文艺评论、散文、小说放在一个单元则是关注到文章体裁。在群文阅读中，文本组合线索更加多角度、多面向，如以作者为线索、以某种修辞为线索、以某个具体事物为线索等。议题的随意组合带来的变化是议题与单篇文本的联系相较于主题是不大的，所以学生提取单篇文本中与议题相关的内容即可，对于其他文本一般选择直接放弃，阅读文本的速度自然得到了提高。

提取关键信息的训练形式上就是在追求阅读效率的提高，传统主题教学虽然对学生的思维深度提出了较高的要求，但有时难以避免读得慢、教得慢、过于追求面面俱到、没有必要的提问与思考等问题，而这些问题在群文阅读教学中是比较容易避免的。

三、理念转变的必要性

全面提高学生的语文素养是课程标准提出的语文教育的目的和基本理念，群文阅读体现了把语文知识和人文精神转化为语文素养的基本要求。群文阅读教学通过多文本形成了一个更大的学习空间，能让学生更容易把知识与自身体验很好地结合起来，在保持探索兴趣的同时，又能够充分自由发挥。

而且，如今阅读教学课堂上普遍贯彻了以学生为主体，教师为主导的准则，但是单一文本教学或多文本主题教学本身就对学生的自由发挥有所抑制。主题教学一般比较重视文本深层内涵的挖掘，而内容本身的横向拓展以及批判性思维的培养常常无法体现，可以说，以多文本为基础形式的群文阅读教学是突破这层抑制的新的尝试。加上在现代社会中，产生和接受信息的载体日益便利化、多样化，信息接收者如果不掌握一定的接受策略，不经过思考形成独立的看法，就很可能不能很好地把握关键信息或成为信息的奴隶，这也是当今阅读教学呼唤由引导学生"在读"变为指导学生"会读"的一大原因。

参考文献：

[1] 王荣生. 文言文教学教什么［M］. 上海：华东师范大学出版社，2014.
[2] 蒋军晶. 语文课上更重要的事：关于单篇到"群文"的新思考［J］. 人民教育，2012（12）：30-33.
[3] 艾德勒，范多伦. 如何阅读一本书［M］. 郝明义，朱衣，译. 北京：商务印书馆，2014.
[4] 王雁玲，任培，黄利梅. 群文阅读中的"议题"：思考与建议［J］. 教育科学论坛，2015（10）：13-17.
[5] 于泽元，王雁玲，黄利梅. 群文阅读：从形式变化到理念变革［J］. 中国教育学刊，2013（6）：62-66.

基于情感教育的小学诗歌课程教学设计研究

刘淑英[①]

摘 要：情感教育在小学诗歌教育中扮演着重要的角色。情感教育的基本原理包括情感认知、情感表达、情感调节和情感关系。明确的情感目标可以为教学提供方向和评估标准，包括培养学生的情感表达能力、情感认知能力和情感态度。活动设计应该为学生提供丰富的体验和表达机会，如情感体验、情感表达和情感分享活动。情感教育策略可以帮助学生认识和管理情感，如情感共鸣、情感引导和情感反思策略。通过情感教育，学生能够更好地理解诗歌作品中的情感内涵，提高情感表达能力，培养积极的情感态度，并促进与他人的情感交流与合作。

关键词：情感教育；小学诗歌教育；教学设计框架

情感教育是一种注重培养学生情感能力和情感态度的教育理念。通过情感教育，可以促进学生积极情感的培养，提高学生情感表达的能力，培养学生的情感认知和情感管理能力。在小学阶段，诗歌作为一种艺术形式，可以充分调动学生的情感，激发他们的创造力和想象力。因此，基于情感教育的小学诗歌教育可以帮助学生更好地理解诗歌的情感内涵，提高情感表达能力，培养情感态度和情感价值观。

一、概念明晰

情感教育是一种以培养学生情感素质和情感智力为核心的教育理念。它强调情感的重要性，并认为情感与学习、个人发展和社会适应密切相关。情感教育的基本原理包括情感认知、情感表达、情感调节和情感关系。

在小学诗歌教育中，情感教育起着重要的作用。通过情感教育，学生能够更深刻地理解诗歌作品中的情感内涵，提高情感表达的能力，培养积极的情感态度，并促进与他人的情感交流与合作。

在小学诗歌教育中，基于情感教育理念构建适用的教学设计框架是必要且有效的。这样的框架可以帮助教师更好地引导学生在诗歌学习中培养情感能力，提升情感认知，并塑造积极的情感态度。

---

① 作者简介：刘淑英，中小学二级教师，成都市实验外国语学校附属小学教师。

首先，明确情感目标是设计框架的重要一环。通过明确情感目标，教师可以有针对性地培养学生的情感表达能力、情感认知能力和情感态度。目标的具体性、可量化和可观察性有助于教师进行评估和调整教学策略，确保情感目标的实现。

教学活动设计是教学设计框架的核心部分。通过设计多样化的活动，教师可以帮助学生培养情感能力和情感态度。情感体验活动可以通过观察大自然、回忆个人经历等方式，让学生深入感受情感的真实性和多样性。情感表达活动，如诗歌朗诵、创作和角色扮演，可以让学生通过表达自己的情感来提升表达能力和情感交流能力。情感分享活动，如小组讨论和合作创作，可以促进学生之间的情感交流与合作，培养学生的同理心和合作意识。

最后，情感教育策略在教学设计框架中发挥重要的指导作用。运用情感教育策略，教师可以引导学生的情感培养和情感态度的塑造。情感共情策略可以帮助学生理解他人的情感，提升情感共鸣和同理心。情感引导策略可以引导学生表达情感，激发他们积极参与诗歌学习和表达。情感反思策略可以帮助学生认识和管理自己的情感，增强情感调节的能力。

二、情感目标：提供明确的方向和评估标准

明确的情感目标在小学诗歌教育中是至关重要的，它们为教学提供了明确的方向和评估标准。下面将详细探讨情感目标的具体内容。

（一）培养学生的情感表达能力

在小学诗歌教育中，培养学生的情感表达能力是一个重要的目标。学生通过诗歌表达自己的情感，能够帮助他们提升自己的情感表达能力，增强沟通和交流能力。例如，通过学习和朗读优秀的情感诗歌作品，学生可以学会运用声音、语调和肢体语言等方式来传达情感，使他们的表达更加生动有力。

（二）培养学生的情感认知能力

情感认知能力是指学生对自己和他人情感的认知和理解能力。在小学诗歌教育中，培养学生的情感认知能力可以帮助他们更好地理解诗歌中表达的情感，增进对自己和他人情感的认知与理解。

（三）培养学生的情感态度

培养学生的情感态度是指引导学生形成积极、健康的情感态度，例如善于理解和尊重他人的情感，拥有敢于表达情感的勇气，具备乐观顽强的心态等。在小学诗歌教育中，培养学生的情感态度可以帮助他们更好地与他人相处、应对困难和挫折，并拥有积极向上的精神意志。

明确的情感目标在小学诗歌教育中具有重要意义。通过明确这些目标，教师可以为

教学提供清晰的方向和评估标准，帮助学生培养情感表达能力、情感认知能力和情感态度，促进他们在诗歌学习中全面发展。这些目标的实现可以借助多样化的教学活动和情感教育策略，同时也需要教师的积极引导和关注。

三、活动设计：获取丰富的体验和表达机会

在小学诗歌教育中，活动设计发挥着关键作用，可以为学生提供丰富的体验和表达机会。通过设计多样化的活动，可以激发学生的情感参与和情感表达，帮助他们更好地理解和感受诗歌作品中的情感内涵。以下是一些可能的活动设计方向。

（一）情感体验活动

通过创造性的方式，让学生亲身体验与诗歌相关的情感。例如，安排户外活动，让学生观察大自然、欣赏景色，并引导他们描述自己在其中感受到的情感。此外，也可以鼓励学生回忆个人经历，分享与诗歌主题相关的情感体验，从而加深对情感的理解和认知。

（二）情感表达活动

为学生提供各种表达情感的机会，培养他们的情感表达能力。例如，举办诗歌朗诵活动，让学生通过声音、语调和表情等方式表达诗歌中的情感。此外，还可以鼓励学生进行诗歌创作，让他们通过书写词句表达自己内心的情感和体验。

（三）情感分享活动

在学生中组织情感分享活动，促进学生间的情感交流与合作。例如，安排小组讨论，让学生就特定的诗歌主题展开交流，分享彼此的情感体验和理解。此外，也可以进行合作创作活动，让学生共同创作一首诗歌，通过合作与分享的过程，增进彼此之间的情感认知和团队意识。

通过这些多样化的活动设计，学生可以在情感上得以充分的体验和表达。他们能够更好地感受和理解诗歌作品中的情感，同时也能够通过表达和分享加深对情感的认知和理解。这些活动设计有助于培养学生的情感能力和情感态度，促进他们在小学诗歌教育中的全面发展。教师在设计活动时应根据学生的年龄特点和实际情况进行调整，并关注学生的参与度和反馈，以不断优化活动效果。

四、情感教育：帮助认识和管理自己的情感

情感教育在小学诗歌教育中具有重要的作用，它有利于帮助学生认识和管理自己的情感，进而培养学生的情感态度和情感技能。以下是对几个关键方面的讨论。

(一) 情感认知

情感教育可以帮助学生认识和理解自己的情感。教师可以引导学生通过反思和讨论认识自己在诗歌阅读和表达中所产生的情感反应。学生可以思考和描述自身情感的特点和影响，这样有助于更好地理解自己的情感体验，并提升自身的情感认知。

(二) 情感表达

情感教育还鼓励学生积极表达情感，不论是通过口头表达还是书面表达。学生可以通过诗歌朗诵、创作和角色扮演等方式。将内心的情感转化为语言和行为。这种情感表达的实践不仅可以帮助学生更好地表达自己的情感，还提升了他们的表达能力和情感交流技巧。

(三) 情感调节

情感教育也注重帮助学生管理和调节自己的情感。教师可以教授学生一些情感调节的技巧，例如情绪管理、冲突解决和压力应对等。学生通过学习这些技巧，可以更好地应对情感困扰和挑战，提升情感调节能力，并促进他们的心理健康和情感成长。

(四) 良好氛围

在情感教育中，教师扮演着重要角色。他们应该充当学生情感发展的引导者和支持者，创造积极的学习氛围与情感环境。通过示范、引导和反馈，教师能够帮助学生更好地认识、表达和管理情感。此外，教师还可以与家长和学校合作，共同关注学生的情感发展，建立积极的家校合作机制，为学生提供全方位的情感教育支持。

五、案例展示

这是一节关于儿童诗教学的示范课，主题是"风"。

(一) 情感目标设计

1. 培养学生的情感表达能力

- 学生能够通过言语、形象等方式生动地表达风对不同事物的影响。
- 学生能够使用拟人和比喻等修辞描述风与柳条、花儿、风铃的互动场景。

2. 培养学生的情感认知能力

- 学生能够深入感知和理解风对不同事物的情感影响。
- 学生能够通过阅读儿童诗《冬风》等作品，发现不同诗人对风的描写方式，拓展对诗歌中情感的认知。

3. 培养学生的情感态度

- 学生能够欣赏和尊重自然界的力量。
- 学生能够通过创作童诗表达自己对风的情感和对自然界的热爱。

(二)教学活动设计

1. 声音导入,激活思维

- 教师播放风的声音,并引导学生观察风在生活中的表现。
- 学生回答在哪里看见过风,并描述风对不同事物的影响。
- 设计意图:通过播放风的声音和引导学生观察风在生活中的表现,激发学生的思维,让他们回忆和描述自己在哪里看见过风以及风对不同事物的影响。这样的活动设计旨在让学生通过感知和思考来体验和表达情感。

2. 策略可视,明晰思维

(1) 将风吹动柳条的场景说得有趣。
- 教师展示柳条的动图,引导学生对风吹动柳条的场景进行描述。
- 运用拟人手法,描述风抱着柳枝荡秋千的有趣场景。
- 学生自由发挥,用不同的动词来描述风和柳条的互动,如"抱""扯""跑""牵""躺"等。

(2) 将风吹动花儿、风铃的场景说得有趣。
- 教师展示花儿和风铃的动图,引导学生思考风与花儿、风铃互动时的情景。
- 学生描述风与花儿的互动,如风吹花儿导致脸红等。
- 学生自由发挥,用有趣的描述词句表达风与花儿、风铃的互动场景。
- 设计意图:通过展示柳条、花儿和风铃的动图,引导学生对风与不同事物的互动场景进行描述。教师鼓励学生运用拟人手法和有趣的描述词句来描绘风与柳条、花儿、风铃的互动情景,以提升学生的想象力和情感表达能力。

3. 范文引路,提升思维

- 教师呈现儿童诗《冬风》,鼓励学生自由阅读,并找出其中最有趣的部分。
- 学生朗读自己选定的诗句,并与教师合作进行朗读。
- 教师引导学生发现不同诗人对风的描写方式,提高学生对诗歌的理解能力。
- 设计意图:通过呈现儿童诗《冬风》,鼓励学生自由阅读,并找出其中最有趣的部分。学生与教师合作进行朗读,通过对诗歌的朗读和讨论,提高学生对诗歌的理解能力,进一步感知和体验诗歌中传达的情感。

4. 童诗创作，外显思维

- 教师鼓励学生根据自己对风的理解和想象，创作个人的童诗。
- 学生用自己的名字签署创作的童诗，并将其写在学习单上。
- 设计意图：教师鼓励学生根据自己对风的理解和想象创作个人的童诗。学生通过创作童诗来表达自己对风的情感和对自然界的热爱，从而外显自己的思维和情感。

（三）情感教育理念

1. 情感认知

引导学生认识和理解自己在诗歌阅读和表达中所产生的情感反应。在活动设计中提出问题，鼓励学生思考和描述自己在观察风、阅读诗歌以及创作童诗时感受到，帮助他们更加深刻地认识自己的情感。

2. 情感表达

在活动设计中安排诗歌朗诵的环节，让学生通过声音、语调和表情等方式表达诗歌中传递的情感。此外，鼓励学生进行诗歌创作，让他们用自己的词句表达内心的情感和体验，进一步培养学生的情感表达能力。

3. 情感调节

在活动中，教师可以引导学生分享自己调节情感的方法和策略，让他们在诗歌阅读和表达中感受到情感调节的重要性，并学会应用这些技巧。

4. 积极学习的氛围和情感环境

教师在课堂中创造积极的学习氛围和情感环境，鼓励学生敢于表达自己的情感和想法，尊重他们的情感体验。教师可以给予学生正面的反馈和鼓励，帮助他们建立积极的情感认知和情感态度。

结　语

在小学诗歌教育中，情感教育的重要性不容忽视。通过构建基于情感教育理念的教学设计框架，我们可以帮助学生培养情感表达能力、情感认知能力和情感态度，提升他们对诗歌的理解和欣赏能力。在这个设计框架中，明确的情感目标为教学提供了明确的方向和评估标准，活动设计则为学生提供了丰富的体验和表达机会，情感教育则帮助学生认识和管理自己的情感。

通过情感教育，学生能够更加深入地感受和体验诗歌作品中的情感内涵，从而更好地理解诗歌的意义和价值。情感教育还能够促进学生的情感表达和交流能力，使他们能够用适当的方式表达自己的情感。此外，情感教育还可以帮助学生认识和管理自己的情感，提升他们的情感调节能力，使他们能够更好地应对情感困扰和挑战。

然而，为了实现有效的情感教育，教师和学校需要充分重视和支持情感教育的实施。教师应具备情感教育的专业知识和技能，并与家长和学校建立紧密的合作关系，共同关注学生的情感发展。此外，学校应提供必要的资源和支持，为情感教育提供良好的环境和条件。

参考文献：

[1] 宁爱兵. 情感教育在阅读教育中的渗透［J］. 新阅读，2023（5）：74-76.
[2] 肖志忠. 情感教育在初中语文教学中的运用探讨［J］. 中学课程辅导，2023（12）：6-8.
[3] 马艳梅. 小学语文教学中情感教育的实施策略研究［J］. 智力，2023（7）：171-174.
[4] 刘彩燕. 小学语文教学中情感教育的实施策略研究［J］. 当代家庭教育，2023（4）：183-186.

基于学科整合的高中化学校本选修课教学实践与反思
——以微项目"探秘植脂末"为例

张佳妮[①]

摘　要：笔者以"探秘植脂末"教学为例，认为高中化学校本选修课应该以学科整合作为基本策略，在大概念的统领下，对不同的教学内容进行整合设计，以微项目方式实施，从而实现学生思维方法的整合和核心素养的提升。

关键词：学科整合；高中化学；校本选修课；大概念；微项目

一、课程性质决定了高中化学校本选修课的设计和实施需进行学科整合

高中选修课程是由学校根据实际情况统筹规划开设，学生自主选择修习，学而不考或学而备考，为学生就业和高校招生录取提供参考的课程类别。这决定了选修课程的教学内容需要兼顾学科知识和生活实践，兼顾提升学生学习兴趣和拓展学生知识面，兼顾基础性和综合性，兼顾知识巩固和能力培养。因此，高中化学选修课需要结合生活实践、结合不同学科或领域的知识进行综合式、拓展式教学。虽然学生在分科学习中对知识的某些方面已经有所突破，但却没有建立起相对完整和统一的认识，知识运用上也不能充分联系生活生产实际。而学科整合教学能够打破各学科或领域之间的隔阂，把不同学科或领域的相关知识联系在一起，并通过课堂实施，达到重构知识结构、提升学生核心素养的目的。

对此，笔者一直在进行高中化学校本选修课的相关研究。笔者在学校高中化学校本选修课实施过程中，以学科整合作为基本策略，尝试在大概念的统领下，对不同的教学内容进行整合设计和实施，探索学科整合下的高中化学校本选修课的有效实施途径。下面以微项目"探秘植脂末"为例进行分析。

---

① 作者简介：张佳妮，成都市温江区第二中学校教师。

二、学科整合下的高中化学校本选修课设计和实施——"探秘植脂末"案例分析

（一）教学内容及学情分析

该内容是笔者设计和实施的高一化学校本选修课"化学看……"系列——"化学看生活"中的一节课。教学内容涉及营养素、关联高中化学、生物和营养学中的相关知识。课程实施时间是在高一下学期，此时，学生已经完成了化学学科中营养素（糖类、油脂、蛋白质），以及生物学科中糖类、脂质、蛋白质相关知识的学习。由于不同学科在这部分知识的介绍及检验方法上有所差异，且整体来看对于营养素在生活中的作用以及对人体健康的影响介绍较少，笔者根据学科整合下的高中化学校本选修课设计和实施思路设计了"探秘植脂末"这堂课。目的是让学生在营养素认识上达到整合和统一，并能够通过课程的学习重视食品健康问题。

（二）大概念统领下的跨学科整合教学

本节课的核心目标是通过食品成分（营养素）的探究，引导学生储备相关知识，重视食品健康问题。据此，笔者确定以"人体健康需要合理营养"为大概念统领高中化学、生物学科相关知识，在"营养素"的范围内展开微项目教学，具体实施路径如图1所示。

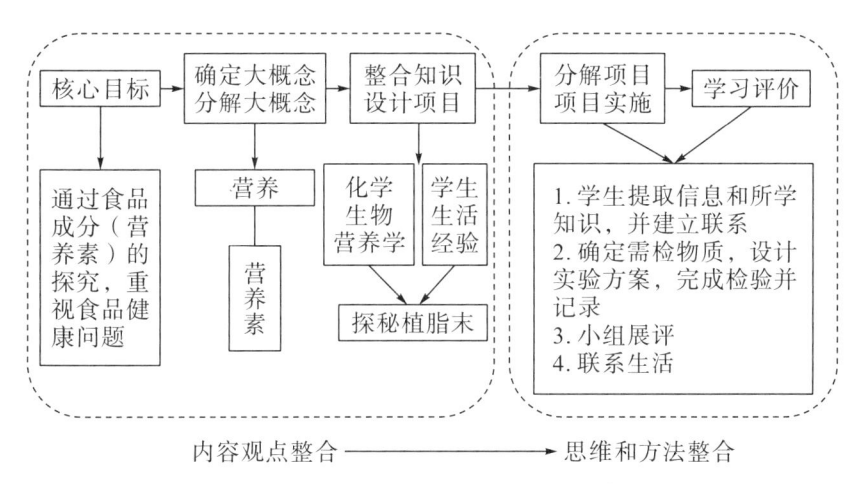

图1 大概念下的学科整合微项目"探秘植脂末"实施路径

1. 基于知识整体建构进行跨学科知识整合教学

笔者认为，学科整合首先是不同学科或领域内容观点的整合。对于该课题，学生的生活经验主要是喜欢喝奶茶店的奶茶，部分学生认为奶茶等含有奶味的食品中含有蛋白质。而已有的学科知识主要是化学和生物中营养素的性质和检验的相关内容（见表1）。

化学和生物上有一些相同之处，但也有很多不同：生物上将能发生斐林反应的糖都称为还原糖，高中化学上只把具有醛基结构的糖称为还原糖；生物上对还原糖的检测用到斐林试剂，对蛋白质的检测用到双缩脲试剂，化学对还原糖检测用的是新制氢氧化铜碱性悬浊液，三者均由硫酸铜溶液和氢氧化钠溶液配置，但配置药品的浓度及方法上有差异，学生经常混淆；化学中没讲油脂检验方法，生物上则学到可用苏丹Ⅲ或苏丹Ⅳ染液进行脂肪的检验。从以上内容可以看出，对于同种营养素，化学和生物上的讲授要么不全面，要么存在差异。这些对学生的学习造成了困扰，不利于学生整体知识构架的形成。

表1 学生已有的营养素知识及生活经验

学生已有学科知识		营养素检验试剂			
		淀粉	葡萄糖	油脂	蛋白质
	高中化学	碘	新制氢氧化铜碱性悬浊液	/	/
	高中生物		斐林试剂	苏丹Ⅲ或苏丹Ⅳ染液	双缩脲试剂
学生的生活经验	学生们都比较喜欢喝奶茶店的奶茶，部分学生认为奶茶等含有奶味的食品中含有蛋白质				

通过微项目"探秘植脂末"，首先能够帮助学生很好地把营养素的相关知识整合在一起。因为从植脂末的成分表可以看出：植脂末主要含有碳水化合物和油脂。加上部分学生认为奶茶等含有奶味的食品中含有蛋白质。该项目的设计可以同时进行植脂末中是否含有糖类、油脂、蛋白质的检验，对相关知识进行巩固和整合。其次，通过该项目，学生们可以了解到哪些食品中添加了植脂末，以及植脂末对我们的身体健康有何影响，从而增强食品健康意识。

2. 基于科学思维发展进行学科思想方法整合

在本节教学中，同为理科的化学和生物有很多共同的实验方法，通过有效的教学设计促使学生整合生物和化学共同的实验方法，求同存异，方法互补，形成完整的知识架构和方法体系，达到方法的整合；通过对微项目任务的完成和小组展评活动，学生能够将碎片化的知识和信息整合在一起，实现从记忆、理解的低阶思维转化为应用、分析、评价的高阶思维的过程，进而实现思维的整合。

3. 基于生活情景进行微项目教学设计和实施

整堂课共分为四个环节。教师首先以学生喜欢的奶茶作为情境引入，提出"奶茶中有奶吗"的疑问。接着在项目任务环节，学生对教师提供的植脂末外包装上的成分信息进行提取，结合情景引入心中的疑问，确定需检验物质；根据需检验物质，激活头脑中已经学过的营养素的检验方法，独自设计实验方案；通过小组讨论，确定实施方案并完成检验，记录实验过程和结果。项目完成后的小组展评环节，学生需要以小组为代表展示自己小组的实验方案，实验现象及实验结论（若是实验失败，还需要提出失败的可能原因），小组间进行学习和互评。最后联系生活，由教师对植脂末的功与过给出资料，对食品健康问题进行升华。具体实施流程如图 2 所示。

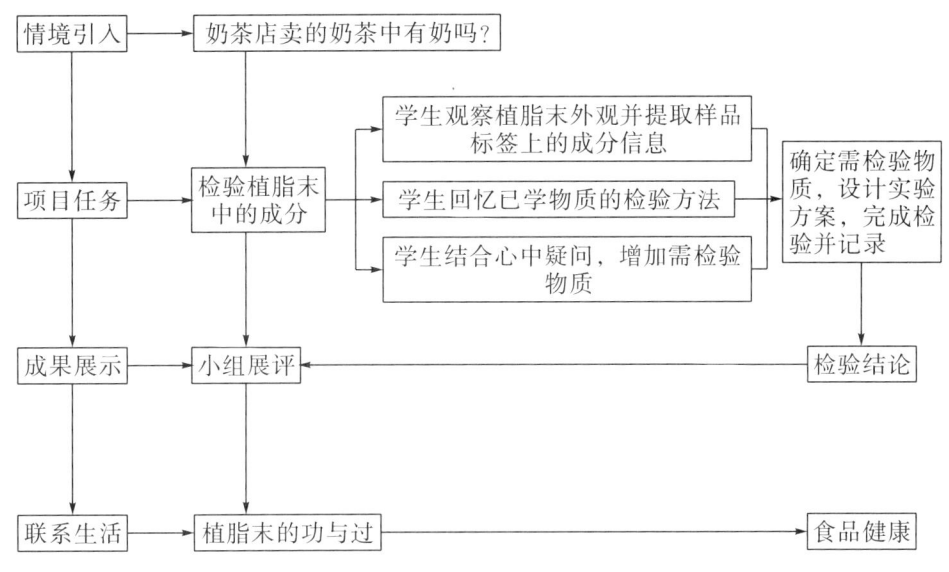

图 2 微项目"探秘植脂末"课例实施流程

三、学科整合下的高中化学校本选修课教学实践反思

笔者通过对学科整合下的高中化学校本选修课实施途径的探索，产生了以下一些认识。

（一）学科整合是高中化学校本选修课设计和实施的基本策略

学科整合是教学改革的大趋势。经过多年的分科教学，教育者们越来越意识到知识不是独立的，而是一个整体。想要帮助学生构建完整的知识体系，只靠分科教学来局部突破，是没有办法实现的，不利于学生全面分析问题和解决问题能力的提升，也不利于学生核心素养的提升。《普通高中课程方案（2017 年版 2020 年修订）》中明确指出要关注学科间的联系与整合，增强课程内容与社会生活、高等教育和职业发展的内在联系。高中化学选修课作为拓展性课程，学科特性有别于必修课程和选择性必修课程，其内容不再是学生升学考试所必考的，所以更应注重提升学生学习兴趣，拓展学生知识面，帮助学生构建完整的知识体系。故高中化学校本选修课的设计和实施应该以学科整合作为基本策略，结合学生的兴趣点，把不同学科或领域的相关知识整合在一起，并通过课堂实施，达到重构知识结构、提升学生核心素养的目的。

（二）以大概念统领实施学科整合教学

分科学习的知识往往有各自学科的侧重点和盲区，比如知识不完整或不同学科间有差异等。大概念作为具有高度抽象性与概括性的核心概念，能够统摄各个学科或领域的相关知识，将它们紧密整合在一起。将大概念作为学科的整合点，再通过教师合理设计教学过程，能够帮助学生实现知识结构化、体系化，最终达到认识深化和思维进阶，并使学生在之后的学习生活中能够自觉运用各个学科或领域的知识来解决问题，促进其核心素养的提升。

（三）微项目教学是学科整合下的高中化学校本选修课基本模式

通过已有实践，笔者认为学科整合下的高中化学校本选修课大多适合选择微项目教学模式。微项目教学是项目式教学的微型化。高中化学校本选修课每周只有一节，教学时间相对有限，因此，微项目教学就成为课程实施的合理途径。

1. 微项目教学的特点

微项目教学具有真实性、跨学科性、可操作性、短期化、小型性等特点，且内容丰富、贴近生活生产，往往需要多方合作完成。

2. 微项目教学的原则

微项目内容的选择应该关联所学，贴近生活，且可操作性强；教师在教学过程中要注重对学生的微项目完成过程进行指导，关注学生知识的整合和技能的生成；教学既要注重项目实施，也要注重展示评价，以促进学生实现思维能力的提升。

3. 微项目教学的优势

微项目教学相比项目式教学缩短了时间、减小了空间。通过创设真实的问题情境，在短时间内激发学生的学习积极性；通过联系生活生产，整合了不同学科或领域知识项目，促进学生深刻理解所学知识，构建符合其自身学习习惯的完整知识体系；通过小组合作学习，促进学生形成良好的交往能力与协作能力；通过微项目任务的完成和评价，提高学生分析和解决问题的能力，增强学生的思维能力，帮助学生全面提升核心素养。

（四）其他形式的微项目教学

笔者在实践中，除"探秘植脂末"外，还实施了"冲上云霄的火箭"（在"能量守恒"大概念下，在能量的形式和能量的转化范围内，整合高中物理、化学、生物中的有关知识及学生生活经验，设计出让火箭飞得更高的微项目）、"喷发的火山"（以"人与自然是生命共同体"大概念，整合高中地理、化学、物理、生物中的相关知识及学生的生活经验，设计出自制"喷发的火山"的微项目）等微项目教学。通过已有实践的效果以及学生的任务完成表现，说明通过大概念的统摄和指导进行学科整合下的微项目教学，能够帮助学生巩固所学、拓展知识面、充分认识世界，对各学科或领域知识的整合，对学生完整知识体系的构建，对学生的批判性思维、问题解决能力、团结协作能力的培养，对学生核心素养的提升，都能够起到很好的促进作用。当然，对于不适合微项目教学的内容，也可以通过其他的教学模式设计教学。

四、以增值性过程评价促进学生成长

选修课程通常是学而不考或学而备考,因此很难通过纸笔测试进行常规评价。但是没有评价的课程是不完整的,也不利于学生的学习和成长。所以笔者在该课程中主要采取过程性评价。首先,无论是使用哪种教学模式,笔者均要求学生完成微项目实验记录单或课堂主要知识再现单。其次,对于微项目教学,笔者还通过学生的小组成果展示和学生互评结果给予评价。通过这样的评价方式,既可以促使学生认真对待选修课,又可以促进学生知识和思维的显性化,促进学生知识和思维的整合和提升。

结　语

综上所述,笔者认为高中化学校本选修课应该以学科整合作为基本策略,以大概念作为统领,对不同的教学内容进行整合设计,以微项目方式实施,并注重对学生的过程性评价。但笔者作为一名化学教师,由于自身知识水平和能力的限制,课程设计和实施上仍存在很多不足之处,在今后还应提升自身素养,提升课程设计和实施能力。

参考文献:

[1] 姚乔君. 跨学科教学:从知识契合到学科整合 [J]. 教育研究与评论(中学教育教学),2020(12):26-29.
[2] 黄艳. 基于核心素养的高中化学校本化课程实施 [J]. 湖南教育,2021(5):10-11.
[3] 王永. 以"大概念"为整合点,推进学科融合 [J]. 四川教育,2020(10):16-17.
[4] 王飞. 改革开放以来我国多学科课程整合模式的变迁:反思与启示 [J]. 现代基础教育研究,2019,34(2):44-49.
[5] 陈诚. 关于跨学科课程整合的实践与思考 [J]. 求知导刊,2021(23):39-40.
[6] 胡久华,褚童,王静波,等. 大概念统领的项目式学习——基于碳中和理念设计低碳行动方案 [J]. 化学教育(中英文),2022,43(9):6-14.
[7] 贺慧,陈倩. 大概念统整下的学科项目式学习设计 [J]. 天津师范大学学报(基础教育版),2021,22(1):51-54.

初中数学跨学科主题活动的"5E"教学模式

罗天琦 肖 莉[①]

摘 要：《义务教育数学课程标准》（2022年版）要求适当考虑数学跨学科主题学习。数学跨学科主题活动的"5E"教学模式包括主题引入、活动探究、学科解释、能力迁移、活动评价五大环节，构成了"教师主导""学生主体""素养发展"三联动态学习环。设计时应注意探索性、综合性、联结性、渐进性、创造性"五性"策略，旨在促进学生跨学科意识的形成和核心素养的发展。

关键词：跨学科；"5E"教学模式；初中数学

一、研究背景

2021年7月，中共中央、国务院印发了《关于进一步减轻义务教育阶段学生作业负担和校外培训负担的意见》，指出要提升课后服务水平，体现素质教育导向。核心素养指学生应具备的，能够适应终身发展和社会发展需要的必备品格和关键能力，是创新性人才培养的着力点。2022年4月21日，教育部印发了义务教育各科课程标准，《义务教育课程方案和课程标准（2022年版）》强化了课程育人导向，将党的教育方针细化为各课程核心素养；提出优化课程结构："设立跨学科主题学习活动，加强学科间相互关联，带动课程综合化实施，强化实践性要求"，要求"各门课程用不少10%课时设计跨学科主题学习"。其中，《义务教育数学课程标准（2022年版）》中的"综合与实践"是以培养学生综合运用所学知识和方法解决实际问题的能力为目标，根据不同学段学生特点，以跨学科主题学习为主，适当采用主题式学习和项目式学习的方式，设计情境真实、较为复杂的问题，引导学生综合运用数学学科和跨学科的知识与方法解决问题。数学课标提出"三会"和数学核心素养的9个主要表现，指出数学课程目标以学生发展为本，以核心素养为导向，弘扬传统文化。

跨学科（interdisciplinarity）的概念于1926年由哥伦比亚大学心理学家伍德沃斯在美国社会科学研究理事会首次提出。STEAM教育理念也属于跨学科的范畴。国外STEAM教育的理论与实践对我国STEAM教育的发展具有重要的参考意义，近年来我

[①] 作者简介：罗天琦，乐山师范学院数理学院副教授。肖莉，德阳中江县七一中学教师。

国也越来越关注STEAM教育，2015年教育部首次提出探索STEAM教育等新教育模式，陆续出台了"探索信息技术在STEAM教育模式中的应用""构建系统化、跨学段的STEAM整合课程"等多项政策鼓励其发展。数理之上是百科，人文之下是传承，国内学者对STEAM教育的研究从2013年开始，逐年呈上升趋势。随着教育的不断改革与发展，STEAM的关注度大大提高。截至2023年4月，以"跨学科""STEAM"为主题进行搜索，发现文献总体发表趋势自2016年起呈现陡峭增长，成为研究热点。选择"STEAM教育""跨学科""核心素养""课程开发""数学核心素养""课程设计"进行对比分析，发现各主题研究热度都呈上升趋势。

从当前国内研究现状来看，跨学科的研究主要围绕理念的定义和内涵、模式和教学设计流程、国外STEAM教育的历程及发展、我国STEAM课程的开发和实施进行；张维忠等将跨学科内容分成了5个维度，包括并列型、共享型、蜘蛛网型、连接型、统合型；夏雪梅对跨学科学习的立场进行了阐述，将跨学科学习进行了分层；董艳等分析了新课标中跨学科学习的内涵与设置逻辑。但以数学为基础的数学跨学科主题活动课程开发还有很多空白，本土化不足。

在此基础上，本文从数学课标入手，对义务教育跨学科学习的实施情况进行调研，并探索数学跨学科主题学习的有效教学模式。课题组于2022年8—11月在四川乐山、成都、德阳、广元、自贡等地区发放了296份电子问卷、100份纸质问卷，针对义务教育跨学科学习的实施情况进行调研，结果显示，51.69%的教师了解但并未实践，28.72%的教师既不了解也未实践。据结果分析，这些问题产生的原因有以下几点。其一，学生此前从未接触过跨学科学习导致实践受阻；其二，缺乏合适案例参考；其三，教师在进行跨学科活动设计时缺少一种固定的教学模式以至于跨学科活动开展受限。为更好地解决此类现状，基于课程标准，从数学知识点出发，运用"5E"教学模式对数学跨学科主题活动进行设计。

二、"5E"教学模式基本架构

"5E"教学模式最初由美国生物课程研究学会提出，包括5个环节：引入（engagement）、探究（exploration）、解释（explanation）、迁移（elaboration）、评价（evaluation）。该模式基于建构主义理论，强调学生通过教师的辅助，在真实活动背景中亲身体验和构建知识，激发学生的主动性。

在国内，这一模式多用于常规探究性学习课程。在主题式活动课程中，每个环节都具备明确的目标，以学生为中心，通过主动探究实现知识体系的建构和核心素养的发展。该模式适用于真实的跨学科情境。本课题组通过实践，归纳出在初中数学跨学科主题活动中，"5E"对应于"主题引入—活动探究—学科解释—能力迁移—活动评价"的过程。

（一）主题引入

在数学跨学科活动中，主题引入需要创设一个真实情境。教师作为引导者，创设真实情境，引发学生的兴趣和好奇心。学生通过观察和感知，激发兴趣和好奇心，运用数学的眼光观察，感知各学科的表征，然后联系已有的学科知识，提出数学问题并抽象出数学概念。

（二）活动探究

活动探究是数学跨学科活动的核心环节，学生作为主体，通过动手操作探索和解决实际问题。教师根据学生的认知冲突引导学生进行探究，学生运用前期的概念、知识和经验，尝试运用各学科知识解决问题，打破学科领域的界限。

（三）学科解释

在学科解释阶段，学生运用不同学科的知识，整合出解决问题的方法。教师提供分析和推理的平台，引导学生进行高阶思维活动。学生运用数学、物理等学科的核心概念，对前一阶段的活动过程和成果进行阐述，加深对这些概念的理解和认识，实现数学知识与其他学科知识的整合。

（四）能力迁移

能力迁移是将在活动过程中获得的知识、技能等予以应用和拓展，用于解决新问题，巩固和深化跨学科学习成果。教师引导学生从已得出的成果出发进行实践和拓展练习，让学生再次体会跨学科主题学习的意义。

（五）活动评价

活动评价包括过程性评价和结论性评价。过程性评价关注学生数学核心素养、跨学科思维和团队协作能力的发展；结论性评价以项目成果、基础学科知识和能力的获得为评价指标。活动评价是提升跨学科主题活动质量的重要保障，可以采用线下和线上相结合的方式进行。

三、"5E"教学模式的内涵

"主题引入—活动探究—学科解释—能力迁移—活动评价"五个环节构成一个动态的学习环，其基本架构如图1所示。教师在数学跨学科主题教学中扮演引导者的角色，学生作为主体积极参与，核心素养得到发展。"教师主导""学生主体""素养发展"这三者相互关联，形成了一个"三联"的动态学习环，以学习环的动态发展促进学生核心素养的发展。学生通过参与跨学科主题活动，形成跨学科意识，并在教师和学生的共同活动中不断发展自身的核心素养。

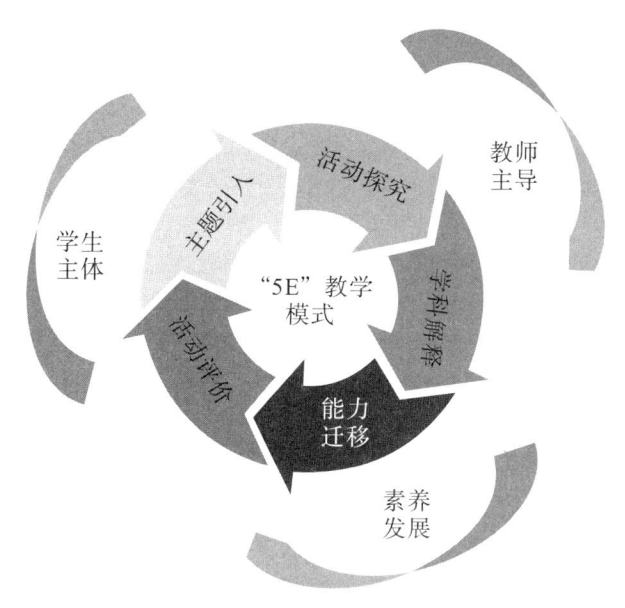

图 1　初中数学跨学科主题活动的"5E"教学模式

（一）教师主导

在"5E"教学模式中，教师扮演着引导者的角色，负责指导和组织学生的学习。在整个环节中，教师的功能可以被概括为引导、启发、辅助、提点和组织。

1. 引导

教师在主题引入环节创设真实情境，并通过引导学生观察和感知，激发他们的学习兴趣和好奇心。教师引导学生思考与主题相关的问题，并帮助他们建立起与前概念和学科核心概念的联系。

2. 启发

在活动探究环节中，教师通过问题串和启发式的教学方法，引导学生自主展开探究活动。教师激发学生的思维，帮助他们发现问题，提出猜想，并探索解决问题的途径。通过启发式的引导，激发学生的自主学习能力。

3. 辅助

在学科解释环节中，教师提供支持和辅助，帮助学生凝练问题解决的方法。教师为学生提供分析和推理的平台，引导他们运用不同学科的知识，整合出解决问题的策略和方法。教师辅助学生进行推理论证，加深对学科核心概念的理解和应用。

4. 提点

在能力迁移环节中，教师提供问题解决的方法和思路的提示。教师引导学生将在活动过程中获得的知识、技能等进行迁移运用，解决新的问题。教师通过提点，帮助学生加深对知识的理解，并引导他们深化应用意识。

5. 组织

在活动评价环节中，教师组织学生进行评价和反思。教师设计评价指标，对学生的过程性和结论性进行评价。教师促使学生进行互评和自评，引导他们对学习过程进行反思总结，以提升跨学科主题活动的质量。

通过这些功能的发挥，教师能够有效引导学生在"5E"教学模式中进行探究和学习，帮助他们建立跨学科的意识，发展核心素养。教师的角色是与学生共同参与活动，并在引导下推动学生的学习发展。

（二）学生主体

在"5E"教学模式中，学生作为学习的主体，在每个环节都承担不同的任务，以积极参与和推动学习的进行。学生每个环节的任务分别是：激趣、探究、解释、深化、评价。

1. 激趣

学生的任务是在主题引入环节中，跟随教师的引导充分融入课堂，激发自身的学习兴趣。学生需要观察和感知真实情境，并从中产生好奇心和兴趣，为后续的学习活动做好准备。

2. 探究

在活动探究环节中，学生的任务是进行实际问题的探究和解决。他们需要结合数学和其他学科的前概念，积极参与活动探究，积累实践经验，并为后续的学科解释提供实际依据。学生通过动手操作和实践探索，发现问题、提出猜想，并探索解决问题的途径。

3. 解释

在学科解释环节中，学生的任务是基于活动探究过程进行理论支撑和展示成果。他们运用数学和其他学科的知识进行推理论证，凝练出问题解决的方法。学生需要运用核心概念，并针对探究活动的过程和成果进行阐述，加深对这些概念的理解和认识，实现学科知识的整合。

4. 深化

在能力迁移环节中，学生的任务是将在活动中获得的知识、技能等进行迁移和应用。他们需要运用已有的成果和经验，解决新的类似问题，并加深对知识的理解和应用。学生通过实践和拓展练习，巩固跨学科学习成果，深化对主题的理解。

5. 评价

在活动评价环节中，学生的任务是参与评价和反思。他们在教师组织下开展互评，对自己和他人的学习过程进行评价、反思和总结，对自己的学习成果和经验进行评估，并思考如何进一步提升学习效果。

通过在每个环节中承担相应的任务，学生成为主动学习者，积极参与探究和跨学科学习，形成基本的活动经验，并促进核心素养的发展。学生通过"5E"教学模式的实施，能够在跨学科的学习中培养批判思维、问题解决和合作等核心素养。

四、"5E"教学模式的设计策略

针对数学跨学科主题活动的特点，归纳出"五性"设计策略：探索性策略、综合性策略、联结性策略、渐进性策略、创造性策略。

（一）探索性策略

鼓励学生主动参与、探索和发现，通过引导和提供资源，激发学生的好奇心和探究欲望。这种策略强调学生的主动性和自主学习，使他们在跨学科主题活动中积极探索数学与其他学科的关系。

（二）综合性策略

将数学与其他学科的知识和技能有机地融合在一起，通过设计综合性的活动任务和项目，促使学生综合运用多学科的概念和方法。这种策略强调学科之间的融合与交叉，培养学生的跨学科思维和解决问题的能力。

（三）联结性策略

通过建立数学与其他学科之间的联系和关联，帮助学生理解数学在实际问题中的应用和意义。这种策略注重培养学生的数学思维能力和跨学科意识，使他们能够将数学的概念和方法应用于现实生活和其他学科领域。

（四）渐进性策略

通过逐步深化和拓展学生的数学学习，引导他们从基础概念和技能到更深层次的理解和应用。这种策略强调学习的渐进性和层次性，使学生在跨学科主题活动中逐渐提高对数学的理解和能力。

（五）创造性策略

鼓励学生发展创造性思维和创新能力，通过设计开放性的问题和项目，激发学生的想象力和创造力。这种策略注重培养学生的创新意识和解决新问题的能力，使他们在跨学科主题活动中能够提出独特的数学解决方案。

这些策略都旨在促进学生对数学的兴趣和理解，并培养跨学科意识和核心素养的发展。它们可以根据具体的教学情境和学生需求进行灵活应用，以提升数学跨学科主题活动的教学效果。

结 语

本文的研究目标是在减轻学生作业负担和校外培训负担的背景下，促进义务教育阶段的数学跨学科学习。通过采用"5E"教学模式，结合初中数学课程，设计和实施数学跨学科主题活动，我们探索了一种创新的教学方法。在新课标理念下，利用"5E"教学模式开展数学跨学科主题活动设计与实践时，需要注意将教学设计与学科标准结合，突出跨学科特点。教师应结合各学科的课程标准，将数学跨学科主题活动纳入教学设计。教师需要关注地区差异和学生学情，从学生的"三会"出发，设定合适的目标和任务。灵活运用"5E"教学模式，根据活动的特点适当进行改进和调整，并建立素养导向的评价体系，强调核心素养的培养和跨学科意识的发展。

参考文献：

[1] 杨小丽，雷庆. 跨学科发展及演变探讨［J］. 学位与研究生教育，2018（4）：54－59.

[2] 张维忠，赵千惠. 澳大利亚初中数学教科书中的跨学科内容［J］. 浙江师范大学学报（自然科学版），2022，45（2）：233－240.

[3] 夏雪梅. 跨学科项目化学习：内涵、设计逻辑与实践原型［J］. 课程. 教材. 教法，2022，42（10）：78－84.

[4] 董艳，夏亮亮，王良辉. 新课标背景下的跨学科学习：内涵、设置逻辑、实践原则与基础［J］. 现代教育技术，2023，33（2）：24－32.

[5] 肖莉，罗天琦. "5E"模式下的初中数学跨学科主题活动设计——以"杠杆原理中的数学奥秘"为例［J］. 中国科技经济新闻数据库教育，2023（6）：52－57.

[6] 赵呈领，赵文君，蒋志辉. 面向 STEM 教育的 5E 探究式教学模式设计［J］. 现代教育技术，2018，28（3）：106－112.

[7] 翟莹. 小学数学项目式学习的实践与研究［J］. 小学数学教育，2022（23）：9－12.

"学习任务群"理念下的大单元教学策略
——以部编语文教材三年级下册第八单元为例

陈 琪 杨 林 王曦叶[①]

摘 要：《义务教育语文课程标准（2022年版）》中首次明确提出"学习任务群"，"学习任务群"是一种全新的教学理念和教学方式，强调以真实情境为纲，用大任务统整单元人文主题和语文要素，让学生在动态的实践活动和情境任务中提升学科核心素养。本文以统编语文教材三年级下册第八单元的大单元教学设计为例，通过解读教材，结合"学习任务群"的思想，创设真实情境，设计大主题任务，进行"学习任务群"理念下的大单元教学设计探索与尝试。

关键词：学习任务群；大单元教学；小学语文

一、结合课标，立足教材，深入解读

在"学习任务群"理念下进行大单元设计，首先要熟悉课标，明确学段要求和目标，深入解读教材，挖掘教材内涵，知晓编者意图，了解学情，吃透教材。

（一）教材内容分析

部编版语文教材三年级下册第八单元主题为"多彩童年"，以"了解故事的主要内容，复述故事""根据提示，展开想象，尝试编童话故事"为语文要素。本单元版块有精读课文、略读课文、口语交际、习作和语文园地，在大单元教学中，教学内容是一个整体，因此要厘清单元的内在逻辑，分析篇与篇、读与写之间的关系，以大观念来统整教学内容，使单元内容成为结构化的整体存在。

在部编版三年级下册第八单元中，可以围绕"复述故事"的大观念，整合教学内容：在第八单元中，《慢性子裁缝和急性子顾客》要求按照时间顺序，借助表格复述故事；《方帽子店》可以抓关键情节，选择自己喜欢的部分复述；《漏》可以按照地点变化的顺序，根据示意图复述故事；《枣核》按照故事发展顺序，在复述故事的基础上，续编故事。本单元的课文可围绕"复述故事"的方法展开教学，口语交际中提出了讲自己

[①] 作者简介：陈琪，中小学二级教师，成都市郫都区城南小学校教师。杨林，中小学二级教师，成都市郫都区城南小学校教师。王曦叶，中小学二级教师，成都市郫都区城南小学校教师。

喜欢的故事的要求，将习得的方法落地到课外阅读中。习作提出了根据想象编写故事的要求，也是在讲故事的基础上，编写自己的童话故事。在大单元教学中，教学内容呈现的是结构化的整体。

（二）编排意图理解

了解单元教材内容后，还要明白编者的编写意图，知道本单元教材内容编排在本册教材前后的联系，使知识成系统，便于学生学习记忆和运用。

复述故事的语文要素在教材的多个单元出现，见表1。

表1　复述故事的教材位置语文要素

教材位置	语文要素
二年级上册第八单元	借助提示复述课文
二年级下册第七单元	借助提示讲故事
三年级下册第八单元	了解故事的主要内容，复述故事
四年级上册第八单元	了解故事情节，简要复述课文
五年级	了解课文内容，创造性地复述故事

由上表可知，语文要素及对学生的能力要求在小学阶段是逐步提升的，本次"复述故事"新增了"了解故事内容"的要求，为四年级"了解故事情节"做准备，还系统总结了复述故事的方法。因此，教学时要在梳理巩固旧知的基础上，叠加新的学习内容与知识点，使得学生对于如何复述故事有更深、更系统的认识。

（三）学情把握

教学要在充分了解学生的基础上进行。在本单元的学习之前，学生已经对复述故事有了一定的了解，初步有了复述故事的兴趣，基本能用自己的话讲故事。但是学生对怎样提炼故事内容，怎样将故事讲完整还不明白，在长文章中，利用表格、示意图等了解故事内容后，如何将故事讲生动也是一个难点，这些都需要在教学过程中特别注意。

二、依托教材解读，创设任务情境

在解读教材之中，要在此基础上，结合学情，创设真实的大情境，提炼统筹单元人文主题、语文要素的大主题任务，并在大主题情境任务下根据教材内容设置相应子任务和各个相对应的具体的语文学习实践活动，形成一个以大主题情境任务为统领的大单元学习体系，以部编版三年级下册第八单元为例，作出以下阐释。

（一）设置单元学习目标

本单元中提出"了解故事内容，复述故事""展开想象，编童话故事"等要求，通过筛选，明确本单元的大观念应围绕复述故事来确立。本单元共四个文本，如童话故事及民间故事等，口语交际的内容为"趣味故事会"，习作要求为"展开想象，编写童话故事"，单元文本、口语交际及习作都在指向复述故事、编写故事这一观念。因此将这一目标拆分成多个具体的核心观念，构建起具有单元结构化的课程目标，在教学中实施。

根据本单元的人文主题和语文要素，结合编写意图和内容的解读，设置主要单元目标为：学习了解故事内容，复述故事的方法；能学以致用，运用了解、整理故事内容的方法，将故事复述完整、复述清楚；读故事、讲故事、最后展开想象写故事。以上三个目标包含了本单元学习的所有内容，为大情境任务的创设指引了方向。

（二）设置学习任务情境

"学习任务群"理念下的大单元教学要求在核心素养目标的引领下，根据单元教学目标，创设贴近学生实际生活并能激发学生学习兴趣的情境大任务，并用大任务统领子任务，让学生的学习成长在活动中真实地发生。

根据本单元教材解读，结合学生实际情况，设置了"读故事、写故事"这一大情境任务统领整个单元的学习，下设"用好图表、理清思路""分享你读的好故事""写下你的好故事"三个具有进阶意义的子任务。通过大主题任务和子任务，将学习要求变成学生的实际需要，引发学生阅读和表达的兴趣与欲望，唤起学生自主学习的意识。

（三）设计具体学习任务

在大单元教学过程中，还要设计驱动性的任务群，以大任务统领下的任务群组驱动单元的学习，让学生在任务群中实现深度学习，提升语文素养。大单元教学的任务也必须构成一个结构化的任务群组，以部编版三年级下册第八单元为例，可以设计以下任务。

大任务：了解课文内容，复述故事，并进行交际实践及写作实践。

任务一：感知——快速阅读单元课文，大致了解课文内容。

任务二：研读——仔细研读《慢性子裁缝和急性子顾客》，了解人物特点及故事发展规律，学习借助表格复述故事的方法，研读《漏》，了解故事发展规律，学习根据示意图复述故事的方法。

任务三：略读——略读《方帽子店》《枣核》，找出感兴趣的部分，进行故事复述。

任务四：拓读——阅读《好姑娘和坏脾气姑娘》《大大大和小小小历险记》，在有趣的故事中练习故事复述。

任务五：写作——根据自己的想象，编写童话故事。

任务六：交际——选择自己喜欢的故事或分享自己的习作，在班级"趣味故事会"中讲故事。

以上任务群组从"复述故事"的大观念出发，涵盖了阅读、写作、交际等多个目标，从课内到课外，从感知到研读，关注学生的语言建构及运用，促进学生语文思维从低阶思维到高阶思维的上升。

三、根据情境，科学设计，合理评价

在教学中，要思考设计的教学活动要达到的目的是什么，学生的何种表现能表明达到了学习目的，在大单元教学中，还需要结构化的教学评价，以部编版三年级下册第八单元为例，可设计如下的评价方式：

（1）聚焦大观念（即复述故事）的达成情况。
（2）既要有过程性评价，也要有结果性评价。
（3）多种评价方式并行，实行分类分级评价。

根据思路，本单元可构建以评价框架，具体如表2所示。

表2 部编版三年级下册第八单元大单元教学评价

语文素养	1. 了解故事的主要内容，复述故事。 2. 根据提示，展开想象，尝试编童话故事				
任务群组	任务目标	核心素养	能力层级	具体要求	评价
任务一：感知	1. 自主识字，基本上扫清字词障碍。读通读顺课文。 2. 初步了解单元主题、单元目标，结合单元主题建构本单元认知体系	语言的建构与运用	识记、理解、运用	预习单元生字、生词及课文，正确、流利地朗读课文	小组点评，教师评价
任务二：研读《慢性子裁缝和急性子顾客》	了解课文叙述顺序和大致情节	语言的建构与运用	理解分析	朗读课文，说说课文按什么顺序写了一件什么事情	一星：正确流利朗读课文。 一星：明晰叙述顺序，能用自己的话概括课文主要内容
	默读课文，根据情节填写表格，感知课文趣味	思维的发展与提升	理解分析	边默读边勾画描写慢性子裁缝和急性子顾客的语言和动作，填写课文表格	师生随机评价
	能根据示意图复述故事	思维的发展与提升；语言的建构和运用	应用	1. 回顾复述故事的方法。 2. 借助表格同桌、小组练习复述，全班汇报	师生随机评价
任务三：略读《方帽子店》	了解故事内容，找出自己觉得最意想不到的部分	语言的建构与运用	理解分析	朗读课文，说说自己最意想不到的部分	一星：正确流利朗读课文。 一星：能说出自己最意想不到的部分
	复述自己最意想不到的部分	语言的建构与运用	应用	1. 回顾复述的方法。 2. 小组练习复述，班级展示	师生随机评价

续表2

任务四：拓读	综合运用：拓宽视野	思维的发展与提升	分析运用综合	1. 利用学到的方法，给别人讲故事，将情节讲完整、讲生动。 2. 阅读书籍《好姑娘和坏脾气姑娘》《大大大和小小小历险记》	父母根据每个内容完成情况进行打分
任务五：习作	观察动物的特征，借助图片提示，围绕动物特征变化会发生的事交流	思维的发展与提升	应用	借助图片提示，围绕动物特征变化会发生的事交流	一星：能观察动物的特征。 一星：大胆想象，围绕动物会发生的特征变化交流
	确定所想情节，绘制表格或示意图	思维的发展与提升	应用	选择一种动物完成习作材料建构或初步拟写提纲 1. 拟定题目。 2. 组织材料。 3. 用拟写提纲的方式呈现写作思路	师生随机互评
	能把动物特征变化会发生的事写下来	思维的发展与提升	创作	能把动物特征变化会发生的事写下来，完成创作	能按要求当堂完成习作
	学习评价同学习作，修改自己习作	思维的发展与提升	评价	1. 选择同学的习作阅读。 2. 从"用字准确、通顺、情节完整有趣"三个方面评价习作。 3. 根据建议修改自己的习作	小组交流互评
任务六：口语交际	自主阅读故事，选择自己最喜欢的故事，了解故事内容	语言的发展与运用；思维的发展与提升	应用	1. 自主课外阅读，了解故事内容。 2. 回顾复述故事方法，分享准备	小组交流互评 师生随机互评

该评价始终围绕"复述故事"的过程及能力成果展开评价，重点突出。同时关注学生的分析归纳、运用能力，围绕语言建构及思维提升的核心素养，相对全面，涵盖单元任务群组的各个阶段，确保教师对教学目标及教学内容的实现情况心中有数。

结　语

在"学习任务群"理念下进行大单元教学设计，用大观念梳理教材内容和知识点，用真实情境下的大任务统领单元模块，让学生在真实的实践活动中提升语文核心素养，使语文课堂发生质的改变。

参考文献：

［1］钟美满.《课标》背景下小学语文课程内容的实施与编排解读——以统编版小学语文教材为例［J］.语文教学通讯，2022（12）：39-41.

［2］刘庆祥.新课标背景下小学语文学习任务群的教学策略研究［J］.教学管理与教育研究，2023（5）：13-15.

［3］冯雪.学习任务群下的小学语文单元整体教学设计的研究［J］.中小学教师培训，2023（3）：60-65.

［4］刘丽娜.基于学习任务群理念的小学语文单元整体教学设计的行动研究［C］//广东省教师继续教育学会.广东省教师继续教育学会第六届教学研讨会论文集（一）.2023：837-840.

［5］郑德锋.关于学习任务群下的小学语文大单元教学应用策略探讨［C］//廊坊市应用经济学会.对接京津——新的时代基础教育论文集.2022：2014-2016.

深度学习与高中语文单元整体教学融合课堂研究

代 月[①]

摘 要：在"新课程、新教材、新高考"背景下，高中语文更加重视学生的深度学习与思维能力的发展。从"深度学习""单元整体教学"的概念与内涵出发研究实施基于深度学习的符合语文学科核心素养培养需求的语文单元整体教学，以期推动融合性课堂进一步提升学生的思维能力，提高教学的有效性。

关键词：深度学习；单元整体教学；融合课堂；思维

一、研究背景

在新的课程改革推动下，高中语文教材按照主题式单元整体教学的方式培育学生的学科核心素养，而深度学习研究对于提高学生在单元整体教学过程中的思维能力具有十分关键的意义。因此，笔者以基于深度学习的单元整体教学思维课堂为切入点，从启发学生深度思考、深度学习等角度出发，对在"新课程、新教材、新高考"背景下，如何提高课堂思维能力、促进学科核心素养进行了思考，期望能探究出一些思路，提高农村高中语文教学的课堂效率。

二、厘清概念，构建融合课堂模式

（一）深度学习

近年来，我国以全面深化课程改革作为新时代落实立德树人根本任务的重要工作，把培育学生核心素养作为课程改革的新目标。在课程改革的不断深化下，深度学习应运而生。《普通高中语文课程标准（2017年版2020年修订）》中提到核心素养"思维发展与提升"，也应"增强形象思维能力""发展逻辑思维""提升思维品质"，所对应的本质也同样与深度学习有关，在思辨中促进深度学习的重要性足以见之。

深度学习契合课程标准精神，依托高中语文统编版新教材。在教师引领下，学生围

[①] 作者简介：代月，中学一级教师，四川省金堂县淮口中学校教师。

绕具有挑战性的学习主题，积极参与、体验成功、获得发展的有意义的学习过程。其中，对学科核心知识的掌握，对学习过程的理解，对学科本质及思想方法的把握，都将形成积极的内在学习动机、积极的态度、正确的价值观，使学生成为既具有独立性、批判性、创造性，又有合作精神、基础扎实的优秀的学习者，成为未来社会历史实践的主人。

（二）单元整体教学

把单元整体教学看作一种"教学思想"，是为了强调单元整体教学的意识。中学语文教材单元编排的形式，主要分为"文体"和"主题"两种。但无论哪种形式，教师在实施新课程教学的过程中，都应该有文体定位或主题定位的单元探索意识，把"单元整体特点"作为教学的切入点，使一切课堂活动紧紧围绕单元目标。除了教师，学生也应该具有单元学习的意识，明确单元学习目标，积极参与课堂活动。而"单元整体教学"作为一种教学模式，应该具有"单元性"的教学目标、教学内容、教学活动和教学评价。教师围绕一学期、一学年、甚至三年的教学目标，将每一单元的每个目标落实到每一课时，做到合理布点，使有"共性"和"个性"的文本在同一个单元内"互补"，课堂上多展示它们的不同之处，尽量少出现重复的教学课型，将"主体建构"和"多元解读"的理念应用于课堂实践中，突出学生在课堂中的主体地位。

实施语文单元整体教学比单篇教学更有优势。它为教学争取了更多时间，在实施过程中，教师要发挥单元意识，对文本的内容和形式进行整合、比较；既要突出学生的主体地位，培养学生的自主、合作、探究精神，激发他们的学习兴趣，又要使学生的阅读能力与写作能力得到综合提高。单元整体教学打破了语文教学中单纯以篇章为主的教学模式，避免了重复教学，也注意到了教学的点面结合，能做到重点突出，保证学生在老师的引导下自主、有序、高效地学习。

笔者认为，单元整体教学是由特定的单元主题、单元目标和单元教学过程及评价构成的一种教学思想和教学模式。

（三）基于深度学习的单元整体教学融合课堂模式

《深度学习：走向核心素养》一书中明确指出，深度学习的四个重要环节是选择单元学习主题、确定单元学习目标、设计单元学习活动、开展持续性评价，相应理论与笔者对单元整体教学的研究概念不谋而合，于是2023年9月四川省正式启动了"新课程、新教材、新高考"的实施运用，结合当前高中语文统编教材的教学理念，就以"学习任务群"为主进行单元设计，以"学习任务"作为整合单元教学、突破单篇精讲细读的要求，通过课堂思维的发展目标，让学生在思维层阶的梯度中，逐步通过课堂情境中的比较实践进行深度学习，建构语文学科核心素养。

综上所述，笔者研究得出相应的基于深度学习的单元整体教学融合课堂模式，具体如图1及表1所示。

```
┌─────────────────────┐
│  整体阅读，单元定性  │
└──────────┬──────────┘
           ↓
┌─────────────────────┐
│  划分目标，统筹情境  │
└──────────┬──────────┘
           ↓
┌─────────────────────┐
│  比较探究，推进思维  │
└──────────┬──────────┘
           ↓
┌─────────────────────┐
│  持续评价，拓展延伸  │
└─────────────────────┘
```

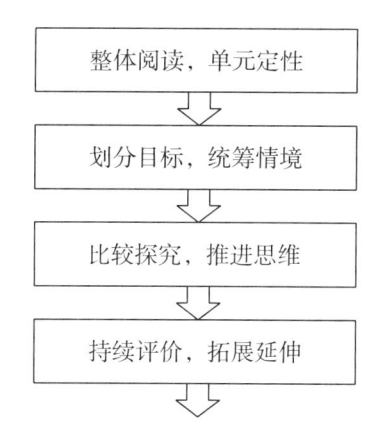

图1 基于深度学习的单元整体教学融合课堂模式

表1 基于深度学习的单元整体教学融合课堂模式的具体指向

整体阅读 单元定性	1. 根据课程标准要求、"单元学习任务"、课后"学习提示"以及学生学段发展需求，确定单元"共性"，即确立单元"主题"。 2. 教师对单元文本的组成篇目进行文体"个性"的分析，根据学情抓出单元各篇目的重、难点。 3. 也可以让学生阅读本单元的文本后，结合自身体验，为单元确立"主题"
划分目标 统筹情境	1. 结合本单元各篇目知识点、能力训练点、情感陶冶点与"单元学习任务"，进行单元整体目标设计。 2. 安排具体的教学课时。 3. 教师根据教学目标设置不同情境开展教学；学生以诵读、感悟、思考、鉴赏、讨论、交流、写作等方式为主进行学习
比较探究 推进思维 （学生）	根据单元整体目标的提示，对该单元文本进行深层次阅读：对比鉴赏单元内文本异同、积累重点知识、批注阅读感悟、诵读体悟展示，推进思考并讨论探究性问题。（个人或小组形式）
持续评价 拓展延伸 （师生）	1. 学生对课上或课后的学习成果进行交流、展示；并进行听说读写综合能力拓展迁移训练。 2. 教师组织多元评价活动（检测、课堂表现、小组活动表现、才艺展示、课外学习、生生互评）

三、基于深度学习的高中语文单元整体教学的融合课堂实施

高中语文必修一上册第一单元学习任务是：本单元作品抒发的都是青春情怀。通过反复诵读诗歌作品，围绕"意象""诗歌语言"探讨撰写诗歌的方法，揣摩作品的意蕴和情感。通过时代背景不同的小说，展现感人的青春情怀。

笔者在成都市金堂县淮口中学校进行高中语文必修一上册第一单元的教学实践时发现，刚入学的高一年级学生正处于从初中向高中的过渡阶段，这一阶段是培养学生语文学习兴趣并帮助其逐步掌握高中语文学习方法的重要时期，除诵读教材文本以外，还可以通过语文情境环节的活动设置、语文文本比较学习方法技巧的点拨和课外阅读延伸的指导，拓宽学生思路，激发学生的语文学习兴趣，提高学生的语文素养。为此，可以结

合个人诵读、活动体验、分组交流、写作训练等落实学生听、说、读、写的语文核心素养能力。

（一）整体阅读，单元定性

单元整体导学具体如表2所示。

表2 单元整体导学

篇目	时代背景	内容	典型意象及其特点	象征	单元主题
《沁园春·长沙》（毛泽东）	1925年晚秋，32岁时去广州主持农民运动讲习所，途经长沙，重游橘子洲	面对"万类霜天竞自由"的壮丽秋景，作者抒发昂扬向上的青春激情，表达雄视天下的凌云壮志	寒秋、湘江、橘子洲、万山、层林、江、舸、鹰、鱼、万类，活泼灵动、生机蓬勃		青春之歌
《立在地球边上放号》（郭沫若）	"五四"时期	设想俯瞰地球，赞美新生活	白云、北冰洋、太平洋、洪涛，磅礴壮丽	奋进精神、冲击新世界	
《红烛》（闻一多）	作者回顾自己数年来的理想探索历程和诗作成就	与"红烛"对话，表达青春的困惑与希望、对理想的坚毅追求	红烛，美好人格	牺牲、奉献精神	
《峨日朵雪峰之侧》（昌耀）	1983年完成于思想解放年代	作者在登峰途中的体验与感怀	峨日朵之雪、太阳、石岩壁蜘蛛等，凝重壮美	生命力量	
《致云雀》（雪莱）	1820年夏季黄昏，作者在莱杭郊野散步时听到云雀鸣叫有感而作，当时正处在人生的低谷期，他用诗文与罪恶的阶级压迫做斗争	运用想象和修辞赞颂云雀	云雀、烈火的轻云、金色的太阳、银色的利剑、霓虹似的彩霞、金色的萤火虫、晶莹闪烁的草坪等，绚烂美丽	光明、欢乐、美丽、理想	
《百合花》	解放战争时期	战火中的青春美和人性美			
《哦，香雪》	改革开放初期	火车的开通带给山村的新鲜事儿，表现青春情怀			

根据第一单元篇目，教师对文本主题进行定性。因第一单元诗歌篇目篇幅较多，两篇小说皆以青春情怀为核心内容，笔者以"青春之歌"为共性，确定其为单元主题。整个单元的教学活动紧紧围绕"青春之歌"展开，并组织学生对单元文本进行"个性"——背景、内容、艺术手主旨情感分析，明确单元整体教学目标：

（1）体悟在时代发展中青年们的伟大抱负和青春情怀，深刻理解青春的意义。

（2）从意象、意境、手法、小说人物形象等方面鉴赏诗词、小说，抒写"青春之歌"的现代诗。

（二）划分目标，统筹情境

具体教学课时目标及情境活动安排如表3所示。

表3 教学课时目标及情境活动安排

第一课时	整体阅读诗歌，完善《单元整体导学表》
第二课时	整体阅读小说，完善《单元整体导学表》
第三、四课时	学习《沁园春·长沙》，从意象意境和豪迈情感入手，把握诗歌特点
第五课时	比较研讨活动：比较《沁园春·长沙》《立在地球边上放号》《红烛》三首诗意象及情感表达，推进对诗歌鉴赏的深入思考
第六课时	朗诵展示活动：诵读第一单元所有诗歌。选择喜欢的章节，进行个人朗诵展示或小组诵读展示，并就诵读的章节进行音韵、意象、情感、象征手法等方面鉴赏分享
第七课时	小说改写活动：比较探究《百合花》《哦，香雪》两篇小说的人物形象，结合本单元所学的诗歌特点，任选喜欢的小说，将相应人物情节环境或主题改写赞颂青春的诗歌，即"青春之歌"
第八课时	"青春之歌"成果诵读展示活动：开展生生互评、师生互评活动，评选优秀青春诗人
第九课时	"青春之歌"拓展延伸活动： 1. 体会诗歌意象生动、想象丰富、语言凝练的特点。 2. 把握意象的作用，学习运用意象抒写诗意青春。 整个课堂设计选取了《礁石》（艾青）、《寻梦者》（戴望舒）、《思念》（舒婷）三首诗。三首诗歌读起来朗朗上口，且意象典型突出、表达的情感与"青春""奋斗"相联系，结合典型意象，独立创作献给"青春"的三行诗，并展示点评

（三）比较探究，推进思维

通过对《沁园春·长沙》的精读，掌握诗歌鉴赏的基本要素：了解写作背景，把握意象、意境特点，结合情感直接、间接表露的信息，领悟诗歌与"青春"有关的主旨。

根据单元整体目标的提示，通过比较阅读对该单元其余文本进行深层次阅读：

（1）比较《沁园春·长沙》《立在地球边上放号》《红烛》三首诗的意象及情感表达，推进对诗歌鉴赏的深入思考。

（2）诵读第一单元所有诗歌。选择喜欢的章节，进行个人朗诵展示或小组诵读展示，并就诵读的章节进行音韵、意象、情感、象征手法等方面鉴赏分享。

（3）比较探究《百合花》《哦，香雪》两篇小说中的人物形象，结合本单元所学的诗歌特点，任选喜欢的小说，将相应人物情节环境或主题改写成赞颂青春的诗歌，即"青春之歌"。

该部分以整合文本资源为切入点，围绕文体差异、意象意境差异进行比较探究，在不同内容的反复阅读与诵读中激发学生做深入理解。结合所有篇目的"青春"主旨，组织学生尝试对诗歌进行音韵、意象、情感、象征手法等方面的鉴赏。在课上，学生一边积累诗歌意象情感、小说人物形象方面的重点知识，一边在对比中批注阅读感悟，再辅以诵读体悟展示，逐步推进对青春价值的思考并激发自我的青春奋斗意识。

（四）持续评价，拓展延伸

各类课堂情境下，无论是比较研讨活动、朗诵展示活动、小说改写活动、诗歌成果展示活动，还是课外拓展延伸活动，都尽可能地提供学生展示、学生自评、学生互评、师生互评的机会，使学习过程和思维过程更加显化。教师在其中对学生开展个性指导，进一步推动学生进行深度思考。

参考文献：

[1] 周小蓬，彭轶. 高中语文大单元整合教学的探索[J]. 语文教学通讯，2022（28）：16-20.

[2] 刘月霞，郭华. 深度学习：走向核心素养[M]. 北京：教育科学出版社，2022.

[3] 葛华，王冠玉. 设计单元学习任务，探索古典诗词教学[J]. 上海课程教学研究，2020（9）：35-39.

[4] 赵岚昕. 走向深度学习的高中语文思维课堂构建与实践[J]. 教学考试，2022（46）：71-73.

POE 策略在高中地理概念教学中的应用
——以"热力环流"概念教学为例

李洪霞　王桂玉[①]

摘　要：POE 策略是基于概念转变理论、人本建构主义理论提出的，主要由预测（P）、观察（O）和解释（E）3 个教学环节构成。基于 POE 策略进行概念教学有助于对学生前概念的探查，帮助学生转变前概念，并构建科学概念。本文以高中地理"热力环流"为例，探究 POE 策略在高中地理概念教学中的应用。

关键词：POE 策略；前概念；科学概念；概念转变

地理概念是对地理事物和现象本质属性的概括，是理解和掌握地理基本原理和规律的关键。地理概念教学是以地理概念为载体，明晰概念的内涵、外延，有所侧重地展开地理知识的成因、过程、原理、规律的分析，帮助学生建立、更新概念体系，着重发展学生的地理逻辑思维能力，以及分析和解决地理问题的能力，逐步形成地理素养的教学活动。在新课标和新高考评价体系的颁布实施背景下，传统的地理课堂教学模式已难以满足现阶段高中地理概念教学要求。

相关研究表明，学生在正式接触科学概念之前就已经具备了自己的知识系统，即前概念，有效转变学生的前科学概念有利于地理概念教学的顺利完成。基于 POE 的教学策略对于探查学生的前概念有效而准确，引导学生根据自身已拥有的前概念来预测实验的结果、观察实验的现象，再利用学科知识展开合理的解释，从而实现前概念的有效转变。

一、POE 教学策略的基本内涵

20 世纪 90 年代初，White R. T. 等人基于观察渗透理论和人本建构主义理论提出了 POE 三阶段式教学策略。POE 教学策略包括预测（predict）、观察（observe）和解释（explain）。在教学过程中，教师首先创设问题情境，引导学生根据自己已有的认知来预测现象的发生或实验的结果；然后，通过观察演示或实际操作，让学生记录观察结果；最后，引导学生将实际观察结果与预测结果进行比对并分析原因，给出一个科学合

[①] 作者简介：李洪霞，成都市郫都区第一中学教师。王桂玉，成都市郫都区第一中学教师。

理的解释，从而实现错误概念的转变，或将前科学概念转变为科学概念。这一过程的基本环节具体如图1所示。

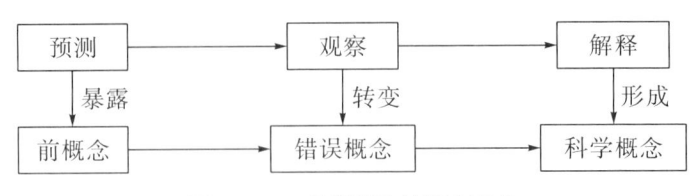

图 1　POE 教学策略的基本环节

二、基于 POE 教学策略的教学设计

教学设计是由教师书写的书面材料，用以设计和展示课堂教学活动的流程，其核心组成部分是教学活动的选择和设计。其在教学和创建有效的学习环境等方面都起着重要作用。本文以高中地理"热力环流"为例提出了基于"POE 教学策略"的主要设计思路，以展现 POE 教学策略的本质、内涵及教学优势。

在科学课堂教学中，背景材料是教学引入的重要载体。可以利用学生熟悉的生活经验背景作为课堂导入，预测学生的前科学概念也有利于帮助学生重温熟悉的知识，做好学前准备。

在高中地理概念教学"热力环流"这节课中，首先可以依据生活情境提出以下问题：

（1）家里的空调、暖气一般装在房间什么方向？
（2）暖气和空调的安装方位是否一样？
（3）教师展示空调、暖气的安装图片，帮助学生思考以上问题。

学生结合自己的生活经验，积极思考。

（一）预测实验结果，暴露前概念

预测是 POE 教学策略的起始环节，教师通过创设具体的问题情境，让学生依据自身以往即已具备的知识和经验，预测对应的现象、结果和发展变化等，从而暴露学生错误的前概念，激发学生探究新的学科知识的欲望，形成认知上的冲突，从而有利于后期科学概念的建构。

在预测环节中，教师创设以下问题：

（1）回忆初中物理知识关于气压、等压面、等压线概念的相关描述。
（2）如果地面受热均匀，大气还是否会上升和下沉？
（3）如果地面冷热不均，空气会怎样运动？

通过一系列逐步深入的问题式教学，学生们不仅能够记住气压、等压线（面）等基本概念，还能够激发创新性学习思维，为接下来的热力环流课程打下坚实的基础。

（二）观察实验结果，引发强烈的认知冲突

观察环节通常是以教师的演示实验或学生自主实验的方式展开探究，学生在教师情景设问的引导下，认真观察实验现象并做好记录，不断与预测结果进行比对修正，从而为进入解释环节做铺垫。以下是"热力环流"的实验过程。

1. 实验准备的材料

分别有：长方体透明玻璃缸、一盆冰块、一盆热水、一束香、一盒火柴等。（具体如图1所示）

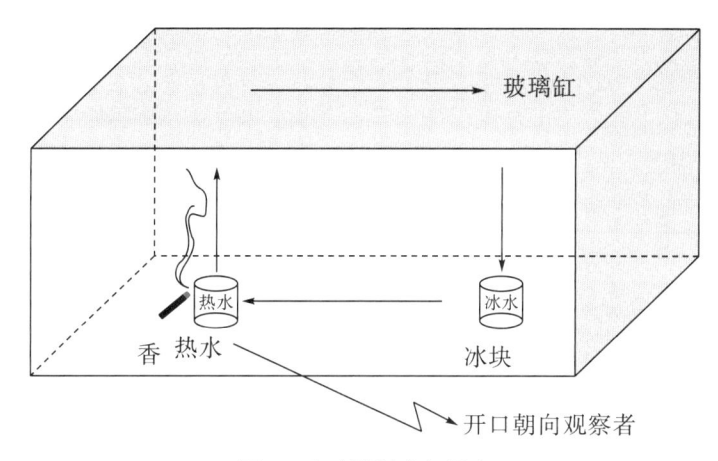

图1 实验器材准备示意

2. 演示操作步骤

（1）将玻璃缸内一端放入香点燃并仔细观察烟雾的移动方向。
（2）用电吹风清空玻璃缸内的烟雾。
（3）玻璃缸两端分别放一盆冰块、一盆热水。
（4）热水旁放蚊香，观察蚊香烟雾的运动方向。
（5）冰块旁放蚊香，观察蚊香烟雾的运动方向。

3. 观察实验现象

（1）玻璃缸内烟雾上升，在顶部聚集最后充满整个玻璃缸。
（2）玻璃缸内冰块位置的烟雾快速下沉，围绕冰块短暂聚集后，迅速朝着热水的方向移动。
（3）烟雾在冰块上空聚集萦绕，下沉至玻璃缸底部，迅速转向热水位置，逐渐又在热水盆处上升。后又于冰块上空下沉，最后又聚集在冰块周围。

4. 教师提问

根据演示过程，比较烟雾在玻璃缸内的流动有何不同。请学生观察蚊香烟雾在玻璃

缸内的流动方向，思考并画出示意图，进而深刻理解地表冷热不均能够产生空气环流。与实验前学生心中简单的初中气温、气压等物理知识发生明显认知冲突，从而有利于热力环流的科学概念构建。

（三）解释实验结果，构建科学概念

解释环节是帮助学生实现概念转变、完善概念体系的关键环节。经历了前两个环节后，教师应引导学生对现象进行分析，并与预测结果进行比对。值得注意的是，如果学生的预测与事实一致，并不意味学生可以真正解释其背后的科学依据，仍需老师作出正确的判断和引导，教师要引导学生将科学解释整合到认知结构中。

在"热力环流"教学中，基于所观察到的实验现象，师生共同梳理出如下解释：

（1）地表冷热不均是大气运动的根本原因。
（2）同一地点，垂直方向海拔越高，气压越低，即气压随海拔高度升高而降低。
（3）垂直方向上，大气运动遵循热胀冷缩原理，受热上升，冷却收缩下沉。
（4）水平方向上，大气运动遵循由高压向低压流动的原理。
（5）同一地点，高空气压高低和近地面相反。
（特别提示：高低气压字眼针对同一平面而言）
（6）等压面凸起的地方是高气压，等压面下凹的地方是低气压。
（7）描述热力环流示意图。
（8）建构热力环流形成体系，具体如图2所示。

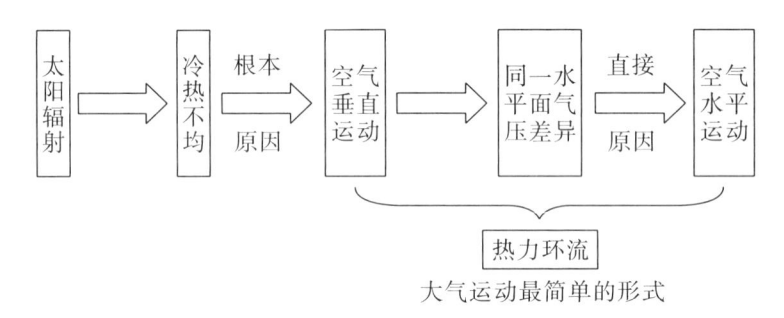

图 2 热力环流体系

三、小结

POE教学策略既关注学生已有的概念，也利于激发学生主动探究的兴趣，凸显学生的主体地位，激发学习的热情，从而帮助他们实现概念转变。在充满趣味的探索过程中完成科学概念建构，提升了自身的地理核心素养。教师应充分把握POE教学策略的内涵及适用范围，深入了解POE教学策略的实质，将其应用到实际教学中，以更好地提升教学价值。

参考文献：

[1] 潘红梅,刘红海. 以问题为导向的高中地理概念教学策略初探[J]. 地理教学,2021(4):52—56+41.
[2] 张惠莹,黄徐丰. POE教学策略在高中生物学概念教学中的应用——以"兴奋在神经元之间的传递"为例[J]. 理科考试研究,2023,30(1):61—63.
[3] 王健. 基于概念转变理论的POE教学设计[J]. 生物学通报,2015,50(4):23—27.
[4] 付鑫. 利用POE策略进行基于真实科研情境的PCR实验教学[J]. 生物学通报,2021,56(2):39—42.

初中数学差异化教学内容设计的实践研究
——以"菱形的性质"为例

秦思涵[①]

摘　要：差异化教学的核心是"生本"理念。在初中数学课堂教学中，教师应立足学生的风格、天赋和个性的差异，以大概念、大单元为中心，提供差异化的、可供选择的教学内容或课堂平行任务，以满足不同学生的需要，从而促进不同层次的学生实现个人的充分发展。本文以"菱形的性质"课堂实录与评析为载体，阐述初中数学差异化教学内容设计的一些认识和做法。

关键词：差异化教学；内容设计；菱形的性质；起始课

"菱形的性质"是北师大版《义务教育课程标准实验教科书·数学》九年级上册第一章"特殊平行四边形"第一节的内容，作为章节的起始课，是学好特殊平行四边形的关键，发挥着"先行者""导游图"的作用。本节课在学生已经学习并掌握了平行四边形的性质基础上，进一步探究菱形特有的性质，基于学生学情和个体差异，通过小组讨论、布置选择性、开放性的平行任务等策略，使不同层次的学生都能参与课堂、得到提升，从而提高课堂效率。同时，为后续学习矩形、正方形提供可借鉴的操作路径，体现知识的全息性。

一、课例分析

本节课是一节主题为"初中数学差异化教学策略研究"的区级研讨课，笔者有幸执教了"菱形的性质"，这节课从折叠一张平行四边形纸片这一问题情境，引出菱形的概念，从而类比平行四边形性质的探索过程，探究菱形的性质，同时基于学生个体差异，尝试以大主题、大单元、大任务为中心，设计差异化任务，力求尊重差异、发展差异。以下选取几个教学片段阐述初中数学差异化教学内容设计并作评析。

---

① 作者简介：秦思涵，中小学高级教师，天府第四中学教师。

(一)片段一:从实际操作入手,积累活动经验,引导学生动手操作、探索新知

问题1:回顾平行四边形具有哪些性质?

学生1:两组对边分别平行,两组对边分别相等,两组对角分别相等,两条对角线互相平分。

学生2:关于对角线交点成中心对称。

(过渡语:研究一个几何图形的性质一般从它的几何元素以及对称性入手。)

问题2:请同学们拿出手中的平行四边形纸片折叠,使它的两条邻边重合,剪下重叠部分并展开,看看你得到了什么新的图形?

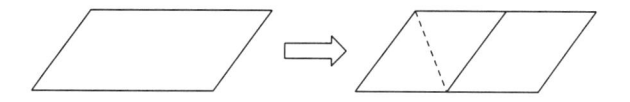

学生1:还是平行四边形。

学生2:对折使得它的一组邻边相等,比一般平行四边形更特殊。

(过渡语:说得很好,我们将这种特殊的平行四边形称为菱形,请你说出菱形的定义。)

学生1:有一组邻边相等的平行四边形称为菱形。

小组活动:四人一组,类比平行四边形的性质,大胆进行合理猜想,菱形具有哪些性质;对于同一猜想,同组的每个人尽量尝试用不同的方式验证(可以通过折叠菱形纸片,也可以借助直尺、手工剪、三角板、量角器等学具)。

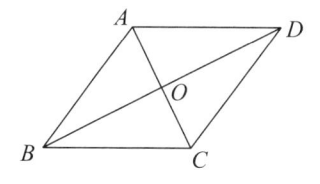

小组1:

学生1:菱形具有平行四边形具有的所有的性质,因为菱形是特殊的平行四边形。

学生2:通过折叠菱形纸片,发现菱形的4条边都能两两重合,所以菱形的4条边都相等。

小组2:

学生4:$\because AB=AD$ 且 $BO=OD$,$\therefore AC \perp BD$。所以菱形的对角线互相平分且垂直。

学生5:菱形的一条对角线平分一组对角,可证 $\triangle ABD \cong \triangle CBD$(SSS)。

$\therefore \angle ABD=\angle CBD$,$\angle ADB=\angle CDB$。同理可证 $\therefore \angle BAC=\angle DAC$,$\angle BCA=\angle DCA$。

学生3:$\because AD=BC$,$AB=CD$,且 $AB=AD$,$\therefore AB=BC=CD=AD$。

∴ ∠ABD = ∠CBD，∠ADB = ∠CDB。

同理可证∴ ∠BAC = ∠DAC，∠BCA = ∠DCA。

小组3：

学生6：沿每一条对角线对折菱形，都能互相重合，说明菱形是轴对称图形，对称轴为菱形的对角线所在直线，再根据轴对称的性质，说明菱形的两条对角线互相平分且垂直，由于互相重合，也能说明菱形的一条对角线平分一组对角。

设计意图：课程标准指出，有效的教学活动是学生学和教师教的统一，学生是学习的主体，教师是学习的组织者、引导者与合作者。本节课以"提供选择"为起点，充分尊重学生个体差异，通过设置"平行任务"，引导学生在真实情景中发现问题、提出问题，启发引导学生用观察、实验、直观想象、逻辑推理等自己感兴趣的方式解决问题，同时小组活动本身也是差异化学习的一种方式，通过小组内成员的互帮互助、交流分享，最终使得不同层次的同学在数学上都有不同的收获。

互动点评：学生的学习应是一个主动的过程，认真听讲、独立思考、动手实践、自主探索、合作交流等是学习数学的重要方式。学生如何理解"菱形是特殊的平行四边形"是本节课开篇第一大难点，包括菱形的性质的发掘对于部分学生有一定困难，利用折纸来解决问题，以及利用学具测量等方法验证猜想，使得学生有了解决问题的途径，也为严谨的证明提供了事实的验证和支撑，同时也能在一定程度上发展学生的几何直观能力。

（二）片段二：设计合理问题串，步步深入，引导学生感悟发现，总结通性通法

问题串设计：如图，在菱形 $ABCD$ 中，对角线 AC，BD 相交于点 O。

问题1：找出图中的等腰三角形和直角三角形。

问题2：若 $\angle BAC = 60°$，你有哪些新发现？

问题3：在问题2的条件下，若 $AC = 6$，你能求边长 AB 和对角线 BD 的长吗？

问题4：在问题3的条件下，菱形的面积为多少？你有哪些方法？

问题5：如图，若对于一个任意四边形，对角线 $AC = a$，$BD = b$，若 $AC \perp BD$，求四边形 $ABCD$ 面积。

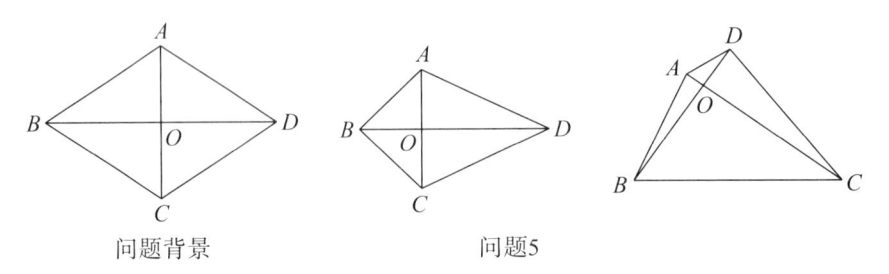

问题背景　　　　　　　问题5

设计意图：通过问题串设计将最基本概念、基本图形、基本原理用一条清晰的主线串联起来，即"菱形→特殊三角形"。问题串的设计起点较低，各个层次的学生都能参

与，严密的逻辑和合理梯度的难度设计符合学生的思维生长特点，有利于引导学生一步一步深入探究，解决问题，得出结论。菱形的简单计算主要围绕线段长、面积、周长等问题展开，解决问题的关键即在于将其转化成等腰三角形或直角三角形予以解决，在此过程中可以提炼出一些一般性的公式或方法，对后续矩形和正方形的相关计算也有正向迁移作用。

互动点评：美国著名数学家波利亚曾说，一个专心备课的教师能够拿出一个有意义的但又不太复杂的题目，去帮助学生挖掘问题的各个方面，这道题就好像一扇窗户，把学生引入一个完整的理论领域。课程标准明确要求关注个体差异，满足不同学生的学习需求，找到学生的思维生长点，引导学生层层深入解决问题。同时，在设计时要保证所选题目能承载核心概念，体现重要的数学思想方法，富含思维训练、经验感悟的空间，能够引导学生了解这类问题的共性方法，再用一条清晰的主线把这些概念或方法的本质串联起来，形成一定的通性通法。

（三）片段三：关注差异，设计开放性问题，打造"生问"课堂，搭建主动学习的桥梁

（过渡语：前面已经探究出菱形的基本性质，下面给出一个特殊的菱形，请大家设计一个题目来考察菱形的轴对称性。）

题目背景：如图，在菱形 $ABCD$ 中，$AB=6$，若 $\angle ABC=60°$；

学生1：如图，若点 P 为线段 BD 上一动点，连接 PA、PC，证明 $PA=PC$.

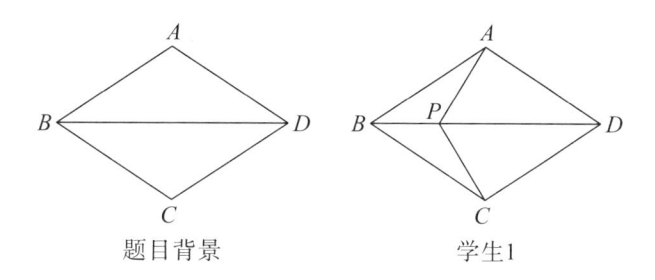

解答：可证 $\triangle BAP \cong \triangle BCP$（SAS），$\therefore PA=PC$.

（过渡语：在这个图形中，谁是对称轴，还有哪些相等的量？）

学生2：BD 所在直线是对称轴，因此 $\angle BAP=\angle BCP$，$\angle DAP=\angle DCP$。

（过渡语：菱形的对称性多用于转化边和角，既然刚才大家想到动点，还可以提出什么问题？）

学生3：若点 P 为线段 BD 上一动点，点 M 为线段 AB 中点，求 $AP+PM$ 的最小值。

解答：连接 PC，$\therefore AP+PM=CP+PM$，当 C、P、M 三点共线时，$(AP+PM)_{\min}=CM=3\sqrt{3}$。

（过渡语：这个方法实际上也是利用菱形的轴对称性转化了 AP 这条线段，还可以

转化 BM 吗?)

学生 4：在线段 BC 上截取 BC 中点 M'，$\therefore AP+PM=AP+PM'$，当 A、P、M' 三点共线，$(AP+PM)_{\min}=AM=3\sqrt{3}$。

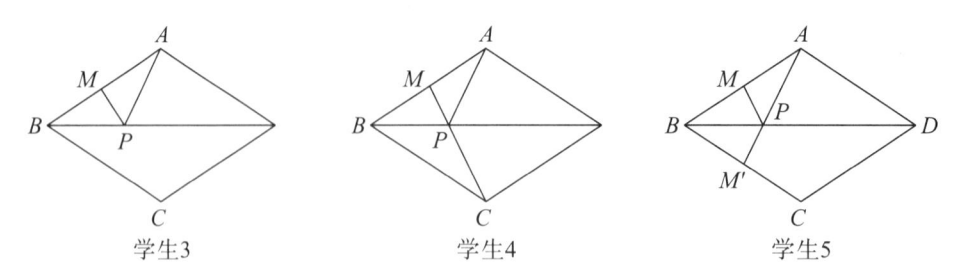

学生3　　　　学生4　　　　学生5

学生 6：在线段 BC 上截取 $BM'=BM$，$\therefore AP+PM=AP+PM'$，当 A、P、M' 三点共线，且 $AM'\perp BC$ 时，$(AP+PM)_{\min}=AM'=3\sqrt{3}$。

学生 7：还可以设计成 3 个动点，在刚才的条件下，若点 E 为线段 AD 上一动点，求 $EP+PM$ 的最小值。

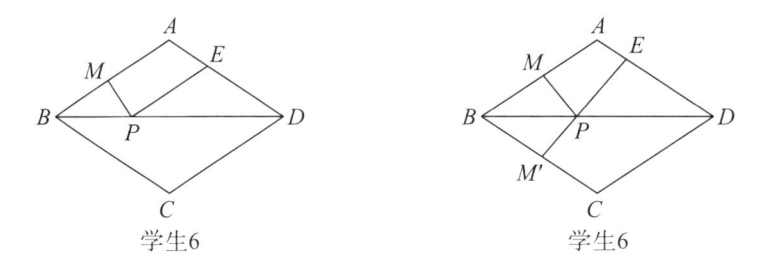

学生6　　　　学生6

解答：在线段 BC 上截取 $BM'=BM$，$\therefore EP+PM=EP+PM'$，当 E、P、M' 三点共线，且 $EM'\perp BC$ 时，$(EP+PM)_{\min}=EM'=3\sqrt{3}$。

（过渡语：前面几位同学的思路非常开阔，从证明线段相等到解决最值问题，大家都抓住菱形的轴对称性这一重要的转化边、角的方式，实际上都是在应用轴对称的性质，即对称轴上任意一点到对应点之间的距离相等。）

设计意图：菱形特有的性质中，其轴对称性是一大难点，往往学生想不到利用其转化边角。通过开放性的问题设计，让不同层次的学生都能获得参与感。通过搭建自主学习的平台，让学生根据自己的实际情况，提出不同难度的问题，在共同解决问题过程中进一步加深对菱形轴对称性的理解。同时"生问"课堂的构建，把发言权交给学生，在老师的引导下，学生设问，学生回答，这与差异化教学充分尊重学生个性、尊重差异、发展差异的主旨是吻合的。

互动点评：开放性问题的设计要充分考虑班级学生的实际情况，看似放开，实则教师应做好更充足的课前准备，预设各种问题，在课堂中认真观察，做到由浅入深，前后呼应，在过渡语和提问的设计上更应做到随机应变，从而更好地把控课堂。

二、教学反思

（一）大概念驱动，实施单元教学，发展学生能力

差异化教学是面向全体学习者发展的教学，目的是使学习者获得终身学习的能力。对于章首起始课，应该以大概念为中心进行课程内容的选取和组织，大概念是课程设计的关键线索。"特殊平行四边形"一章中的菱形、矩形、正方形的研究主线和研究方法基本一致，而它们的性质和判定也容易混淆，所以以大概念为中心设计课程，构建框架，实施单元教学，采用横向和纵向对比融合，突破难点，提升学生能力。

（二）设计差异化教学内容，动态应对学生差异，促进学生差异化发展

差异化教学是指在平行分班的数学课堂教学中，结合班级学生实际数学学习情况，立足于学生风格、天赋和个性的差异，提供差异化内容选择，满足不同学生的需要，以促进每个学生在原有基础上得到充分发展的教学。在教学目标上以总体目标为核心，为不同层次的学生设计差异化的目标，从而制定差异化的教学活动，例如小组活动、平行任务、开放性问题等，使不同层次的学生都参与课堂，获得不同的情感体验，激发学习兴趣，获得差异化发展。

（三）多元教学方法，满足个性需求，体现学生主体地位

多元教学可以充分体现数学的深度及广度，有利于促进学生对概念的理解和迁移。教师应该积极学习，创新教学理念，以多元化教学方法为重点，使学生在课堂中获得新的学习体验，从而提高差异化教学的质量和效率。教师要大胆创新，敢于尝试新的教学方式，从一开始鼓励中等生合情推理，优生演绎推理，到后来的一题串讲菱形性质，以及小组合作设计开放性试题，都是基于班级学生差异实现多元教学的体验，旨在推动所有学生都融入课堂。

（四）关注学生参与，指向差异化教学，走向核心素养

差异化教学是希望不同层次的学生都能参与课堂，而不是到最后成为优生的"一言堂"。因此，为不同层次、不同需求的学生提供"最大的学习机会"至关重要，除了设计差异化的教学目标，还需要给学生提供根据自己的实际情况来选择问题、解决问题的机会。例如，片段一中探究菱形的性质就提供了多种平行的任务，可以通过合情推理——折纸、演绎推理——严谨证明两种方式探究出菱形的性质，发展学生几何直观和几何推理能力。片段三中的开放性问题设计，也为学生提供了选择问题的机会，能力较弱的同学可以设计简单问题，能力较强的同学可以加大难度并进一步挖掘，最终教师利用自身教育智慧灵活组织，使每位学生的能力和素养都得到提升。

（五）差异化教学内容设计流程

学科育人视域下初中数学差异化教学内容设计流程具体如图1所示。

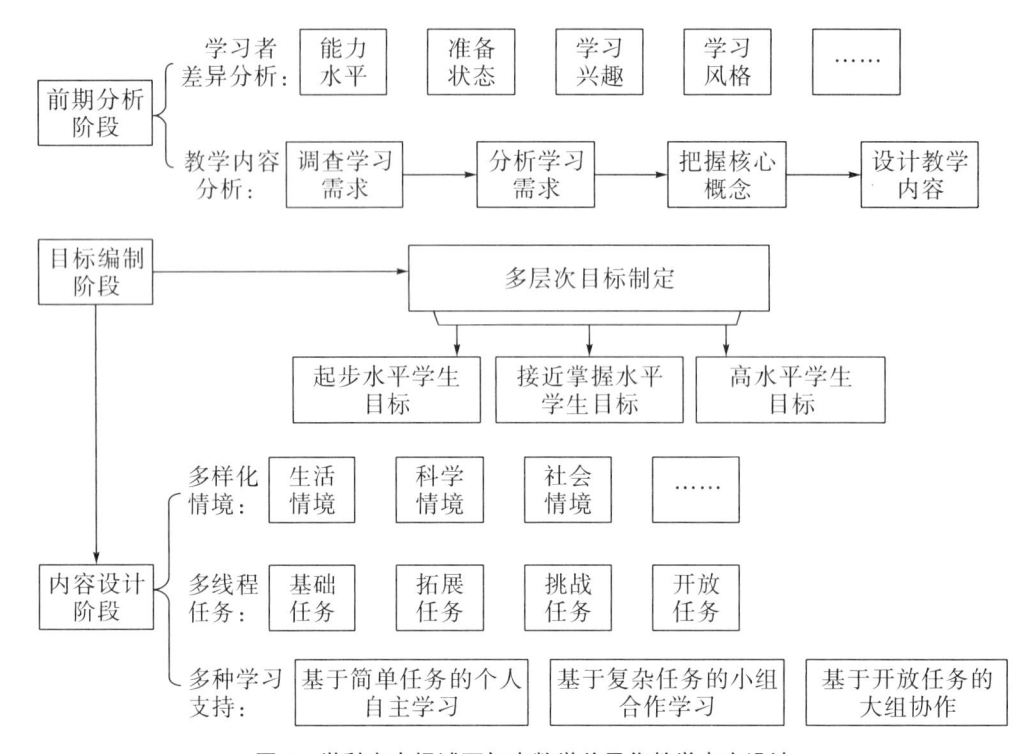

图1 学科育人视域下初中数学差异化教学内容设计

前期分析阶段：
- 学习者差异分析：能力水平、准备状态、学习兴趣、学习风格……
- 教学内容分析：调查学习需求 → 分析学习需求 → 把握核心概念 → 设计教学内容

目标编制阶段：
- 多层次目标制定：起步水平学生目标、接近掌握水平学生目标、高水平学生目标

内容设计阶段：
- 多样化情境：生活情境、科学情境、社会情境……
- 多线程任务：基础任务、拓展任务、挑战任务、开放任务
- 多种学习支持：基于简单任务的个人自主学习、基于复杂任务的小组合作学习、基于开放任务的大组协作

三、研究结论

差异化教学内容的设计，既要满足所有学习者的共同学科需求，又要满足不同学习者的学业需求，为学习者提供多层次的选择，这就要求在公平的基础上兼顾效率，这也是未来学科课程发展的趋势之一。差异化教学内容的设计，使得每位学生的天赋和个性都能得到充分的尊重，获得公平的学习和发展机会，从而在自身能力和素养基础上得到相应的提升，激发他们不断追求，这也是数学学科育人的真正价值体现。

参考文献：

[1] 王用华，李海东．重视学习方法的引导，上好章节起始课——"平行四边形及其性质"教学实录与评析［J］．中国数学教育，2012（19）：19-22.

[2] 郭小霞．重视图形性质 聚焦基本图形 培养直观想象——以人教版八年级上册"垂直平分线的性质"的教学为例［J］．福建中学数学，2019（12）：28-31.

[3] 何代杭．基于Van Hiele理论的初中特殊的平行四边形教学研究［D］．漳州：闽南师范大学，2016.

［4］周春燕. 兴趣、自信、发展——小议数学课堂教学中如何促进学生主动发展［J］. 读写算，2018（20）：242.
［5］李明亮. 新课程背景下自主探究能力的培养［J］. 科学大众（科学教育），2017（2）：84.
［6］熊坤云. 创设典型例题的策略［J］. 湖南教育（下），2014（2）：58－59.

大单元背景下的初中英语阅读课堂教学构建初探

胡桂霞[①]

摘 要：聚焦新课标，进一步贯彻落实新课标理念，准确把握"大单元教学"的核心与意义，推进大单元整体教学，提高初中英语阅读课堂教学效率，助力阅读课堂发展。大单元背景下，构建初中英语阅读课堂，深度理解大单元教学结构化、重组化的特点，以重"点"突破、全"线"贯通、全"面"提升的有效措施落实初中英语大单元教学。聚焦大单元结构化教学，构建科学性、实用性及操作性强的教学体系，从而整个单元能步步渗透、层层递进，强化学生阅读意识，提高初中学生的英语阅读能力。

关键词：大单元；初中英语；阅读课堂；应用；阅读技巧

引 言

聚焦新课标、新理念、新课堂，落实新课标导向，教师要顺应新课标新要求，从而让学生理解并掌握核心素养下的大单元教学理念及策略，在阅读课堂学习时能够更高效，让单元主题教学效果更好。大单元背景下，初中英语阅读课堂教学的构建，不是简单地将课时内容进行重组，而是需要认证落实新课标导向，最大限度地整合学习资源，创设贴近学生生活实际的单元学习情境，拉近学习内容和学生生活之间的距离，将整个单元的知识进行系统的、有意义的联结。

教师通过整合整个单元内容与知识点，从分析课标、分析教材、分析学情、分析单元整体目标等方面确定大单元教学的目标；再根据学生实际认知水平、身心发展特点等，分析教材单元内容、定位单元学习目标、设计单元核心任务，利用单元大任务串联各子任务来推进单元整体教学，让学生对每个单元的知识点有一个整体的认知，引导学生进行大单元阅读，培养整体思维，找到知识间的关系和区别，学生在大单元背景下的阅读课堂能够更加清晰明了地了解学习的内容。

---

① 作者简介：胡桂霞，中小学一级教师，成都市温江区第二中学教师。

一、初中英语学生阅读学习的现状

目前在初中英语阅读课堂教学中,仍然有老师采用传统的"一讲到底"的教学模式,教师解说知识点采用"满堂灌"的方式,往往会导致学生在英语阅读课堂中存在以下问题。

(一)词汇障碍

初中学生英语学习时间比较短,所以词汇量比较少,学生在阅读的过程中,一旦遇到生词,往往不敢对文章的内容进行猜测,一定程度上影响了阅读的效果。

(二)阅读速度存在问题

由于初中学生词汇量比较少,英语文章的阅读量也相对较少,学生在阅读文章的过程中速度较慢。

(三)对英语阅读的兴趣不浓

学生在阅读英语文章的过程中有时感觉十分苦恼,从而对英语文章阅读存在压力,影响对初中英语其他知识板块的学习信心与兴趣。

(四)没有掌握有效的英语阅读技巧

初中学生初学英语时,可能没有掌握阅读的方法和有效的阅读技巧。所以我们作为英语教师,应该意识到这个问题,改变自己的教学模式,利用大单元整体教学的方法,整合单元内容与知识点,提高学生的自主的学习能力。

二、大单元背景下的初中英语阅读教学构建策略

(一)对单元阅读教学内容进行整合与拓展

大单元教学主要围绕大任务、大情境、大活动开展相关的学习活动,以整体的目标任务为驱动力。依据新课标,将教材单元转化为大单元,围绕大单元主题,设计大作业,促进学生迁移应用,发展学生的学科核心素养。大单元背景下的初中英语阅读课堂教学,教师要扎实推进有效落实大单元背景下的初中英语阅读课堂教学设计,正确认识核心素养和大单元教学之间的联系,深化英语课堂教学改革,助力初中英语阅读课堂教学的有效发展。初中英语阅读属于阅读的基础阶段,只有这个时候打好基础,才能够更好地培养学生的英语学习能力。

例如,人教版初中英语课程七年级下 Unit10 "I'd like some noodles",教师在布置阅读活动时,应考虑到目标、时间、难度等要素,以达到目标明确、内容科学、时间适

切、类型丰富等要求，切切实实地把大单元学习融入每一个课时的学习，让每个课时的任务更加充实。以终为始、以目标为导向的教学理论被很好地运用于本堂教学，巧妙地将"I'd like some noodles"这一单元的内容融合到了大单元学习当中。从真实的任务驱动开始，到知识的整合、迁移与创造，设计整个单元内容框架，让学生掌握"I'd like"的用法。保证每个课时的目标以及课堂输出都能相互关联且层层递进，反过来又促成了项目学习目标的达成。学生通过独学、合学、群学等方式进行分工与合作，无不体现着指向深度学习的单元整体教学设计。教师使用逆向设计理念，时刻提醒自己大单元和每个课时的教学目标，确认教学设计是否在为教学目标服务，课堂活动设计是否能检测学生达成目标的程度。

（二）整合单元阅读教学环节

新课标要求教师要强化素养立意，围绕单元主题充分挖掘育人价值。在新课标的指引下围绕核心素养制定单元教学目标，深入解读和分析本单元内各语篇及相关教学资源，并结合学生的认知逻辑和生活经验对单元内容进行必要的整合或重组，建立单元内各语篇内容之间及语篇育人功能之间的联系，形成具有整合性、关联性、发展性的单元育人蓝图。

例如，人教版初中英语课程七年级下 Unit4 "Don't eat in class"，我们应确立大单元育人目标和教学主线，让学生充分发挥自身的创造力。在单元整体教学大观念的引导下，深入挖掘本单元的主题意义，从教学目标出发，以终为始，设置一系列的前置阅读环节，引导学生对单元内容进行整合与拓展。在学生的阅读学习环节上，通过提供真实、合理的教学语境，让学生学有所用，提升学生的思维和创新能力，充分体现"单元整体教学""学用结合""目标驱动"等教学理论。在学生在独学、合学、群学、小组讨论等环节，都有明确、具体的分工，从而高效地完成项目式学习任务。教师要分析作业和阅读、课程三者之间的关系，并从定义、特征、设计要素、设计基本策略以及设计步骤等方面全面落实"大单元"的理念，使得初中英语阅读课堂教学具备系统性、关联性、综合性和递进性等特点。尤其是在自主探究有效性的生成上，展示学生在探究中是怎样一步步从抽象到具体，从模糊到清晰，引导学生对各语篇内容的学习和主题意义的探究，逐步建构和生成围绕单元主题的深层认知、态度和价值判断，促进其核心素养综合表现的达成。

（三）构建好大单元背景下的课堂阅读教学活动

在大单元背景下，初中英语阅读课堂教学活动过程中，始终保持以主线引领学习目标，教师对大单元学习内容进行全面整合，结合大单元主题深入分析其教学要求和教学整体结构，针对教材编排体系进行科学改编和创新，让学生在每一个真实语境或创设的情景中体验和经历学习的过程。教师有机整合教学内容，同时还需要将该单元和课外教学资源有效结合，对新课标进行研究和思考，做有效的教学设计，将项目式学习与单元整合性输出任务相结合，帮助让学生构建整体思维，找到知识间的关系和区别，从而使初中学生在学习时能够更高效，单元主题教学效果更好。

整个阅读课堂教学活动环环相扣、循序渐进，在丰富有趣的课堂活动中帮助学生逐步实现在大单元背景下对所学知识的学习理解、运用实践和迁移创新，促进大单元教学理念的落实，也要有利于初中英语阅读课堂教学实效性实施，促进讲练结合，提升课堂教学质量。因此，在大单元背景下的初中英语阅读课堂教学构建，可将初中英语阅读课堂教学任务活动分为读前、读中和读后予以开展。

1. 读前：感知课文，预测所学

大单元背景下的英语阅读课的导入形式多种多样，与本单元相关的有动画、游戏、实物、图片、歌曲、情境、简笔画等导入法。如人教版初中英语课程八年级下册 Unit 6 "An old man tired to move the mountains" Section A 3a~3c 关于孙悟空的图片和视频一播放，立刻吸引了学生的注意力。学生在一个轻松愉快的气氛中开始学习，提高了课堂学习的效率。

2. 读中：快速通读，了解主题和慢速细读，理解文章

大单元背景下的英语阅读课堂教学，通过实施快速通读和慢速细读，帮助学生深刻地理解文章中的信息和背后所隐含的含义，从而实现学习能力目标的提升。

快速通读（快读）是大单元背景下初中英语阅读课堂上的重要一环。在快速通读文章时，教师要给学生限定一个时间，让学生带着问题有目的地阅读。因此，学生要先读问题，了解主旨，做到心中有数，再根据已有线索迅速在文章中查找具体时间、地点、人名、地名、事件、数字等。慢速细读（精读）是大单元背景下英语阅读课的中心任务。在慢速细读课文时，教师要深挖教材阅读问题，设计有层次性的问题，由易到难，由浅入深，把更多的时间交给学生，在整体把握文意的前提下再进行深入细致的阅读，同时也可进行分段阅读。

3. 读后：总结归纳，巩固所学

在大单元背景下的初中英语阅读课堂教学过程中，对本单元的阅读课进行总结归纳非常重要。学生通过复述课文、书写读后感想、对话练习等方式再次创设有趣的阅读情境，并对文本进行加工和理解，实现个人观点的有效形成。此外，课后的深度思考也同样重要。教师需要在大单元背景下结合语篇主题对学生进行科学引导，帮助学生对语篇的主题意义进行深入挖掘，确保教材文本实现有效融合。同时，还需要引导学生理性思考，透过现象看本质，通过在大单元背景下对文本再次构建，使其原有教学内容具有更高的完整性、丰富性和趣味性，保证学生能够更为深刻地理解单元主题，从而在不同的文化交流与碰撞中获得阅读的乐趣。

总之，学生在大单元背景下的初中英语阅读课堂教学中，通过不同的活动任务，结合自学、合学、群学的体验，对所学目标和内容更为清楚，同时也跳出课本，将知识迁移到真实的情境当中，与自身生活和真实体验联系起来，促进深度学习的发生。

结　语

综上所述，大单元背景下初中英语单元整体教学目的是解决目前英语教学中普遍存在的学习内容碎片化、与学生相对疏离、与生活相互割裂等问题。教师应顺应新课标提出的新要求，理解并掌握核心素养统领下的大单元教学理念及策略，设计单元学习任务，最大限度地整合教学资源，坚持将阅读活动和本单元学习内容完美结合，同时设计大单元背景下整体学习实施和评价的方式方法，帮助学生不断发现问题、解决问题、探索问题，真真正正地构建好大单元背景下的初中英语阅读课堂。

参考文献：

［1］安张钰. 文化图式视域下初中英语阅读教学研究［D］. 西安：陕西理工大学，2022.
［2］荣嘉瑶. 核心素养目标下的初中英语阅读课堂提问有效性研究［D］. 西安：陕西理工大学，2022.
［3］王代慧. Jigsaw合作学习模式在初中英语阅读教学中的实证研究［D］. 延安：延安大学，2022.
［4］赵颖. 初中英语阅读课堂教学互动中的行动研究［D］. 鞍山：鞍山师范学院，2022.

基于思维生长的初中数学专题复习课研究
——以"平面直角坐标系中的三角形面积问题"为例

李小容 于兰兰[①]

摘　要：本文以平面直角坐标系中的三角形面积问题为例，通过合理的问题情境导出课题，找准思维生长的起点、刺激点和发散点。在问题解决中使学生经历思维激发、激活、发散、拓展、整合的生长过程，从而培养学生的数学思维能力，提升学生的数学核心素养。

关键词：思维生长；专题复习；问题串

诺贝尔奖获得者德国物理学家劳厄曾说："重要的不是获得知识，而是发展思维的能力。"专题复习课起着构建知识体系、综合运用知识方法、提升学生思维等作用。大部分教师面对专题复习课时，容易把精力放在单纯的数学知识梳理和大量的习题操练上，在这种方式下，学生的数学知识结构是相对孤立的、零散的、不成体系的，学生的数学思维水平往往会停滞在低阶状态。在此背景下，本文展开基于思维生长的初中数学专题复习课实践研究。

一、课题思考及分析

（一）课标要求

（1）理解平面坐标系的有关概念，画出平面直角坐标系；在给定的平面直角坐标系中，能根据坐标描出点的位置，根据点的位置写出坐标。

（2）对给定的图形，会选择合适的平面直角坐标系，写出它的顶点坐标，体会可以用坐标表达简单图形的性质。

（3）感悟平面直角坐标系是沟通代数与几何的桥梁，理解平面上点与坐标之间的一一对应关系，体会通过几何建立直观、通过代数得到数学表达的过程。

（4）感悟数形结合的思想，会用数形结合的方法分析和解决问题。

---

① 作者简介：李小容，中小学一级教师，成都市实外西区学校教师。于兰兰，中小学高级教师，成都市实外西区学校教师。

(二) 教材分析

1. 知识网

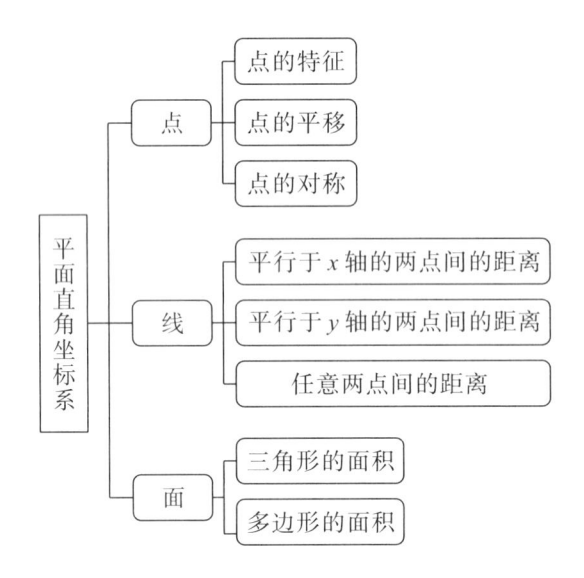

```
                    ┌─── 点的特征
              ┌─ 点 ─┼─── 点的平移
              │     └─── 点的对称
              │
              │     ┌─── 平行于 x 轴的两点间的距离
平面直角坐标系 ─┼─ 线 ─┼─── 平行于 y 轴的两点间的距离
              │     └─── 任意两点间的距离
              │
              │     ┌─── 三角形的面积
              └─ 面 ─┤
                    └─── 多边形的面积
```

2. 内容分析

从知识结构的构建来看，平面直角坐标系的引入，架起了数与形之间的桥梁，使得我们可以用几何的方法研究代数问题，又可以用代数的方法研究几何问题，充分体现了平面直角坐标系在数学中的作用，本章也是后续研究函数的重要基础．从活动经验的迁移来看，研究平面直角坐标系中的三角形面积问题，为解决函数背景下的图形面积问题奠定了坚实的基础。从核心素养的培养来看，有利于学生在探究中感悟通过几何建立直观、通过代数得到数学表达的过程，在解决问题过程中感悟数形结合的思想及"化斜为直"的转化思想。

(三) 学情分析

本节复习课针对九年级学生，学生刚上完初中阶段的新课，对平面直角坐标系的相关知识有一定了解，对三角形面积问题的处理有一些认知，这为本节复习课的知识梳理做好了铺垫。但是学生对之前的知识存在一定的程度的遗忘，其对知识的掌握是零散且比较混乱的，对于三角形面积问题还不能够灵活应对。

(四) 教学目标

(1) 学生能够掌握平面直角坐标系的概念及点的特征；能够计算平面内任意两点间的距离；可以灵活处理三角形的面积问题。

(2) 通过本节内容的小结与复习，培养学生归纳、整合所学知识的能力。

(3) 本节课从选题到提问遵循由易到难的原则，旨在从启发思维出发辐射到发散思维，有利于增强学生对数学学习的信心和热情，培养学生分析问题和解决问题的能力。

（4）本节课通过几何建立直观模型，让学生感悟数形结合的思想，会用数形结合的方法分析和解决问题。

（五）设计思路

本节课从二次函数背景下三角形面积出发引出课题，构建知识体系，提炼数学思想与方法。把知识从前往后、由易到难梳理成由点到线、由线到面的一个生长型体系，设计了一系列的问题串，教学活动的实施由课前、课中、课后三个环节（如图1）组成。从知识整合到问题探究，在不断追问中溯源数学本质及解题通性通法，潜移默化地启迪学生的数学思维。

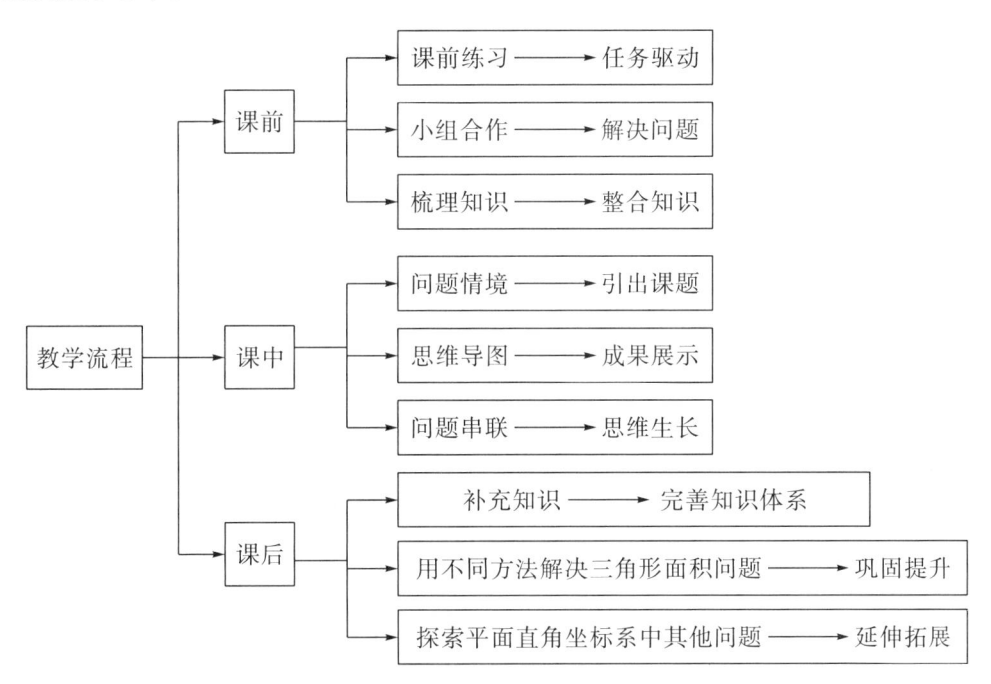

图1 课前、课中、课后的教学活动实施流程

二、教学过程与说明

（一）课前环节

课前练习：

问题1：在平面直角坐标系 xOy 中，点 P（2，3）关于 x 轴对称的点的坐标是_____，点 P（2，3）关于 y 轴对称的点的坐标是_____，点 P（2，3）关于原点对称的点的坐标是_____。

问题2：

在平面直角坐标系中，将点 P（2，3）向左平移 4 个单位长度得到的点 A 的坐标是_____。

将点 P（2，3）向右平移 2 个单位长度得到的点 B 的坐标是_____。

将点 P（2，3）向上平移 2 个单位长度得到的点 C 的坐标是_____。

将点 P（2，3）向下平移 3 个单位长度得到的点 D 的坐标是_____。

将点 P（2，3）向左平移 6 个单位长度且向下平移 5 个单位长度得到的点 E 的坐标是_____。

问题3：请同学们将问题2中的点 A、B、C、D、E 描在下面平面直角坐标系中。

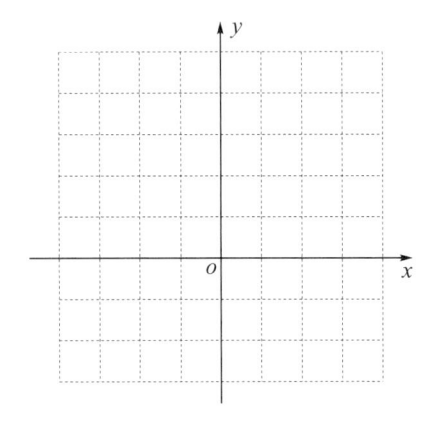

问题4：点 A、P、B 的坐标有什么共同特征吗？

问题5：点 C、P、D 的坐标有什么共同特征吗？

问题6：求 AP、BP 的长度。

问题7：求 CP、CD 的长度。

问题8：求 BD、AE 的长度。

整合：根据以上问题，请同学们按照自己的方式整理平面直角坐标系中的知识点。

教学说明：设置课前练习，以任务驱动的方式让学生在问题解决的过程中回顾本章知识点。在问题设置中，以递进式问题串的方式引导学生把知识点串联起来，形成知识结构网络。培养学生归纳、整合所学知识的能力，通过课前练习问题的设置，激发学生的思维，为课中探究三角形的面积问题做好铺垫。

（二）课中环节

1. 问题情境——激活思维

师：如图2，设 M 为抛物线对称轴上任意一点，当 $S_{\triangle ACM} = S_{\triangle ACB}$ 时，求点 M 的坐标。

图 2

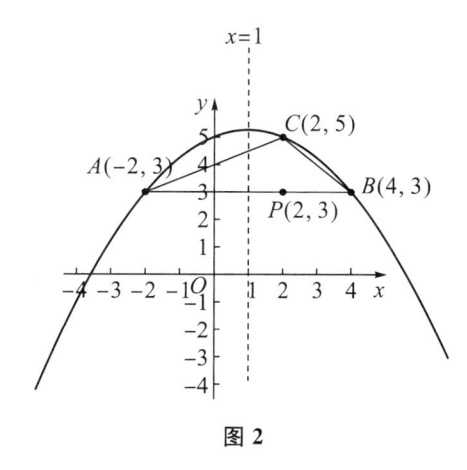

教学说明：教师抛出问题并解析问题，去掉抛物线、去掉线段，剩下平面坐标系中的点，由此引入本节课的主体——平面直角坐标系以及点的坐标．通过合理的问题情境锁定思维生长的起点。

2. 构建知识体系——碰撞思维

师：在课前练习环节，同学们完成了问题1到问题8，并在小组合作中解决了以上了问题，根据以上问题，同学们按照自己的方式整理了平面直角坐标系中的知识点。请同学们相互分享自己作品，并推荐一位同学进行解说。

学生1：对本章的知识要点进行了梳理，如点的对称、点的平移、平行坐标轴的点的坐标特征及距离的计算、任意两点间距离的计算等。

学生2：在学生1的基础上做了补充，对平面直角坐标系中象限的划分及各象限的符号做了说明，并拓展了点到直线的距离公式。

教学说明：通过知识的梳理，让学生掌握本章的知识网络结构及相互关系，对学生思维的发散起到一定的推动作用。整理本章知识点，培养学生归纳、整合所学知识的能力。成果展示，锻炼学生的表达能力，也增强学生对数学学习的信心和热情。自评及他评模式结合，促进学生个性化发展。

3. 设计开放问题——发散思维

问题9：通过课前练习，由点的对称或平移产生了新的点，连接两点我们可以求出线段的长度，那由平面直角坐标系中的点 O、P、A、B、C、D、E，任意连接三条线段构成三角形，可以求出三角形的面积吗？

学生1：连接 OC、CD、OD，如图3，$S_{\triangle OCD} = \frac{1}{2} \cdot OD \cdot CD = \frac{1}{2} \times 2 \times 5 = 5$。

学生2：连接 OA、AD，如图4，$S_{\triangle OAD} = \frac{1}{2} \cdot OD \cdot |y_A| = \frac{1}{2} \times 2 \times 3 = 3$。

图 3

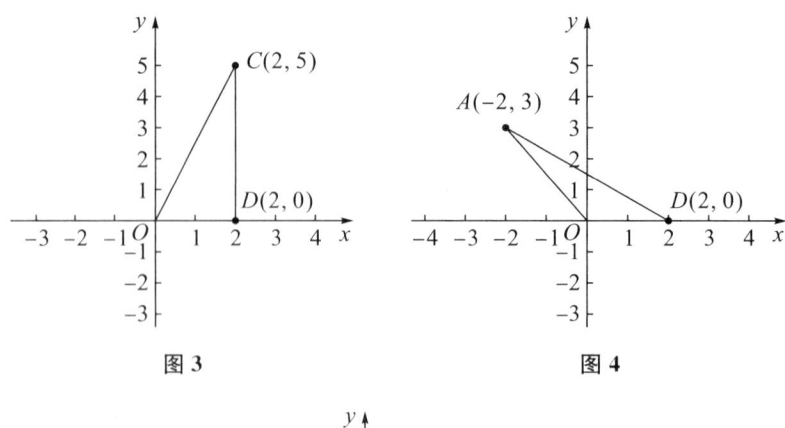

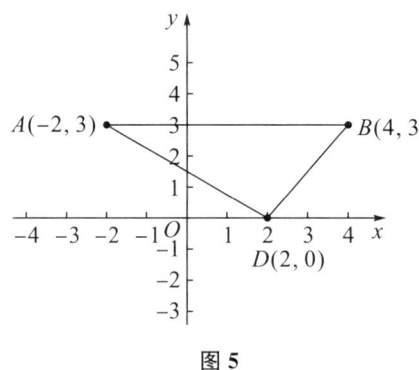

图 4

图 5

学生 3：连接 BA、BD、AD（如图 5），$S_{\triangle BAD} = \frac{1}{2} \cdot AB \cdot |y_B| = \frac{1}{2} \times 6 \times 3 = 9$。

学生 4：连接 OC、CB、BD（如图 6），$S_{\triangle CBD} = \frac{1}{2} \cdot CD \cdot (x_B - x_C) = \frac{1}{2} \times 5 \times 2 = 5$。

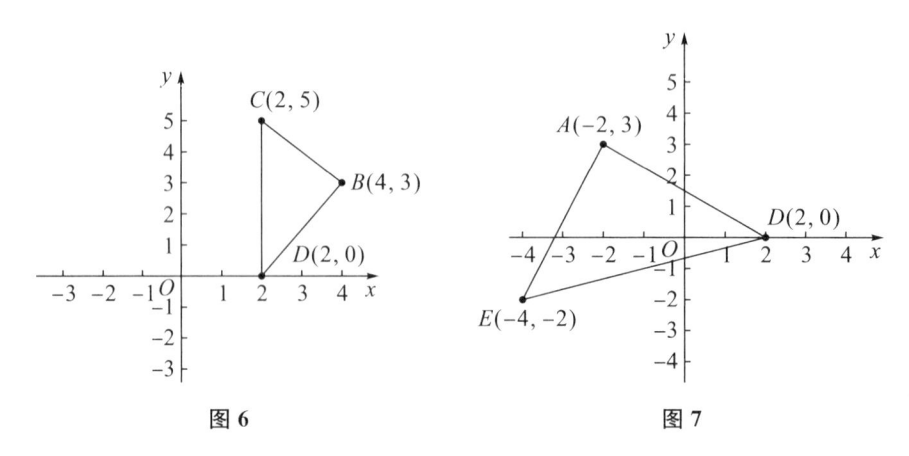

图 6

图 7

师：非常棒！以上同学们连的这些三角形面积都很容易根据底乘高算出面积，同学们能否连出跟以上不一样的三角形？

学生 5：连接 AE、AD、ED，如图 7，求 $S_{\triangle AED}$？

师：该同学连的这个三角形很有挑战性哦！同学们能够计算出这个三角形的面积吗？

学生6：可以把这个三角形"补"成矩形（如图8），利用矩形的面积减去三个直角三角形的面积。

$$S_{\triangle AED} = S_{四边形MNGE} - S_{\triangle AME} - S_{\triangle AND} - S_{\triangle DEG}$$
$$= 5 \times 6 - \frac{1}{2} \times 2 \times 5 - \frac{1}{2} \times 3 \times 4 - \frac{1}{2} \times 2 \times 6$$
$$= 13$$

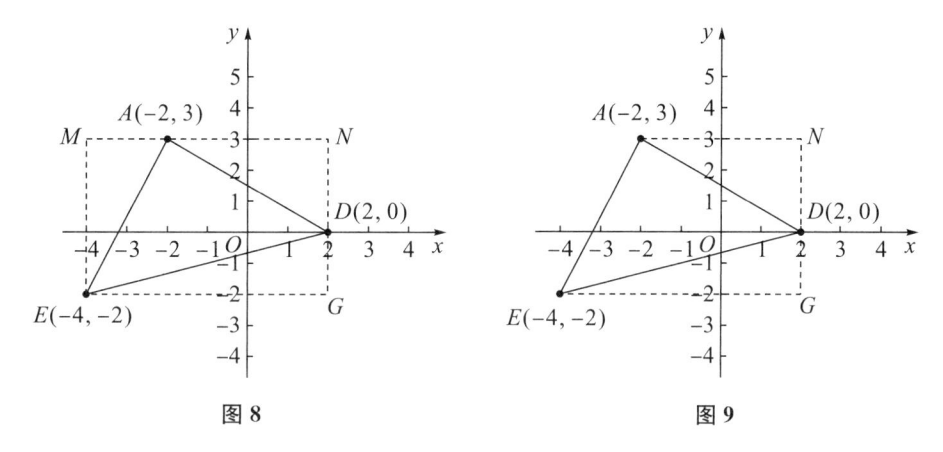

图 8　　　　　　　　　　图 9

学生7：可以"补"成梯形（如图9）。利用梯形的面积减去两个直角三角形的面积。

$$S_{\triangle AED} = S_{梯形ANEG} - S_{\triangle AND} - S_{\triangle DEG}$$
$$= \frac{1}{2} \times (4+6) \times 5 - \frac{1}{2} \times 3 \times 4 - \frac{1}{2} \times 2 \times 6$$
$$= 13$$

师生总结：上述"补"的办法把三角形的面积问题补成规则图形，化为第一类面积来处理。旨在快速找出底和高。除了以上"补"的办法，还有其他办法吗？

学生8：可以，沿着 x 轴把 $\triangle AED$ "切"成两部分（如图10），即：

$$S_{\triangle AED} = S_{\triangle AFD} + S_{\triangle EFD} = \frac{1}{2} \cdot DF \cdot |y_A - y_D| + \frac{1}{2} \cdot DF \cdot |y_E - y_D|$$
$$= \frac{1}{2} \cdot DF \cdot |y_A - y_E| = \frac{1}{2} \cdot DF \cdot 5$$

学生9：哦！这是"铅锤法"求三角形面积！

追问：同学们太棒了，能够记得这是我们讲的重要的"铅锤法"求三角形面积问题。在这个方法中，点 F 的坐标怎么求呢？

学生10：可以通过 A、E 两点坐标求出直线 AE 解析式，该解析式与 x 轴的交点就是点 F 的坐标，进而利用 D、F 两点的横坐标求出 DF 的长度.

追问：还有其他办法求 $\triangle AED$ 的面积吗？

学生11：过点 A 作 $AF // y$ 交 ED 于点 F（如图11）。

$$S_{\triangle AED} = S_{\triangle AFE} + S_{\triangle AFD}$$
$$= \frac{1}{2} \cdot AF \cdot |x_A - x_E| + \frac{1}{2} \cdot AF \cdot |x_D - x_A|$$
$$= \frac{1}{2} \cdot AF \cdot |y_D - y_E|$$
$$= \frac{1}{2} \cdot AF \cdot 6$$

可以通过 D、E 两点坐标求出直线 DE 解析式，将点 F 的横坐标 -2 代入该解析式就可求点 F 纵坐标。最后利用 A、F 两点的纵坐标求出 AF 的长度。

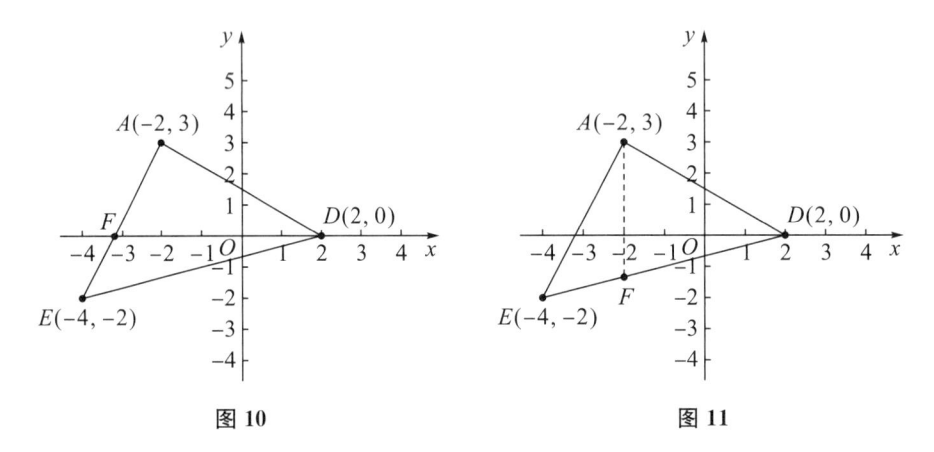

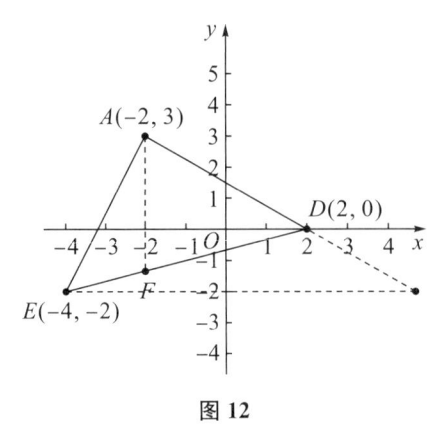

图 10

图 11

图 12

追问：以上两位同学分别过点 D 沿着 x 轴或者过点 A 做 y 轴平行线把 $\triangle AED$ 的面积分成两部分，那可以过点 E 来做吗？

学生 12：过点 E 作 $EF // x$ 轴交 AD 的延长线于点 F（如图 12）。

$$S_{\triangle AED} = S_{\triangle AFE} - S_{\triangle EFD}$$
$$= \frac{1}{2} \cdot EF \cdot |y_A - y_E| - \frac{1}{2} \cdot EF \cdot |y_D - y_E|$$
$$= \frac{1}{2} \cdot EF \cdot |y_A - y_D| = \frac{1}{2} \cdot EF \cdot 3$$

通过 D、A 两点坐标求出直线 DA 解析式，将点 F 的纵坐标 -2 代入该解析式就

可求点 F 横坐标。最后利用 E、F 两点的横坐标求出 EF 的长度。

师生总结：对于此类三角形面积，可以过三角形任意一点做 x 轴或 y 轴的平行线来解决。请同学们连接一个类似的三角形并快速求出面积。

学生 13：连接 CE、CB、EB，得 $\triangle CEB$（如图 13）。

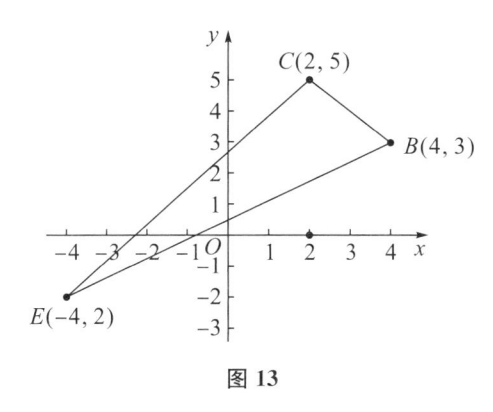

图 13

师：请同学们动手作图，求出答案。

师生总结：学生作图展示，可用以下三种方法求出 $\triangle CEB$ 的面积（如图 14、图 15、图 16）。

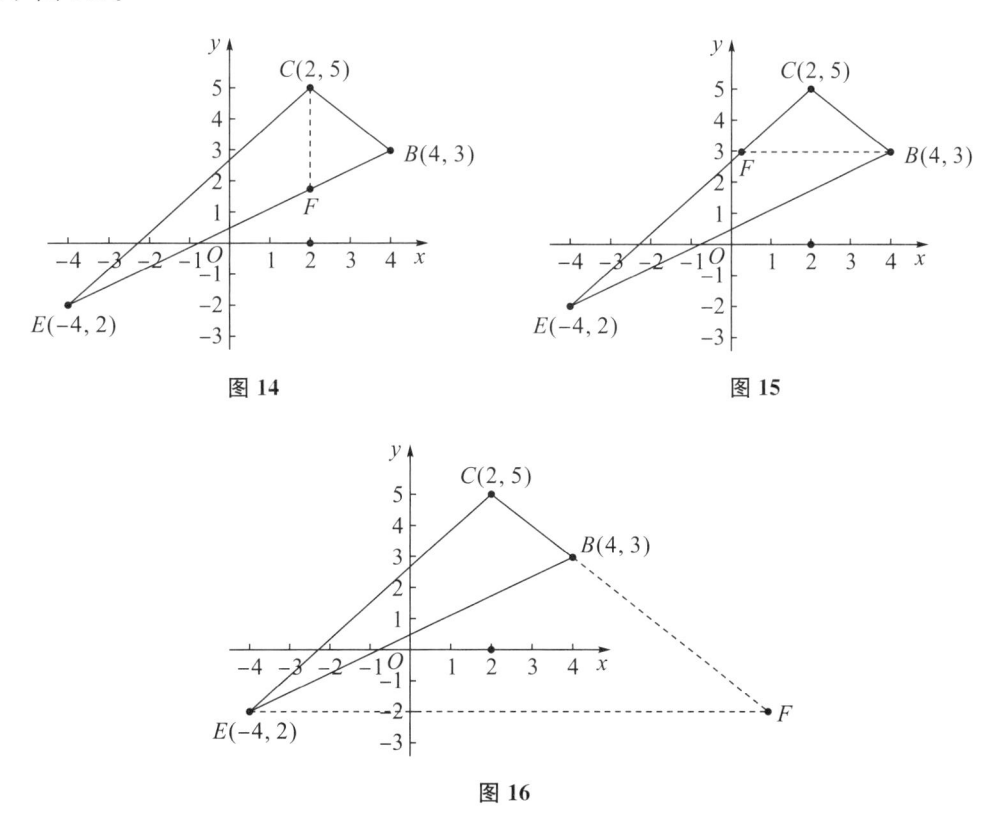

图 14   图 15

图 16

教学说明：设置开放性问题，由学生连接图形，形成三角形，在不同类型中总结出处理三角形面积问题的方法。培养学生解决问题、分析问题的能力。在解决问题的过程中，有效设问落实思维生长刺激点，极大地增强了学生对数学学习的兴趣。对于不同平面坐标系中的"斜"三角形面积问题的处理，有利于帮助学生体会"化斜为直"的转化思想。

4. 提炼数学思想方法——整合思维

问题 10：前 4 位同学连接的三角形直接根据底乘高快速求得面积，后面的同学连接的三角形面积不容易直接求出来，对于不同类型的三角形面积问题，我们采用的主要方法有哪些呢？

学生 14：三角形有一边在坐标轴上或有一边平行坐标轴（如图 17），直接用三角形面积公式 $S=\frac{1}{2}$底·高。

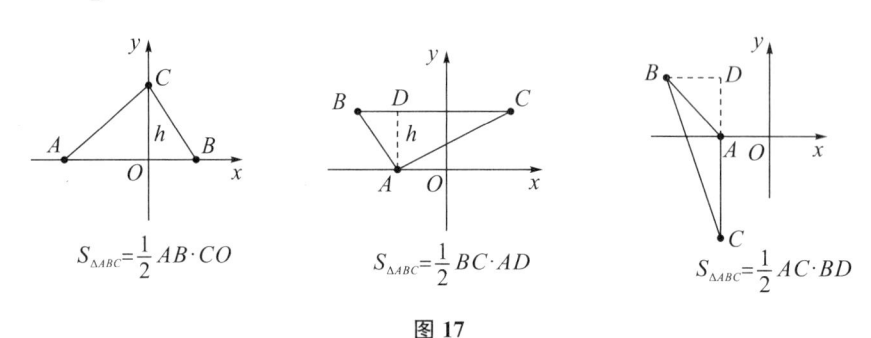

图 17

学生 15：三角形的三边都不在坐标轴上或都不平行坐标轴（如图 18），用"割补法"解决三角形面积问题。

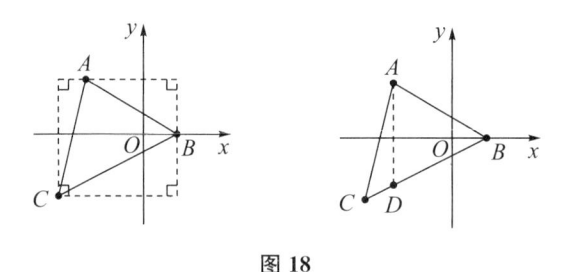

图 18

教学说明：在学生连接三角形及解决三角形面积的过程中，逐步总结出解决平面直角坐标系中三角形面积问题的通性通法。

5. 类比探究——迁移思维

问题 11：连接 AE、AC、CD、ED（如图 19），求四边形 $ACDE$ 的面积。

图 19   图 20

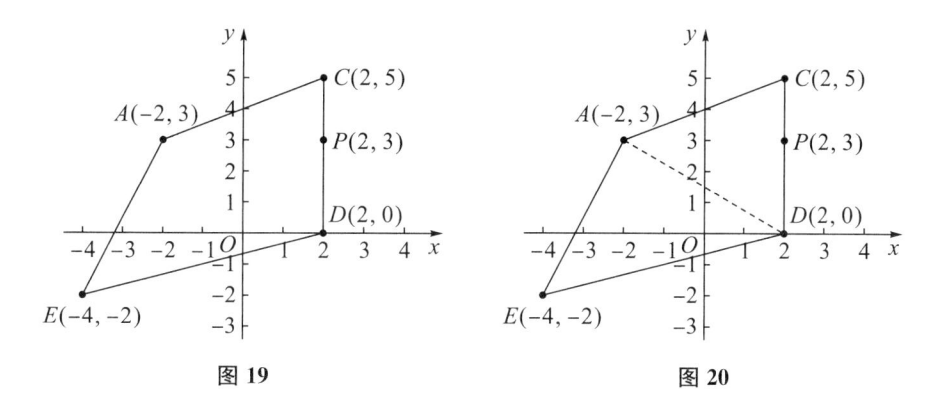

学生 16：连接 AD（如图 20），将四边形的面积转化为三角形的面积问题处理。
则 $S_{四边形ACDE} = S_{\triangle ACD} + S_{\triangle AED}$

$\qquad = 13 + \dfrac{1}{2} \times 5 \times 4$

$\qquad = 23$。

教学说明：由三角形的面积问题自然迁移到多边形的面积问题，将四边形面积问题转化为三角形面积的问题，培养学生类比转化的思想，巧妙追问找准思维生长的发散点。

6. 能力提升——拓展思维

问题 12：如图 21，设 M 为直线 $x = -1$ 上任意一点，当 $S_{\triangle ACM} = S_{\triangle ACB}$ 时，求点 M 的坐标。

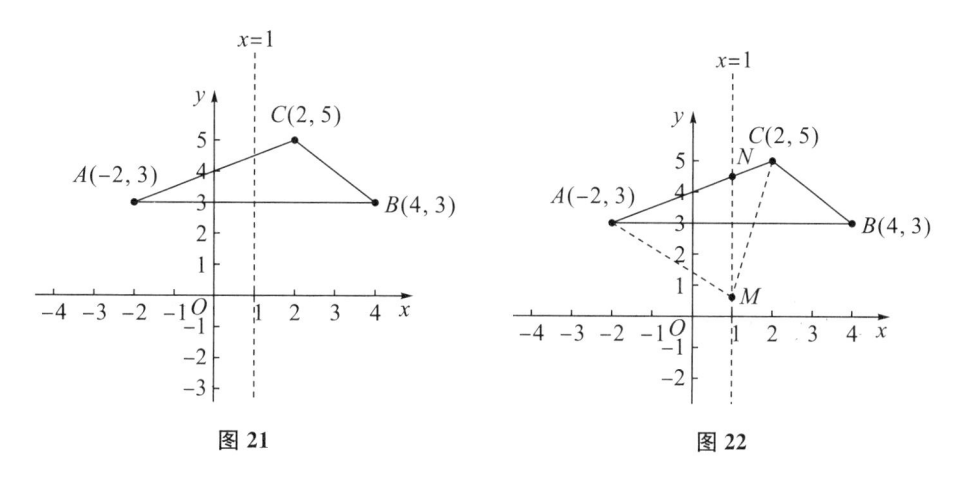

图 21   图 22

图 23

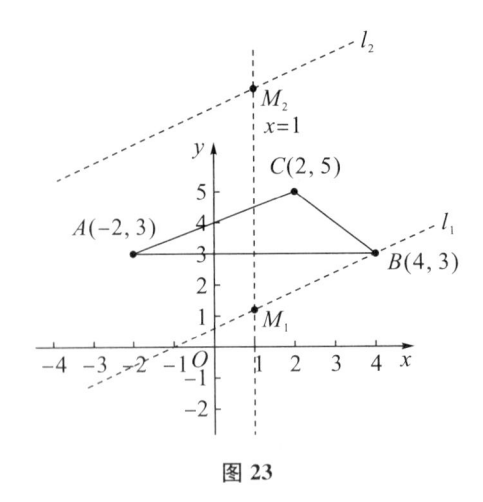

学生17：如图22，$S_{\triangle ACB}=\frac{1}{2}\times 6\times 2=6$，设直线 AC 解析式为：$y=kx+b$，

将 $A(-2,3)$，$C(-2,5)$ 代入，得 $\begin{cases}-2k+b=3\\2k+b=5\end{cases}$，得 $\begin{cases}k=\frac{1}{2}\\b=4\end{cases}$。

∴直线 AC 解析式为：$y=\frac{1}{2}x+4$，当 $x=-1$ 时，$y=\frac{1}{2}\times(-1)+4=\frac{7}{2}$，

∴设 M 点的坐标为 $M(-1,a)$，

∴$S_{\triangle ACM}=\frac{1}{2}\cdot MN\cdot 4=\frac{1}{2}\times\left|\frac{7}{2}-a\right|\times 4=6$，得 $a_1=\frac{1}{2}$，$a_2=\frac{13}{2}$，

∴$M_1\left(-1,\frac{1}{2}\right)$ 或 $M_2\left(-1,\frac{13}{2}\right)$。

学生18：如图23，在直线 AC 右侧，过点 B 与 AC 平行的直线 l_1 的解析式为：

$y=-\frac{1}{2}x+1$，当 $x=-1$ 时，$y=\frac{1}{2}\times(-1)+1=\frac{1}{2}$，∴$M_1\left(-1,\frac{1}{2}\right)$。

在直线 AC 左侧，过点 B 与 AC 平行的直线 l_2 的解析式为：

$y=-\frac{1}{2}x+7$，当 $x=-1$ 时，$y=\frac{1}{2}\times(-1)+7=\frac{13}{2}$，∴$M_1\left(-1,\frac{13}{2}\right)$。

教学说明：此类问题一直是学生的一个难点，通过本节课的剖析，从平面直角坐标系点、线、面的研究，重点突破平面直角坐标系中的三角形面积问题，有助于学生解决函数背景下的面积综合问题，有助于培养学生思维的全面性及数学抽象方面的素养。

（三）课后环节

（1）课后作业：分为三个模块，具体为学有所忆、学有所练、学有所究。

（2）作业目标：

①完善知识结构。

②巩固练习本节课复习的三角形面积的求解方法，提升学生的模型观念和应用意识。

③在本节课的基础上，拓展研究等腰三角形存在性问题。
（3）作业内容：
①将知识点整理中不完整的地方补充完整。
②学有所练：对问题9，请同学们想想还可以画出哪些三角形，尽可能用不同方法求出三角形的面积。
③学有所究：由 D、E 两点，请在坐标轴上再找一点 Q，使其构成等腰三角形.

三、教学反思与启示

（一）设置合理的问题情境，锁定思维生长的起点

《义务教育数学课程标准（2022年版）》中指出：注重发挥情境设计与问题提出对学生主动参与教学活动的促进作用，使学生在活动中逐步发展自身的核心素养。在真实情景中提出能促进学生思维生长的起点问题，也可以引导学生提出合理问题。问题的提出应引发学生的认知冲突，激发学生对数学学习的兴趣，从而促进学生的深入探究热情。本文从二次函数面积综合问题出发，层层剖析，落脚到平面直角坐标系中的点，以此锁定思维生长的起点。如果说数学思维能力是一座高楼，那么问题情境就是筑起学生思维能力的基石，随着学生自主思考与探索过程的深入，学生的思维能力会得到持续自然的生长。

（二）有效设问，落实思维生长刺激点

美国心理学家桑代克认为，学习的本质是在刺激和反应之间形成联结。要使学生的数学思维得到生长，教师必须有效设问引导学生发现并解决问题。发现问题和解决问题的过程就是对学生数学思维最好的刺激。这样的刺激会慢慢拓展学生数学思维的"最近发展区"，使得学生的思维能力达到高阶层次。本文中，教师从课题内容出发，结合学生的实际情况，构建"点（坐标）—线（长度）—面积的解决及化斜为直"的生长型体系，帮助学生发现问题的本质，领会数学的通性通法，从而使得学生的数学思维得到逐级而上的发展。

（三）巧妙追问，找准思维生长的发散点

新课标指出，初中阶段核心素养的主要表现之一为创新意识，这就需要教师在教学实践中提出一些开放性的问题，让学生在开放的问题情境中充分思考，促进学生思维的发散。本文设置开放性问题，让学生任意连接三条线段构成三角形，并求解三角形的面积。在这一环节中，考虑到学情，教师不急于求成，而是抓住学生思维的闪光点追问，巧妙地引导学生突破教学重难点。教师从学生已有的知识和经验出发，在学生的记忆和思维的临界点设计让学生"跳一跳能摘到"的数学问题，启迪学生的思维，培养学生的创新思维。

参考文献：

[1] 黄秀旺，谢蓓蓓. 引导学生数学思维生长的问题设计——以"确定圆的条件"教学为例[J]. 江苏教育，2018（43）：37－38＋46.

[2] 陈沅春. 基于"336"互动教学模式的初中数学教学策略探究——以《平面直角坐标系》复习课为例[J]. 数学之友，2020（6）：57－58＋61.

[3] 中华人民共和国教育部. 义务教育数学课程标准[M]. 北京：北京师范大学出版社，2022.

[4] 张扬. 知识"点"，方法"线"，思想"面"——九年级《平面直角坐标系中的"点"》专题复习课教学实录[J]. 初中生世界，2016（16）：22－26.

基于五育并举的外研版高中《英语》深度思维课堂实践研究

徐建敏[①]

摘　要：本文旨在探讨在外研版高中《英语》教材实践中，如何通过深度思维课堂实践来促进学生的全面发展。教师以五育并举的教育理念为指导，分析了外研版高中英语教材的特点，并探讨了深度思维与教材的关系。在此基础上，通过介绍深度思维教学方法，以及实践案例的展示，研究了如何引导学生进行批判性思维、创造性思维和问题解决思维的训练。最后，通过实践效果评估和反思，对高中英语深度思维课堂实践研究进行总结，并提出了未来改进和发展的建议。

关键词：外研版高中《英语》教材；深度思维；实践效果评估

引　言

随着社会的不断发展和教育理念的持续更新，培养学生的综合素养和全面发展已经成为当代教育的核心目标之一。作为一门重要的外语学科，英语教育在培养学生跨文化交流能力、批判性思维、创新能力等方面具有重要作用。而外研版高中《英语》作为一套备受关注的教材体系，秉承了五育并举的教育理念，旨在培养学生的德育、智育、体育、美育、劳育。而深度思维作为一种高级认知能力，强调学生对问题的深入思考、批判性思维和创造性思维的培养。因此，将深度思维与外研版高中英语教材相结合，通过深度思维课堂实践，既能提高学生对英语知识的理解和应用能力，又能培养他们的创新思维和解决问题能力。

本文旨在通过对外研版高中《英语》教材的分析，探讨深度思维与教材的关系，并在此基础上提出一系列深度思维教学方法和实践案例。通过实践效果评估和反思，进一步探讨深度思维课堂实践对学生综合素养发展的影响，并为今后的英语教育实践提供借鉴和启示。研究的意义在于通过深度思维课堂实践的探索和实证，为外研版高中英语教育提供有效的教学策略和方法。同时，通过培养学生的深度思维能力，有助于提升他们的综合素养和解决实际问题的能力，从而更好地适应未来社会的发展需求。教师将分析外研版高中《英语》教材的特点，并探讨深度思维与教材的契合度。随后，将介绍深度

---

① 作者简介：徐建敏，中小学高级教师，四川省金堂县淮口中学校教师。

思维教学方法，并通过实践案例展示深度思维在英语课堂中的应用。最后，教师将评估实践效果并进行反思，以总结研究成果，并为未来的研究和实践提出建议。通过这些努力，教师希望为外研版高中英语深度思维课堂实践的发展做出一点贡献，为培养具有全面素养的英语学习者提供参考和指导。

一、外研版高中英语教材的特点

（一）教材的结构和内容概述

外研版高中《英语》教材以整体性和系统性为特点，分为模块和单元，每个单元都围绕一个主题展开。教材内容设计紧密结合学生的生活经验和现实情境，旨在激发学生的学习兴趣和主动性。教材通过多样的文本形式，如文章、对话、图片和音频等，呈现了丰富的语言材料，涵盖了词汇、语法、听力、口语、阅读和写作等方面的内容。

（二）强调深度思维的教学理念

外研版高中《英语》教材注重培养学生的深度思维能力。教材中的学习任务和练习，要求鼓励学生进行分析、推理、评价和创造，以培养他们的批判性思维和创造性思维。教材中的文本和活动设计旨在激发学生的思考，引导他们思考问题的不同层面和角度，从而培养他们的深度思考能力。

二、五育并举与外研版高中英语教学的关系

（一）五育并举的教育理念简述

五育并举是一种全面发展的教育理念，强调培养学生的德育、智育、体育、美育、劳育。德育关注学生的道德品质和价值观，智育指的是学生的智力发展，体育关注学生的身体健康和运动素养，美育注重学生的审美能力和艺术修养，劳育强调学生的实践能力和动手能力。

（二）五育并举与外研版高中英语教材的契合度分析

外研版高中《英语》教材的设计符合五育并举的教育理念。德育方面，教材中融入了一些道德教育的内容，通过文本和案例引导学生思考价值观和道德选择。智育方面，教材注重语言知识和思维能力的培养，通过学习英语提升学生的综合智力水平。体育方面，教材中的听力和口语训练能够提高学生的听说能力，强调口语交流的实际运用。美育方面，教材中的文本和图片呈现，能够激发学生的审美能力，培养他们对文化和艺术的欣赏和理解。劳育方面，教材中的实践活动和任务设计能够促使学生主动动手实践，提高他们的实际操作能力。总的来说，外研版高中《英语》教材在结构和内容上具有整

体性和系统性，强调培养学生的深度思维能力。与五育并举的教育理念相契合，通过德育、智育、体育、美育、劳育的多方面培养，促进学生的全面发展。在后续的实践研究中，教师将进一步探讨"如何利用教材特点和教学理念，开展外研版高中《英语》深度思维课堂实践"。

三、深度思维在外研版高中英语课堂中的实践

在外研版高中《英语》课堂中实践深度思维教学，需要采用一系列有效的教学方法。首先，引导学生提出问题和挑战，激发他们的思维活跃性。其次，注重培养学生的分析和推理能力，通过分析文本、图表和实际情境，帮助学生理解并解决复杂问题。此外，鼓励学生进行比较和对比，从不同角度思考问题，拓展他们的思维广度。还可以利用讨论和合作学习的方式，促进学生之间的交流与合作，培养他们的批判性思维和创造性思维。

（一）促进学生批判性思维的教学活动

一种促进学生批判性思维的教学活动是进行文章阅读和分析。教师可以选择具有争议性或多角度观点的文章，引导学生进行深入的阅读和思考。在讨论环节中，教师可以提出问题，引导学生分析作者观点的逻辑性、证据的可信度以及潜在的偏见。通过这样的活动，逐渐培养学生的批判性思维能力，帮助他们辨别信息的真实性和合理性，并形成自己的观点。

（二）培养学生创造性思维的教学策略

一种培养学生创造性思维的教学策略是进行创作性写作活动。教师可以给学生提供一个开放性的主题或情境，并鼓励他们发挥想象力和创造力进行写作。在这个过程中，教师可以提供一些启发性的问题或思考点，帮助学生深入思考并展示创新思维。通过创作性写作，学生将有机会表达个人观点和独特的见解，培养自主思考和创造的能力。

（三）引导学生解决问题的思维训练

一种为了培养学生解决问题的思维能力，可以引导学生参与问题解决的实践活动。在这个过程中，教师充当引导者和指导者的角色，帮助学生提出解决问题的方法和策略。通过实践，学生将得到更多机会进行深度思维的训练，从而提高他们的思维能力和解决问题的能力。同时，教师在实践过程中也需要及时给予学生反馈和指导，帮助学生不断改进和完善他们的思维过程。这样的深度思维课堂实践将为学生的综合素养发展和未来的学习、工作提供良好的基础。

四、实践效果评估与反思

（一）教学效果评估方法介绍

在外研版高中《英语》深度思维课堂实践中，评估教学效果是必要的步骤。可以采用多种评估方法来获得全面的反馈。首先，可以进行学生表现评估，包括课堂表现、作业成绩和学习成绩等方面。此外，还可以进行学生自我评估和同伴评估，通过问卷调查、小组讨论和互评等方式，了解学生对深度思维教学的认知和体验。

（二）实践效果评估结果分析

分析实践效果评估结果，可以帮助教师了解深度思维教学在外研版高中英语课堂中的实际效果。通过学生的表现评估，可以看到学生在批判性思维、创造性思维和问题解决能力方面的进步。同时，学生的自我评估和同伴评估也能提供他们对教学效果的主观感受和意见反馈。综合这些评估结果，可以发现实践的优点和不足，为进一步的改进和优化提供指导。

（三）实践中的问题与挑战

在实践中，可能会面临一些问题和挑战。首先，教师需要有足够的准备和教学资源来支持深度思维教学的实施。其次，学生的学习兴趣和主动性可能存在差异，需要教师巧妙引导和激发。此外，时间管理和课堂管理也是挑战，需要合理安排教学活动和保持学生的专注度。

（四）反思和改进措施

反思是实践过程中的重要环节，通过反思，教师可以发现问题并提出改进措施。教师可以反思自己的教学方法和策略是否有效，是否能够更好地激发学生的深度思维。同时，教师还可以从学生的反馈和建议中获取启示，针对性地调整教学内容和方式。此外，教师可以与同行进行经验交流和分享，寻求更多的建议和支持，不断改进自己的教学实践。

结　语

综上所述，外研版高中《英语》深度思维课堂实践与五育并举的教育理念相契合。教材注重培养学生的深度思维能力，而五育并举的理念提供了高中生全面发展的框架。在实践中，教师采用多种教学方法，如启发式教学、问题导入和案例分析，不断提升学生的批判性思维、创造性思维和问题解决能力。通过文章阅读与分析、创作性写作和问题解决的思维训练，学生能够深入思考、合作学习，并培养出色的思维能力。在实践效果评估和反思中，教师采用学生表现评估、自我评估和同伴评估等方法。通过评估学生的深度思维能力和解决问题的能力，可以了解实践效果并做出相应调整。然而，外研版高中《英语》教学中也面临一些挑战，如教师准备和资源支持的不足，以及学生学习兴趣和时间管理等问题。通过反思和改进措施，教师可以优化教学质量，提升深度思维课堂实践的效果。因此，应该鼓励教师积极探索创新，为学生提供更具深度思维的学习体验。通过结合教材特点、教学理念和实践经验，教师能够培养学生的深度思维能力，提高他们的综合素养和应对未来挑战的能力，这将为学生的未来发展奠定坚实的基础。

参考文献：

[1] 秦增芳. 把握新教材，落实学科素养——以外研版高中英语教学为例 [J]. 新校园，2023，556（1）：27－29.

[2] 姜颖. 外研版高中英语教材补充阅读的选择和运用探究 [J]. 英语教师，2023，23（2）：94－99.

[3] 陈晶晶. 浅谈核心素养视域下高中英语教学中学生深度阅读思维的训练 [J]. 英语教师，2021，21（4）：114－116.

双新背景下高中历史大概念教学策略
——以《中外历史纲要》（上）第三单元为例

李 燕[①]

摘 要：教基厅函〔2022〕《关于印发普通高中课程历史学科课程标准》中提到，要充分运用整合式、案例式等多种教学方法，充分调动学生参与的积极性主动性。面对《中外历史纲要》教材内容庞大的现状，学科大概念引领的单元教学作为近几年的创新型教学模式，发挥了其落实历史学科核心素养的作用，有效缓解了师生面对新教材的不适应。大概念、大单元教学在《普通高中历史课程标准（2017年版2020年修订）》中的提出，被认为是应对新教材内容高度浓缩、学术性强的一种方法。本文试以《中外历史纲要》（上）第三单元为例，探讨单元大概念教学在高中历史课堂运用实践方面的策略。一是论述大概念有关理论；二是以新教材第三单元为例，搭建概念群新体系，设计新框架统领单元内容；三是综合评价。

关键词：高中历史；大概念教学；策略

一、通阅纲要，聚焦核心素养搭建知识体系

（一）整体把握，引入大概念教学尝试梳理知识网络

首先，高一新教材《中外历史纲要》上下册包罗中外历史，可谓字字千金。而高中教学时间紧张，实现有限时间对应无限历史教学任务这一难题至关重要。聚焦难题，从整合思维出发，以俯看整本教材、单元的角度，利用大概念理论创造新情景，解决问题驱动设计，为突破内容多这个问题提供范式。

（二）融通教学，多元探究策略设计多层次历史概念

教师要从具体教学内容与教学实践出发，探讨厘清不同层级历史概念之间的逻辑关系，将松散的概念链接成单元知识框架，利用框架中的概念群、问题群、策略群，进一步落实学科核心素养。

[①] 作者简介：李燕，中学一级教师，四川省新津中学教师。

二、全面理解，挖掘大概念内涵贯穿"教"与"学"

（一）理解、探究大概念

大概念理论源起于美国学者布鲁纳的理论体系。在我国，在《普通高中历史课程标准》（2017年版2020年修订）（以下简称《普通高中历史课程标准》）中这一理论首次出现。新课程的课标要求更加抽象化，同时也更体现可持续发展的教育观。围绕学科大概念进行教学设计在国内已经出现了先行军。就大概念的使用现状来看，"核心概念"在教育界已经有了较为丰富的研究成果。

（二）构建单元教学思路

从课标入手，在教材中的每个子目录、大目录，每个课时，每一个小节中提炼历史核心概念，尊重教材本意，选择核心概念—关键概念—关联概念—次级概念构建单元历史概念体系，从而推动形成可操作的项目式活动，形成与教学有密切相关的校本课程。

三、建立大概念与高中历史单元教学之间的有机关联

（一）大概念教学，落实核心素养的利器

单元教学的主要目的是整合适应学生理解和掌握的大历史知识，基于大概念理论进行课程设计，构建以概念为基础的整合性"骨架群"，以大概念来统领学科教学，力求实现深度学习。

（二）靶向对应，找准单元大概念教学策略

一是以课标为导向，把握单元的历史大概念。二是以教材为根基，抓住课时的历史核心概念。三是以教材的子目为依托，选择普遍常规的历史概念。四是以这门学科为参照，构建整合性的单元历史概念体系。《普通高中历史课程标准》利于引导教师群体将教学的最终目标落在让学生形成良好的历史认知与价值观上。

四、高中历史单元大概念的教学策略

（一）课程标准指导下单元历史大概念的教学策略

大概念与史实概念不同，大概念具有高角度、高概括、明确性、原理性与观点性的特点。国外学者威金斯与麦克泰提出了与之相应的教学模式，大体分为三个部分：一是预设学习目标，学习意义；二是确定评价方案，评估目标达成度、收获率；三是进行有

目标的设计教学活动。

(二)课时子目下历史核心概念的教学策略

常规课时的核心概念作为课时主旨,立足在这一课时主题下需要解决学生对概念的解读程度。理查德认为,教师实践概念为本的教学,需要从分析学情环节出发,把握学习对象的基本特点,同时衡量教学重难点的突破任务与本课核心概念的探究任务之间的关联性。这种模式可利用学生的"最近发展区",设计问题,引起认知冲突,利用历史问题探究关联字目关系。

(三)课内一般历史概念的教学策略

教师在深入研究课标以及深入理解教材的前提下,深挖核心概念,串联形成教学主线,将零散的历史知识整合形成概念体系。郭元祥教授提出了指向深度学习的教学模式——"U型模式",主要包括以下过程:"下沉"环节由师生共同创设相应的背景情境,为学生提供沉浸式的学习空间;"潜行"环节以教师设计的问题为导向,为学生提供丰富的学习资料,搭建史料研习的平台;"上浮"为评价环节,教师需要引导学生加以反思,检验本节课的学习目标是否达成。通过这一部分,学生有机会展示他们的学习成果,并且在过程中发挥主动、主导的角色。

五、单元大概念的教学设计——以《中外历史纲要》(上)第三单元为例

根据新课标的课程设计思想和教育目标,《中外历史纲要》的教育目标应当包括世界历史发展的主要脉络、中外历史发展的时期特点,以及表现时期特点的重大史实。课标内容要求:认识新变化、认识重要作用中的"认识",本质上可理解为一种价值判断,它的最终落脚点就是新课程标准所强调的"立德树人",就是历史学科核心素养所讲的"家国情怀"。基于此,我们对第三单元的知识框架设计如下。

```
                    ┌── 北宋政治制度新变化
                    │
                    ├── 少数民族政权多元并立
中华文明的多元繁荣 ──┤
                    ├── 农商社会的初步形成
                    │
                    └── 儒学复兴与创新
```

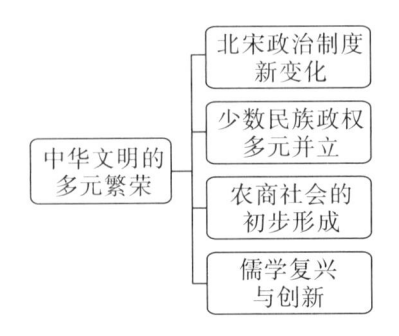

(一)大概念教学下的单元框架

本单元的教学核心主题为辽宋夏金元时期中华文明的多元繁荣。其中突出了两个重点:多元与繁荣。一是纵向看,宋代政府加强了中央集权,社会经济文化高度发达,学术文明也获得了巨大进步,凸显了这一时期不同于其他时代的高度繁荣特点。二是横向

看，强调了少数民族政权的建立以及对中华民族历史文明发展的重要贡献，凸显了这一时期不同于其他时代的中华民族多元交融的文化特色。

（二）课时数计划：建议为 4 课时

我们在分析本单元的内容时，会发现前两课突出这一时期的民族交融与统一多民族封建国家的发展，而后两课则阐明这一时期在政权由并立走向统一、多民族不断交融的背景下社会经济文化的新发展。

（三）课时核心内容解读

第一课时核心内容：主要讲述两宋政治及军事上的新变化，对应教材第 9 课《两宋的政治和军事》。核心概念为北宋政治制度的建立与自我革新，关键概念为北宋制度的新变化与"自救"之策，次级概念为北宋中期的危机和庆历新政，关联概念为隋唐的政治制度建设和周边少数民族的崛起。第一课时的核心概念是北宋政治制度的建立与自我革新，要让学生清楚地理解这一核心概念，我们还要了解北宋制度的新变化与"自救"之策这一关键概念、北宋中期的危机和庆历新政这一次级概念、隋唐的政治制度建设和周边少数民族的崛起这一关联概念。为了突破对概念的理解，我们设置了三组对应的主题探究，通过营造情境、展示史料、探究讨论、展示材料等多种策略突破。从历史角度理解、认识、探究主题，落脚到本课的核心概念，从而涵养学生的核心素养——基于唯物史观、文明史观方向体会汉族与少数民族政权之间交融的双向影响、多元融合、繁荣共生。

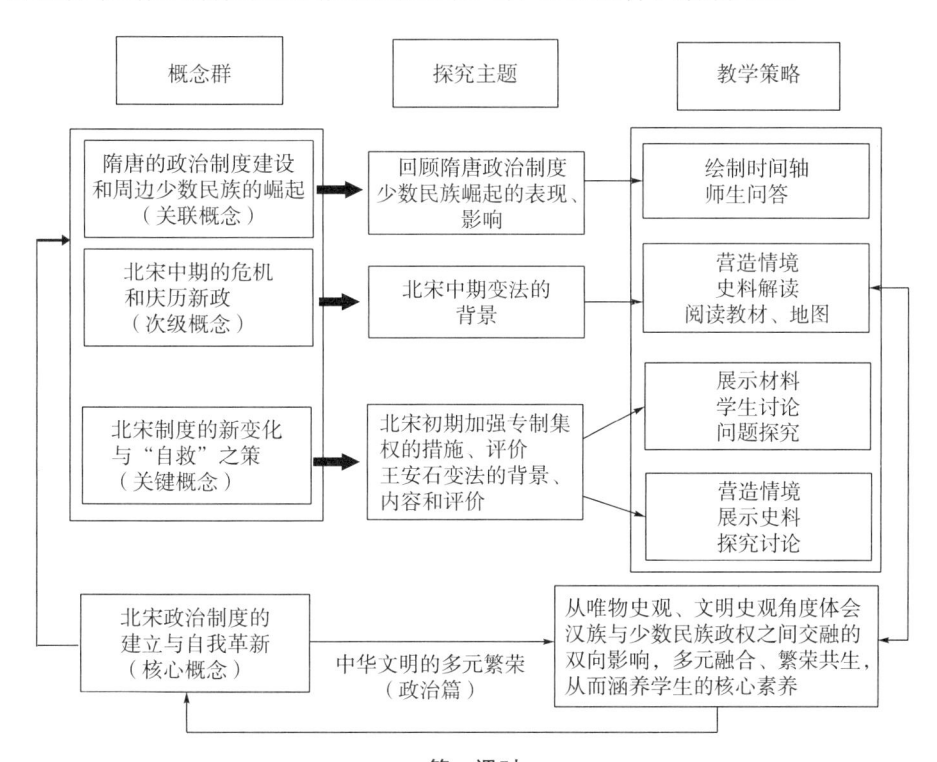

第一课时

第二课时核心内容：本课需明确少数民族政权如何在吸收汉族政治制度的同时，创造性地发展了中央集权体制，最终通过元朝完成统一，进一步推动民族交融与社会经济文化发展，为后面两课的教学作铺垫。本课核心概念为宋元时期民族交融下的多元一体的文明格局，关键概念为政权并立到统一、少数民族政权的制度建设；次级概念为元统一的意义、元朝的民族压迫，关联概念是魏晋民族交融。引导学生在历史唯物主义史观、家国情怀核心素养方面正确理解少数民族在统一多民族封建国家发展中的影响，进而构建对宋元时期在民族交融下多元一体文明格局的新认识。

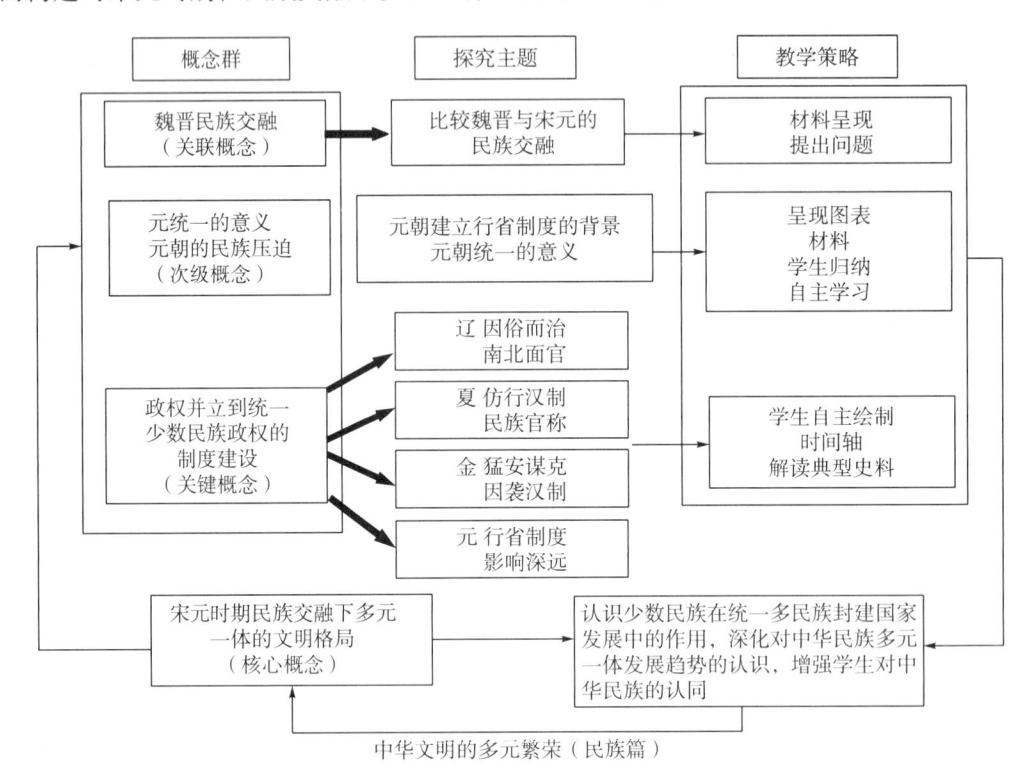

```
概念群                    探究主题                 教学策略

魏晋民族交融         →   比较魏晋与宋元的    →    材料呈现
（关联概念）              民族交融                 提出问题

元统一的意义
元朝的民族压迫       →   元朝建立行省制度的背景  →  呈现图表
（次级概念）              元朝统一的意义           材料
                                                  学生归纳
                                                  自主学习

                      →  辽  因俗而治
                         南北面官

政权并立到统一        →  夏  仿行汉制
少数民族政权的           民族官称                 学生自主绘制
制度建设                                          时间轴
（关键概念）          →  金  猛安谋克             解读典型史料
                         因袭汉制

                      →  元  行省制度
                         影响深远

宋元时期民族交融下多元    →   认识少数民族在统一多民族封建国家
一体的文明格局               发展中的作用，深化对中华民族多元
（核心概念）                 一体发展趋势的认识，增强学生对中
                             华民族的认同

              中华文明的多元繁荣（民族篇）
                    第二课时
```

第三课时核心内容：宋代儒学复兴和文化传播，同时也有第十二课《辽宋夏金元的文化》。分析本课标需要通过了解二宋的政治和军事，认识这一时期在政治、经济、文化与社会等方面的新变化，所以本课即以反映二宋时代的社会文化方面的新变化为主，还对少数民族政权与本地区在社会文化等方面的新形成做了较简单的介绍。

而我们也已经在研究过许倬云老师的《说中国：一个不断变化的复杂共同体》及其对习近平总书记"中华民族共同体"的解读过程中，逐步找到了路径，从而帮助我们更加明确了本课的核心理念。本课和前面几课的政治、军事、文学、美术等四个方面，以共同的整体构筑出了整个辽宋夏金元的历史发展概貌。

所以，教学任务是：学习者要从历史视角深入认识辽宋夏金元时期的民族交融，以便较全面地了解这一时期的阶段特点，抓住该单元的总体线索，形成全面的认识系统。可以重点讲述两宋时期社会经济高度繁荣、各民族之间的联系加强等内容，进而认识这一时期各民族经济交流较为持续平稳发展，呈现交融共进、繁荣发展的趋势，涵养学生对多元一体格局的深度理解，进而涵养历史核心素养。

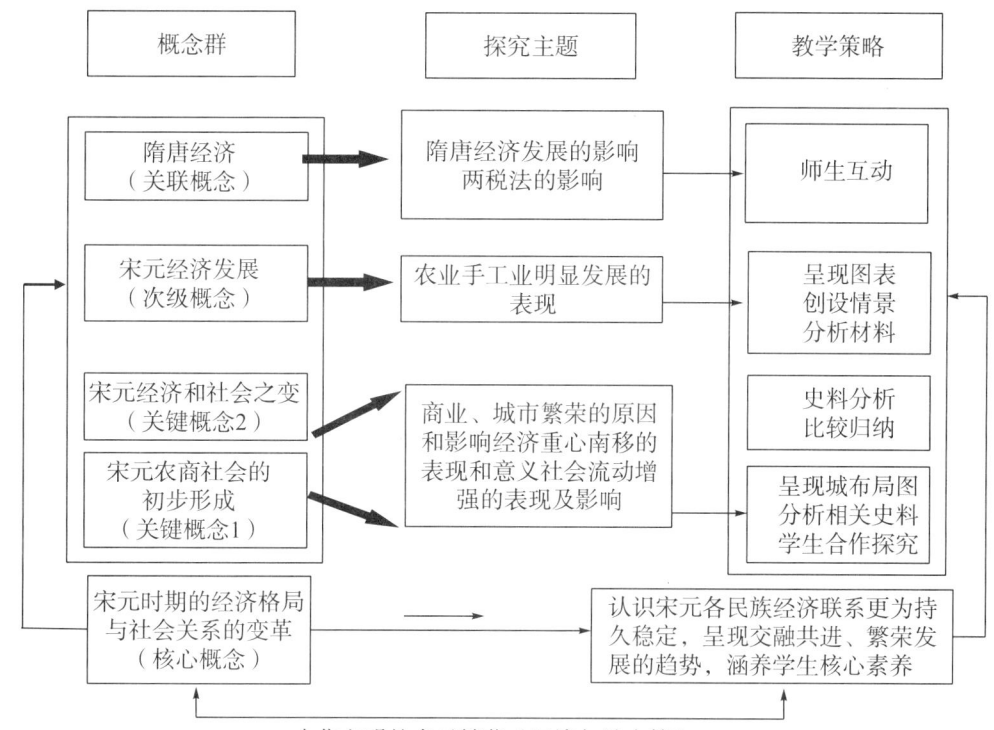

```
概念群                    探究主题                   教学策略

┌─────────────┐      ┌─────────────────┐      ┌─────────────┐
│  隋唐经济   │─────▶│ 隋唐经济发展的影响│─────▶│  师生互动   │
│ （关联概念）│      │  两税法的影响    │      │             │
└─────────────┘      └─────────────────┘      └─────────────┘
┌─────────────┐      ┌─────────────────┐      ┌─────────────┐
│ 宋元经济发展│─────▶│ 农业手工业明显发 │─────▶│  呈现图表   │
│ （次级概念）│      │ 展的表现         │      │  创设情景   │
└─────────────┘      └─────────────────┘      │  分析材料   │
                                              └─────────────┘
┌─────────────┐      ┌─────────────────┐      ┌─────────────┐
│宋元经济和社 │      │ 商业、城市繁荣的 │      │  史料分析   │
│会之变       │      │ 原因和影响经济重 │      │  比较归纳   │
│（关键概念2）│─────▶│ 心南移的表现和意 │─────▶│             │
└─────────────┘      │ 义社会流动增强的 │      └─────────────┘
┌─────────────┐      │ 表现及影响       │      ┌─────────────┐
│宋元农商社会 │─────▶│                  │      │ 呈现城布局图│
│的初步形成   │      └─────────────────┘      │ 分析相关史料│
│（关键概念1）│                                │ 学生合作探究│
└─────────────┘                                └─────────────┘
┌─────────────┐                              ┌─────────────────┐
│宋元时期的经 │                              │认识宋元各民族经济│
│济格局与社会 │─────────────────────────────▶│联系更为持久稳定， │
│关系的变革   │                              │呈现交融共进、繁荣│
│ （核心概念）│                              │发展的趋势，涵养学│
└─────────────┘                              │生核心素养        │
                                             └─────────────────┘

          中华文明的多元繁荣（经济与社会篇）
                     第三课时
```

第四课时核心内容：宋代儒学复兴和文化创新，也就是第12课《辽宋夏金元的文化》。分析课标要求"通过了解两宋的政治和军事，认识这一时期在政治、经济、文化与社会等方面的新变化"，这一课表现两宋在文化方面的变化为主，对少数民族政权在本民族文化方面的建设进行了简单的介绍。

我们从许倬云先生的《说中国：一个不断变化的复杂共同体》和习近平总书记"中华民族共同体"的论述中寻找思路，促成这一课的核心概念。本课与前几课的政治、军事、经济、社会4个维度一起全方位构筑起了辽宋夏金元的概貌。

因此，学习目标为：学生能从文化发展方面进一步理解辽宋夏金元时期的民族交融，从而更全面地认识这一时期的阶段特征，把握本单元的整体线索，构建完整的知识体系。根据课标内容要求和对教材的分析理解，核心概念为宋元时期精神文明的多元融合，关键概念为宋代儒学的复兴与信仰重建，次级概念为宋元多姿多彩的文化，关联概念为魏晋以来文化的交融互鉴。为了突破核心概念，我们设置了三组探究主题，特别注意解决教材重点和难点。本课在教学策略上建议重点讲述理学产生的背景、内容和影响。可以通过呈现史料、比较分析、创设情景、学生讨论、问题探究等多种教学策略突破对重难点知识的把握，如运用图文史料解读理学主张、特点及影响，透过考古实物、历史史料等让学生了解时代特征。略讲的文学艺术、科技等内容，学生可通过课前预习的方式完成自学，也可以通过材料呈现，老师提出问题引导学生解决，进而从突破宋元时期精神文明的多元融合这个核心概念立足，最后回归到认识宋元文化的高度繁荣所带来的文化认同和民族自豪感，有效引导学生树立文化自信。

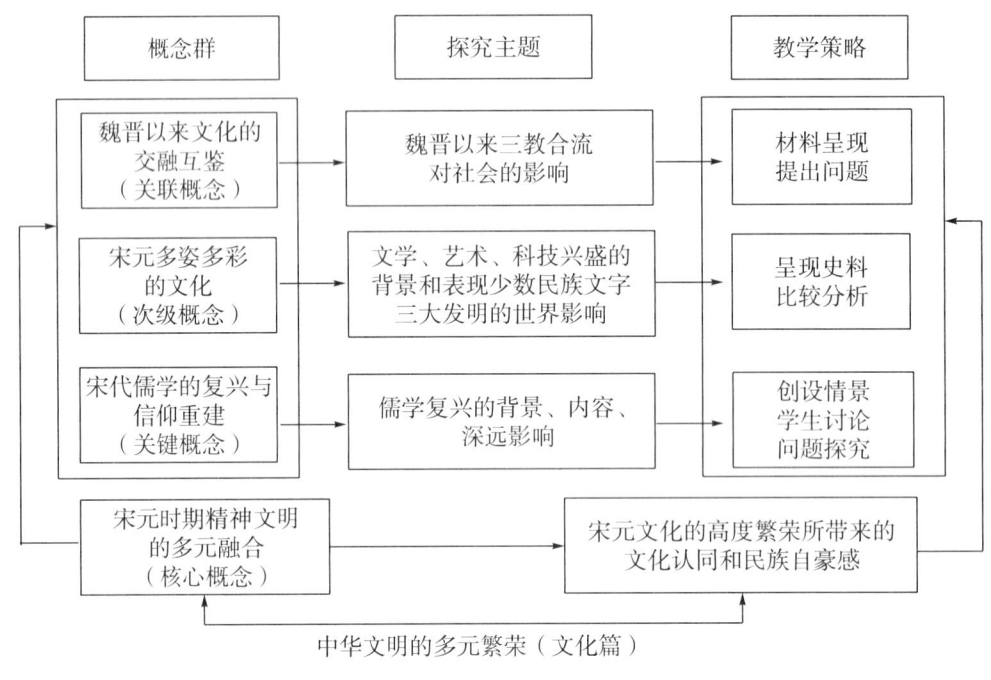

```
概念群                探究主题              教学策略

魏晋以来文化的      魏晋以来三教合流       材料呈现
交融互鉴       →   对社会的影响      →   提出问题
（关联概念）

宋元多姿多彩      文学、艺术、科技兴盛的
的文化        →  背景和表现少数民族文字 →  呈现史料
（次级概念）      三大发明的世界影响         比较分析

宋代儒学的复兴与    儒学复兴的背景、内容、    创设情景
信仰重建      →   深远影响          →   学生讨论
（关键概念）                              问题探究

宋元时期精神文明                  宋元文化的高度繁荣所带来的
的多元融合          →            文化认同和民族自豪感
（核心概念）

         中华文明的多元繁荣（文化篇）
                第四课时
```

六、单元教学评价

（一）设计意图

强调思想性和导向性，实现"教—学—评"的一致性，培养学生五大历史核心素养，重视培养学生的实践能力和创新精神，重视学生发展的渐进性和层次性。高中阶段要培养学生从历史现象中发现、提出问题的能力。因此我们在编辑试题时，非常重视以学业质量水平为参照，以测试和提高学科素养为目标。

（二）题型结构

（1）设计方面。预习作业：1~2个。基础性评价：4个选择题。发展性评价：8个选择题，1个常规材料题，1个开放性试题。

（2）评价方面。预习作业：一般设计为学生自主完成。基础性评价：达到学业合格考试的水平要求。对应的是学业质量水平1~2级。发展性评价：逐步培养学生达到学业质量水平3~4级。

在新的课程理念的带动下，通过新教材的学习，以历史学科核心素养的实现路径作为课程实践的策略和目标，加快推进丰富教学方式、学习方式和建立评价机制，促进学生的自主学习、合作学习和探究学习，培养创新精神，提高其解决历史与现实问题的能力，真正帮助学生建构正确的历史认识，落实立德树人根本任务。

参考文献：

[1] 布鲁纳. 教育过程［M］. 邵瑞珍，译. 北京：文化教育出版社，1982.
[2] 赵康. 大概念的引入与教育学的变革［J］. 教育研究，2015（2）：33－40。
[3] 邵朝友，崔允漷. 指向核心素养的教学方案设计：大观念的视角，全球教育展望，2017（6）：11－19.
[4] 张素娟，等. 基于核心概念的史地政跨学科综合课程构建与实施——以"一带一路"主题为例［J］. 北京教育学院学报，2019（2）：14－20.

支架式教学在高三历史复习课教学中的应用
——以"西方人文精神的发展"为例

周何霞[①]

摘 要：文章基于支架式教学理论、建构主义理论等，以"西方人文精神的发展"专题复习教学为案例，并通过教学活动中的支架搭建实践，探讨支架式教学在高三复习课中的应用，以提高复习效率和学生的学科素养。

关键词：支架式教学；历史；复习课

"支架"本是建筑业用语，是为建筑工人搭建的站立的平台，它并不是建筑物本身的必要部分。"支架式教学"则是建立在建构主义等理论基础上的一种教学模式，是以学生为中心，利用情境、协作、会话等学习环境要素，充分发挥学生主体性、积极性和首创精神，最终达到使学生有效实现对当前所需知识的意义建构目的的教学方法。通俗而言，就是服务于学生从"学会"到"会学"转变的阶梯。在"双新"教育背景下，"支架式教学模式"对转变学生学习方式、提升学生核心素养有重要意义。

一、问题的提出

第一，落实学科课程标准的必然要求。《普通高中历史课程标准（2017年版2020年修订）》基于学科本质，凝练了历史学科核心素养，明确了学生学习历史学科课程后应达成的正确价值观、必备品格和关键能力。落实新课标的要求，就需要推进基于标准的教学改革。为此，教师必须深入研究课程标准，对教学内容及学生的学习达成度进行分析、分解、整合、转换等。

第二，适应新高考改革的必然选择。新时代高考注重对学生学科核心素养的考查，这一考查目标往往通过试卷的整体设计来实现，而不是机械地落到某一道试题或某一类试题上。"以生考熟"的考查方式让学生深感高考试题难度大，考试时无从下手。如何在学生的既有知识与学科核心素养间搭建合理支架，让学生一步步地发现、解决历史学习中出现的问题，掌握学科知识体系，提升问题解决能力，形成独立学习能力，达成学科核心素养培育的目标是亟待解决的问题。

---

① 作者简介：周何霞，中小学高级教师，成都市温江区第二中学校教师。

第三，实现"以学生学习为中心"实践探索的需要。核心素养背景下教学改革的重心逐步从"教会"向"学会"转变，以学生的学习为中心，促进深度学习的发生，进而实现学生核心素养的培养，提高教学质量。在深度学习过程中，需要教师从学习者认知水平出发，分析目标，创设激发学习者学习兴趣的情境，探寻增强学生学习体悟和提升实际所得的有效教学方法。

第四，基于学生"思维懒惰"问题的解决需求。长期以来，学生对历史学习的认知停留在"背书"层面，对历史解题上往往呈现对教材和材料的过分依赖，对问题的思考不充分不积极，对历史学习存在惰性思维和畏难情绪。支架式教学可以帮助学生降低思维的梯度，提升思维的高度，激发学生思考的兴趣。

基于以上问题，笔者尝试将支架式教学法融入高三复习课堂，现以"人文精神的发展"专题复习为例进行说明。

二、高中历史应用支架式教学的策略

（一）图表支架的适时搭建

高三复习课教学注重对教材知识的整合建构和深度思考，对"人文主义精神的发展"这一专题内容的复习重在帮助学生认识人文精神产生、发展、成熟的过程，感悟人文精神的光辉及对时代的深远影响。但基于对我校学生学情调查发现，学生对"人文主义"这一概念的理解较宏观，对不同时期的人文精神内涵认识不清。这就需要从核心概念进行突破，区分不同时期人文精神的不同内涵，以利于复习课深度教学的展开。笔者在课前设计预习表格如下：

	人文精神内涵
智者运动	肯定人，否定神
文艺复兴	人文主义；肯定人性，追求现世的幸福，倡导个性解放
宗教改革	否定教皇权威；使人获得精神自由和灵魂得救的自主权
启蒙运动	理性主义；抨击天主教会和封建专制制度，主张建立自由、民主、平等、法治的"理性王国"

通过这样的表格填空及课堂讲评，学生首先对人文主义的概念形成清晰正确的认知，对不同时期人文主义的内涵有明确的区分，为后续复习教学打牢根基。

本专题笔者设计了三个复习板块，分别是"人文主义与古希腊民主政治""人文主义与宗教改革""人文主义与近代西方民主政治"。但在"人文主义与近代西方民主政治"这一板块中，学生对启蒙思想的掌握仅停留于不同思想家的具体主张，没有宏观理解启蒙思想的种种内在逻辑关系，因而无法深入理解启蒙思想是如何为近代西方民主政治发展构建蓝图的。基于此，笔者适时与学生一起构建启蒙思想逻辑关系图，帮助学生从宏观角度理解启蒙思想家们的主张。其逻辑关系具体如图1所示。

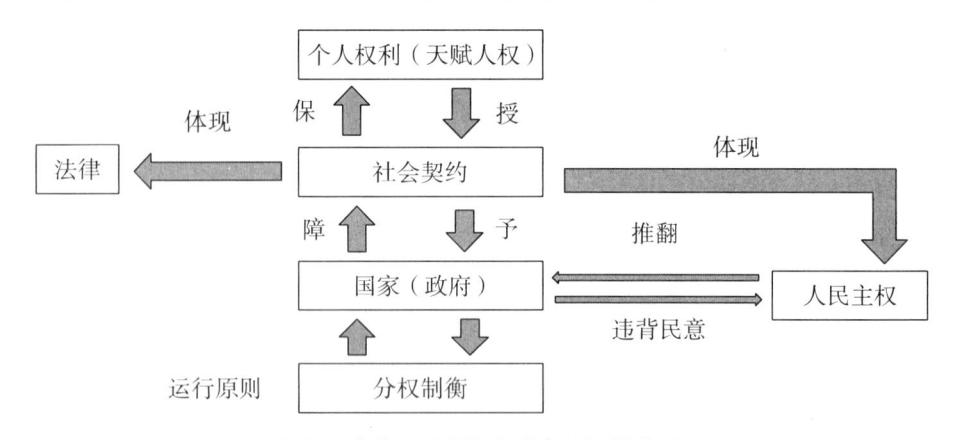

图1 启蒙运动思想家观点的逻辑关系

结构图的呈现和梳理让学生对启蒙思想家观点间的逻辑关系了然于胸，为学生理解启蒙运动时期人文精神内涵以及启蒙思想对近代民主政治构建的重要意义搭建了思维的支架，有效突破了教学难点。

（二）材料支架的慎重选择

在本专题复习教学中对苏格拉底思想的剖析十分必要，透过苏格拉底，我们不仅可以深刻感受人文精神的光辉，更能深度认识古希腊人文精神与雅典民主政治间的关系，以及思想变迁与时代变迁间的密切联系。尤其是苏格拉底对雅典民主政治的反思以及对精英政治的推崇，既是其思想的亮点，也是学生理解的难点。为什么苏格拉底对后世影响深远的雅典民主政治持质疑态度？假如仅仅从雅典直接民主的弊端作为教学切入口，材料易得，学生也能接受，但对问题的思考仅仅停留在表面。于是，笔者引入以下两则材料作为补充。

苏格拉底作为雅典公民中的一员，生长于雅典民主制最繁荣的"黄金时代"，他的一生被深深打上了雅典民主制的烙印。他深刻意识到了雅典民主制的危机并倾之以毕生精力试图挽救雅典，但一切已无法挽回。雅典的衰落是必然的，苏格拉底为雅典殉道也因此带有某种必然性。

——摘自张巧萍《苏格拉底与雅典民主政治》

公元前404年，苏格拉底受审前5年，斯巴达国王吕珊德兵临雅典城下，雅典与之缔约投降，随之雅典民主政体解散，三十僭主上台执政。持续了27年之久的伯罗奔尼撒战争结束。这时的希腊城邦世界"到处荒凉，好多人丧失了生命；再加上连年的旱灾，饥馑和瘟疫，更加重了战争的灾难"……公民人口锐减、农业损失严重、奴隶来源枯竭，希腊城邦危机猛然爆发并迅速蔓延。

——摘自张巧萍《苏格拉底与雅典民主政治》

以上两则材料让学生明白，苏格拉底对直接民主的批判是基于雅典民主政治的衰落和国家经济的衰退，是对国家危机进行的认真反思，也是始终将城邦利益放在首位的人文精神的体现。

（三）兴趣支架的合理设计

高三复习课教学中往往出现偏重知识讲授忽视学生本位的情况，往往一节课中，教师主导充分但学生课堂参与度低，课堂效益低下。长此以往，学生对课堂的专注度大大降低。如何在高三复习课中不时进行感性和理性的刺激，引导学生时刻专注课堂教学，兴趣支架的搭建至关重要。兴趣支架既是师生关系的润滑剂，更是知识密集型课堂的调味品。以"人文精神的发展"复习为例，以苏格拉底为载体探讨古希腊人文精神时，首先引入文字材料创设情境。

> 遵循雅典的司法程序，公民法庭对苏格拉底进行了有条不紊的审讯。首先进行预审和第一轮投票以确定被告人是否有罪。在柏拉图的《申辩篇》中，我们得知苏格拉底曾意外道："再有30张票投向另一边，我就会被无罪开释了。"可见最终得票数差距并不大，按照雅典的惯例，应有500人组成陪审团参与投票，可以推算当时的得票应是220：280。在雅典如果得票相同，那么被告即被视为无罪。
>
> ——〔古希腊〕柏拉图《苏格拉底之死》

透过材料不难看出，苏格拉底只要妥协退让一点点，就完全可以无罪释放，但他没有选择妥协，这样的情境创设激发学生探究苏格拉底之死的兴趣。

其次，引用图片材料创设情境。苏格拉底不愿在审讯过程中妥协，面对死刑判决又可以做何选择？我展示了一幅油画，让学生挖掘图片信息，探讨苏格拉底还可以有哪些选择并说明理由。图片材料的呈现又一次激发了学生对历史问题的兴趣，他们纷纷睁大眼睛，目不转睛地盯着画面，从诸多信息和细节中窥探苏格拉底不死的可能性。苏格拉底可以"不死"与选择"死刑"的矛盾冲突，刺激学生深入思考苏格拉底选择死亡的伟大意义，学生的课堂参与性被极大地调动起来，对历史问题的探究也更加积极和富有深度。

苏格拉底之死（法国·大卫·1787年）

（四）问题支架的灵活安排

对学科素养和关键能力的重点考查是目前高考的主要特征，以创新与批判性思维为核心的高阶思维能力考查成为高考内容和命题改革的主旋律。如何实现学生高阶思维培养？问题支架的灵活安排是通达高阶思维的重要桥梁。以理解人文精神在启蒙运动中的体现为例，如何跳出思想家具体思想的局限，更理性客观地理解启蒙思想家们对未来社会的伟大构想，体会启蒙思想家们的伟大设计？问题支架的层层推进，可以帮助学生对问题的思考循序渐进、层层递进，最终抓住问题的本质，培养高阶思维。基于此，可做如下的题设计：

（材料略）

问题1：伏尔泰、卢梭认为合理的国家政体和政府组织形式应该是什么样的？（君主立宪制和民主共和制；代议制）

问题2：你如何认识材料2中卢梭的观点？（卢梭认为国家权力来自人民，人民主权至高无上）

问题3：能否举例说明"人民主权不受限制必定构成一项罪恶"？有何启示？

问题4：近代西方国家是如何保障"人民主权"和防止国家"过分集权"呢？

层层递进的问题支架，让学生逐渐明白，近代西方的代议制民主（间接民主）遵循人民主权原则体现"主权在民"，分权制衡原则又有效约束了国家权力。此外，代议制民主运用法律有效保障基本人权和防止过分集权。这样的制度设计使个人权利和国家权利间形成平衡，这是启蒙思想家们的伟大之处，也是启蒙运动对人类社会的伟大贡献。

（五）合作学习支架的巧妙应用

合作学习是学生自主探究解决问题的有效尝试。学生可以通过小组内分析讨论，找出方法，开阔思路，解决问题。此外，合作学习支架还可以帮助学生依托团队的力量对疑难问题、核心问题等进行解决。

在"人文主义精神的发展"专题复习中，天赋人权、社会契约、人民主权、分权制衡、法律等核心概念间的相互关系是学生学习的难点，需要小组合作学习，共同建构思维导图，理清概念间的逻辑关系，实现对启蒙思想构建"理性王国"蓝图的准确认识，提升历史学科思维能力。小组成员间彼此探讨，共同协作，梳理逻辑，交流碰撞，形成概念关系图。既激发了学生的学习主动性，也让学生在合作学习中学会协作、学会思考、学会总结，学科素养得到有效提升。

三、高中历史支架式教学模式应用反思

在支架式教学模式应用过程中,笔者对其进行了一定反思,发现其优点是比较明显的。具体有以下几点。

(一)注重知识过手,夯实基础

课堂是学生学习和教师教学的主阵地,如何提高课堂效率是高三老师特别关注的问题。高三复习课注重知识与能力素养并重,注意培养学生历史学习的迁移能力,知识过手是素养提升的前提。在支架式教学中,基础知识的填空、核心概念的逻辑建构、问题设计的层层递进等都是夯实学生知识基础的过程,有利于学生运用自主建构、合作建构等方式重构教材内容。

(二)强调思维方法,提升能力

支架式教学主要想解决的是学生"会学"而不是"学会"的问题。在教学过程中,教师特别重视学生历史思维能力的培养,这将使学生终身受益。比如,在分析苏格拉底思想时,教师注意帮助学生体会"一定时期的思想是一定时期政治、经济状况的反映"的时代规律;在探讨苏格拉底之死时,教师引入相关材料印证苏格拉底可以"不死",注意帮助学生养成"论从史出"的历史思维方法;在总结人文精神不断发展的历史意义时,教师又以"社会存在决定社会意识,正确的社会意识推动社会进步"的思路帮助学生形成对社会发展规律的正确认识。

(三)重视课堂参与,培育素养

支架式教学模式立足于帮助学生搭建解决问题的"脚手架",帮助学生在点滴进步中逐步达成任务目标。学生在学习支架辅助下不断探索的过程,也是充分参与教学、彰显主体地位的过程。有了"脚手架"的帮助,学生减少了畏难情绪,充分经历、不断反思、领悟深化,将历史学科思维内化为自身思维品质,最终提升自身核心素养。

结 语

以上是支架式教学法在高三复习课中的一些实践尝试,实践证明,这一方法充分提高了学生学习的自主性和合作性,也促进了教学形式的民主性和多元化,使教与学的有效性发生明显改观。研究无止境,探索还将继续。

参考文献：

[1] 李艳飞. 高中历史支架式教学模式的应用研究[J]. 求知导刊，2021（26）：60-61.

[2] 谢越. 支架式教学在初中历史教学中的实践策略研究[J]. 中学历史教学，2021（5）：62-64.

[3] 杨译，金宁宁. 浅析高中历史支架式教学的应用[J]. 现代交际，2019（19）：186+185.

[4] 宋伟. 高中历史教学中支架式教学研究[D]. 济南：山东师范大学，2018.

[5] 刘月奎. 支架式教学在中学历史中的应用[D]. 郑州：河南大学，2017.

[6] 李福. 浅谈支架式教学在历史课堂中的运用[J]. 科学咨询（教育科研），2016（4）：87-88.

中国高考评价体系指导下的以学为中心的高中地理教学实践

彭　韬　曹容平[①]

摘　要：从国家推行教育改革的趋势、相关理论研究的倡导、已有课堂教学改革的经验、区域中学地理教学的现状、学生实际情况等五个层面来看，建构以"学为中心"的地理教学策略成为我国当今课堂教学策略的基本导向。以"学为中心"的中学地理教学是指以学生的学习为中心，以基于学生全面发展为目的中学地理教学。它不仅仅体现在课中，还体现在课前和课后，贯穿地理教学全过程。课前，学生能多途径获取课程相关资源；课中，学生能主动、独立地学习；课后，学生能将理论运用于生活实际。学生主体作用的凸显离不开老师的主导。老师通过课前引导学生自学、课中教学设计和课后实践作业的设计与评价等提高学生的主体性，从而整体提升学生的地理核心素养。

关键词：高考评价体系；以学为中心；地理教学实践

余文森教授认为，"学"是教学的出发点和落脚点，教学的中心和重心在"学"而不在"教"，教学应该围绕"学"来组织、设计和展开。中国高考评价体系必将促进教师对以学为中心的课堂教学策略进行探讨和实践。高中地理知识点多且杂，覆盖范围广、理解难度大，学生学习动力不足、学习效率低下，以学为中心的教学策略能很好地应对这些问题。

一、以学为中心的内涵

"以学为中心"主要是指"以学生的学习为中心"，基于以学生发展为目的的学生学习活动。把学习作为地理教育的中心，在学生的所有活动中，学习是中心。

早在19世纪80年代末，美国实用主义教育家杜威就在文章中多次强调学生个体在教育环境中的重要性。"以学为中心"的教育理念就起源于他的"以儿童为中心"。20世纪中期以来，"以学生为中心"的教育理念在西方国家教育界产生并迅速蔓延发展。1952年，哈佛大学教育学院举办"课堂教学如何影响人的行为"为主题的学术研讨会，美国心理学家卡尔·罗杰斯发言中首次提出"以学生为中心"的观点。他认为人是学习者，天生就拥有学习的潜力与能力，如果学习的内容与学习者的个人需求有关，并且学

[①] 作者简介：彭韬，中学高级教师，四川省巴中中学教师。曹容平，中学一级教师，巴中棠湖外语实验学校教师。

习者又积极参与的话，那样的学习就是有效的。杜肯大学威廉姆·巴伦内教授对"以学生为中心"从心理学视角进行了界定。他认为"以学为中心"是将教学重心从教师的"教"转向为学生的"学"，而且是学生自己要学、要做。同时赋予学生权利，让其更广泛地参与课堂，从而更好地激发创新思维，进行高层次的思考，这样的效果远远超越对孤立事实的死记硬背，是对学生学习更负责的一种教学策略。刘献君教授指出，"以学生为中心"的教育观念并不只是教师始终围着学生转，也不是强调教师与学生角色、身份、地位高低发生变化，而是指教师的教学理念、管理方法、教学方法和评价手段要发生转变，教育目的不在"教"而在"学"，"教"只是手段。

二、以学为中心的高中地理教学的意义

首先，在以学为中心的教学策略的指导下，学生成为课堂教学的主体，在课堂上能表现出更强的积极性和主动性。学生是学习的主体，他们不是被动地接受知识，而要主动地完成知识体系的构建，实现地理关键能力的提升。教师是教学的主导，要由知识的传授者转变为学生学习活动的设计者、组织者、管理者和促进者。以学为中心的地理教学要求改变传统的"填鸭式"教学模式，从封闭式的教师讲授向开放的协作互动学习转变，尊重学生的个性，促进学生全面发展。

其次，以学为中心的中学地理教学实践研究推动课堂形式的多样化发展。在此种教学策略的指导下，学生通过团队合作以及与教师之间的互动获得知识，转变了教师课堂上唯一学习信息提供者的地位，学生在互动交流的过程中可以尝试着自主讨论问题、解决问题，而教师也可以根据学生的个人经历和知识结构，让他们对某一知识点进行讲解，在考虑学生理解差异的基础上，通过学生之间的交流，实现学生地理核心素养的提升。此外，在整个课堂上，教师致力于通过情境创设、小组合作等多元化的教学方式提高学生学习的主动性，为地理课堂教学的多元化发展提供帮助。

此外，在以学为中心的地理教学策略引导下，学生获取资源的途径进一步拓展。实现以学为中心教学策略的发展，需要教师关注学生的主体作用。课堂上，教师致力于从传统的单一式课本教学中解脱出来，让学生获取更丰富的信息，对于自己的疑惑也能及时从网上搜索相关资料进行自主学习。实践证明，这大大丰富了学生的常识和见识，也提高了学生的自主学习能力，帮助其养成终身学习的习惯。学生在课堂上表现得更加积极，学习的自主性增强了，地理核心素养和关键能力也得到了提升。

最后，以学为中心的地理教学策略，有助于促进学生地理理论知识的学习和社会实践的有机结合，让学生在课堂学习之外也能感受到地理学习的多样性和实用性。地理学科的知识不仅停留在书本和理论上，更要服务于现实生活。地理教师在实施"以学为中心"的地理教学策略过程中，通过设计特定的项目和开展相应的地理实践活动，让学生将掌握的地理理论知识应用到自身生活中，借此对知识有了更深刻的理解与体验，真正学习到了对生活有用的地理。

三、以学为中心的高中地理教学实践

课前给学生分配自主学习任务，学生自行搜集相关资源，并且通过交流将搜集的资源进行整合，培养学生有效利用各种资源和信息以及独立思考和解决问题的能力。同时，教师按照课程标准搜集主题相关的资源，保证师生双方都做好充分的准备。例如在《常见地貌类型》一课中，根据《普通高中地理课程标准》（2017年版2020年修订）"通过野外观察或运用视频、图像，识别3~4种地貌，描述其景观的主要特点"，要求学生在野外拍摄1~2种地貌，并给该种地貌作简单的介绍，包括地貌的拍摄地、时间、特点、成因等，可以以多种形式呈现，并在课上交流，既丰富了课堂信息容量，又提高了学生参与的积极性。

学习动力是整个地理教学的推进器。在课中，我们要创设真切的生活和学术情境，运用多样的教学方式、活跃的课堂氛围、丰富的地理知识与实际相结合的方式来激发学生的学习动力，引导学生自主学习，激发学生的创新思维。利用问题探究创设情境能激起学生思考的浪潮，并使学生自觉发现和意识到问题的存在，并不断思考，提出新的疑问。

苏霍姆林斯基说过："周围的现实是知识的第一个和最重要的源泉。"从地理与生活、生态、生产的结合点入手创设情境，引导学生在现实中学习地理、探索问题。以南充市嘉陵江边的青居镇为例，可结合嘉陵江青居镇附近遥感影像，分析青居人家到曲水赶场、走亲戚，"来也顺水，去也顺水"奇特航程的形成原因，解释旧时纤夫"行船走一天，步行一袋烟"之说。如此，则拉近了地理知识与学生之间的距离，使学生感受到地理就在身边。

地理学科不仅包括课上学的知识，还有常识和见识，常识和见识的培养很难在课中完成，更多的需要在课外延伸。例如在《植被》一课中，学生利用课外时间对校园中的植被进行调研，对每株树木进行"建档立卡"，统计每种树木的数量，绘制校园植被分布图，对植物的生长习性进行查询，给植物们制作"身份证"。还利用假期去学校附近的森林公园考察，设计考察内容，制作考察量表，完成考察项目，实现地理实践力的进阶。

结 语

现代社会日新月异，要适应身边的发展变化，唯一行之有效的方法就是终身学习。在新高考评价体系下，地理学科要落实立德树人的根本任务，就要从课前、课中、课后的教学全过程培养学生的学习能力，为学生的终身发展奠定坚实的基础。

参考文献：

[1] 黄雷，陈志刚. 构建以学为中心课堂的四个关切点 [J]. 中学地理教学参考，2021（1）：41-44.

[2] 铁文英，马玉虎. "以学生为中心"的教学模式在《马克思主义基本原理概论》课教学中的应用研究 [J]. 社科纵横，2016，31（1）：176-178.

[3] 王晶晶. "以学生为中心"的教育理念重新认识 [J]. 亚太教育，2016（4）：263.

[4] 钟立国. "健康中国"视域下高校公共体育课定向运动教学改革研究 [D]. 牡丹江：牡丹江师范学院，2020.

[5] 陈正. 以学为中心的课堂教学实施与思考 [J]. 黑龙江教育（理论与实践），2022（4）：46-48.

信息技术支持下的小学数学高效课堂教学策略

马宏韬　冯　莲[①]

摘　要：信息化时代背景下，现代信息技术被广泛应用于小学数学教学之中。本文就如何借助信息技术提高小学数学课堂效率这一问题提出"目标精准导航—过程适度调控—及时反馈评价"的实践策略，将信息技术与小学数学课程相融合，把现代信息技术作为学生学习数学和理解问题的有力工具，有效地改进教与学的方式，提升小学数学课堂的教学效益。

关键词：信息技术；小学数学；高效课堂；教学策略

《义务教育课程方案和课程标准（2022年版）》中明确提出，信息技术的发展对数学教育的价值、目标、内容以及教学方式产生了很大影响。教师要把现代信息技术作为学生学习数学和理解问题的有力工具，有效地改进教与学的方式。课题组通过近两年的研究实践和应用总结，针对在数学课程的实施过程中如何合理运用现代信息技术提升课堂效率，提出了信息技术与课程内容相融合的"目标精准导航—过程适度调控—及时反馈评价"的实践策略（如图1）。

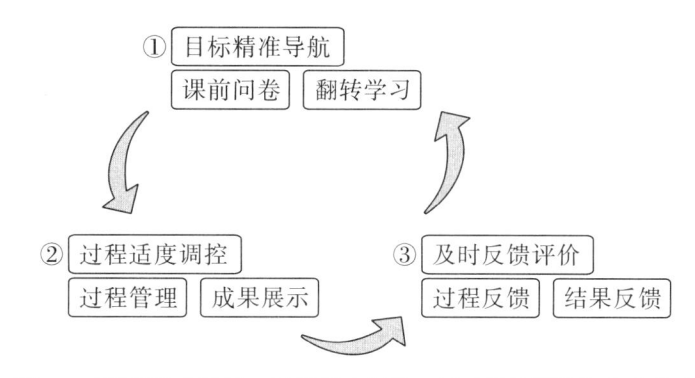

图1　"目标精准导航—过程适度调控—及时反馈评价"实践策略

一、目标精准导航，精准定位起点与方向

根据新西兰奥克兰大学的约翰·哈蒂教授提出的教学策略效应量，"清晰的课程目

[①] 作者简介：马宏韬，中小学高级教师，成都师范银都紫藤小学副校长。冯莲，中小学一级教师，成都师范银都紫藤小学教师。

标"排在有效教学策略的首位。高效课堂首先应关注课程目标设定。一般而言，清晰的课程目标设定至少应该考虑两个方面的问题，一是基于课程标准的学科教学要求，二是针对班级学生实际的班本化、个性化要求。就教师而言，通过对课程标准、教材进行学习，制定出基于学科要求的课程目标并不困难，真正的困难在于针对班级学生的实际情况，制定出符合学生群体发展特质，甚至精准到个体发展的课程目标。信息技术与课程实施相融合，使得为学生制定更为精准的课程目标成为可能。

信息技术支持下的课程目标制定，建立在学生课前问卷或翻转学习数据的基础之上，应用于课堂教学开启之初，可以帮助学生明确课程学习开始之前自己"在哪里"，通过课堂学习自己将要"去哪里"的问题。

例如新世纪版小学教材五年级下册《认识长方体》一课，其教学目标是通过观察、操作等活动，学生能描述长（正）方体基本特征，认识长、宽、高，理解长方体和正方体之间的关系。教材中设置了三个问题：生活中哪些物体的形状是长方体或正方体？长方体、正方体分别有什么特点？有什么关系？

通过对三个问题的翻转学习及课前调查发现，学生对第一个问题的掌握率达到99%，说明学生对生活中的长（正）方体的辨认不存在问题，长（正）方体的基本图形表象建立良好。同时也说明该问题能力层次明显低于五年级学生的知识水平，不具有挑战性。因此，该问题作为课前调查即可，不应进入课堂教学环节。

对于第二个问题，学生回答正确率仅为58.9%，甚至出现了"长长方方就是长方体"之类的模糊表述，说明大多数学生从特征的角度对长方体进行描述有很大困难。因此，本课的教学过程中要对长方体特征的学习进行结构化设计，引导学生从点线面的角度对图形展开研究活动，沟通前后联系，分解学习任务，分层指导学生，为不同水平的学生提供个性化学习支架。

对于第三个问题，有超过80%的学生能说出"正方体是特殊的长方体"，说明大部分学生能将三年级平面图形中"正方形是特殊的长方形"的知识迁移到立体图形中来。但学生无法从长正方体的特征角度解释这个结论的合理性。说明针对该问题的学习可以进行开放式教学设计，为学生提供思考的模型工具，启发学生从不同角度进行思考，为各个能力层次的学生搭建平等的交流平台，逐渐掌握图形的本质特征，积累数学活动经验。

结合课前问卷及翻转学习，教师清楚掌握了学生个体及群体的知识基础和学习起点，制定了更为针对性的课程教学目标：

（1）通过观察、操作等活动，能从特征的角度认识长方体，能用准确的语言描述长方体的面、棱、顶点的数量、形状、大小等基本特征，认识长、宽、高，理解长方体和正方体之间的关系。

（2）积累数学活动经验，经历探究长方体特征的全过程，知道从点线面的角度对图形展开研究活动。

（3）体会立体图形与实际生活的联系，发展空间思维及解决问题的能力。能根据长、宽、高等基本信息确认长方体的样子，并运用长方体特征解决实际问题。

二、过程适度调控，合作学习高效益

信息技术支持下的高效课堂，主要以合作学习的形式开展。合作学习的主要理论基础之一是苏联教育家维果斯基的最近发展区理论（Zone of Proximal Development）。该理论认为学习者能够在小组内完成个人无法独立完成的任务，且在小组完成该项任务后，学习者能够掌握独立完成该项任务的方法甚至逐渐形成独立完成该项任务的能力。同时，社会互赖理论（Social Interdependent Theory）表明，群体的本质是成员之间的相互依赖。当个体的行为结果受到自己和他人的行为影响时，社会互赖关系就存在了。合作学习有利于促进良性社会互动关系形成，优化个体人际体验，改善人际冲突，提高团队生产力。信息技术在合作学习的过程管理、成果展示等关键环节均能起到关键支撑性作用。

（一）过程管理，提升合作学习有效性

信息技术对合作学习的过程管理主要体现在时间管控和压力分配两个方面。

时间管理方面，通过启动小程序对合作学习时间进行管理。例如，在小组合作学习任务开启之前，教师和学生共同确认该活动需要 3 分钟时间开展。按时开展并在规定时间内完成合作学习的小组可以在小组平板上提交任务，教师在管理端快速查阅小组提交的任务，并为在规定时间内正确完成任务的小组计分。

压力分配方面，教师利用随机挑人软件，启动随机挑人机制。合作学习完成后，由系统挑到的任意一名学生需代表本小组解答小组合作学习中的问题，回答正确则可为小组加分，回答错误将给小组扣分。随机挑人机制将解决问题的压力平均分配到参与合作学习的每个成员，要求每个人都必须在合作学习过程中认真参与、积极思考，从而对整个合作学习过程起到过程监管的作用。同时，教师利用巡堂记录软件，在学生开展合作学习的过程中对遵守小组合作学习约定、积极为小组合作学习做出贡献的学生进行过程赋分，对参与度较低的学生进行提示和必要指导，最大限度地避免出现合作学习中学生被边缘化和"打酱油"的现象。

（二）成果展示，扩大学习成果关注度

信息技术在合作学习成果展示方面的优势非常明显。在小学数学课堂中主要有同屏对比、组间互赏两大应用场景。

1. 同屏对比，利于交流沟通

例如，小学数学"数与代数"板块中"数与运算"的内容要求学生经历算理与算法的探索过程，理解算理，掌握算法。而理解算理非常重要的途径之一是在多样化的算法中沟通不同算法之间的区别，体会算法之间的联系，从而优化算法。在传统课堂中，受限于作品展示设备的条件，往往采用依次展示的形式将不同算法在全班进行展示、分析

与交流，效率不高，不易在不同算法间进行对比。在信息技术深度融合的课堂中可以采用同屏对比分析策略，在探索算理算法时同屏呈现学生的作品或不同的方法，鼓励多元思考，直观对比，让学生更加方便地进行整体对比，从而发现不同方法之间的内在联系，优化计算方法，提高计算能力。

2. 组间互赏，延展学习时空

例如，小学数学综合与实践版块，要求学生在实际情境和真实问题中运用数学和其他学科的知识与方法，感悟数学知识之间、数学与其他学科知识之间、数学与社会生活之间的联系。由于综合与实践板块的内容具有较高的操作与实践要求，传统课堂中出现了实际情境与教学内容的割裂，且教师发布合作学习任务和回收表单受到时间与空间的限制，导致综合实践课例存在持续时间长、小组学习效率低、学生感受浅等问题。运用信息技术手段，则可以从时间和空间上解决该板块课堂的诸多困难。教师通过信息技术在平台一键发布合作学习实践任务，学生在自主完成任务后，可以将任务单分发给其他小组进行互动分享，当接收到来自其他小组的学习建议后，还可以再次进行修改完善，最后向教师提交学习成果。信息技术支持下的小组合作学习，延展了学生的学习时空，提升了合作学习效率。

三、及时反馈评价，提供发展性支撑

向学生提供及时的反馈，是促使课堂学习效果最优化的有力支撑，有利于帮助学生了解自己在某一方面的优势与不足，调动学生元认知，为学生进一步开展有效学习提供科学证据。约翰·哈蒂教授"可见的学习"（Visible Learning）研究显示，提供反馈是对学习影响最大的教学策略之一，有效率最高达 0.79，是其他教学策略平均效果的两倍。信息技术在合作学习的反馈评价方面，主要体现为过程反馈和结果反馈。

（一）过程反馈，看见学习每一步

课堂上，教师对知识点、能力点设置问题，学生利用反馈器对问题做出应答后，系统即时生成全班的作答结果条形统计图。从图中，学生可以直观地看出哪个选项选择人数最多、哪个最少，从而猜想自己的答案是否正确。当然，教师也可以提前设置好问题的答案，当学生进行选择后，立即便会收到答案是否正确的回复。

（二）结果反馈，明确学习效果

教师在课堂教学的过程中，可将学生容易混淆的问题进行数据汇流，生成同类问题，通过信息技术平台开启测验模式。学生在平板上收到教师布题，完成作答后，即刻生成作答结果。其中，错误率较高的题目即成为后续的教学资源，进入学生的个性化错题本。及时结果反馈让每道题目的完成情况一目了然，帮助师生明确教学效果，把握重难点方向。

参考文献：

[1] 李发春．运用信息技术助力小学数学高效课堂建设实践研究［J］．中国教育学刊，2020（14）：31－32．

[2] 杜月新．浅谈信息化条件下小学数学高效课堂教学模式［J］．教育创新，2022（21）：13－15．

[3] 宋温泰．巧用现代信息技术助力小学数学高效课堂的研究［J］．课程教育研究，2020（6）：136．

[4] 昝秀．基于信息技术的小学数学高效课堂教学模式研究［J］．西部素质教育，2022（6）：121－123．